课程治理现代化丛书

张秋来　王　琦　杨四耕　主编

家校共育的20个实践模式

赵　艳◎主编

华东师范大学出版社

·上海·

图书在版编目(CIP)数据

家校共育的 20 个实践模式/赵艳主编. —上海：
华东师范大学出版社,2025. —(课程治理现代化丛书).
ISBN 978 - 7 - 5760 - 5888 - 8

Ⅰ. G636

中国国家版本馆 CIP 数据核字第 2025FC5810 号

课程治理现代化丛书

家校共育的 20 个实践模式

丛书主编	张秋来　王　琦　杨四耕
主　编	赵　艳
责任编辑	刘　佳
项目编辑	林青荻
特约审读	陈成江
责任校对	廖钰娴
装帧设计	卢晓红

出版发行　华东师范大学出版社
社　　址　上海市中山北路 3663 号　邮编 200062
网　　址　www.ecnupress.com.cn
电　　话　021 - 60821666　行政传真 021 - 62572105
客服电话　021 - 62865537　门市(邮购)电话 021 - 62869887
地　　址　上海市中山北路 3663 号华东师范大学校内先锋路口
网　　店　http://hdsdcbs.tmall.com

印 刷 者　浙江临安曙光印务有限公司
开　　本　787 毫米×1092 毫米　1/16
印　　张　16.5
字　　数　175 千字
版　　次　2025 年 5 月第 1 版
印　　次　2025 年 5 月第 1 次
书　　号　ISBN 978 - 7 - 5760 - 5888 - 8
定　　价　58.00 元

出 版 人　王　焰

(如发现本版图书有印订质量问题,请寄回本社客服中心调换或电话 021 - 62865537 联系)

本书编委会

主　编：赵　艳

副主编：李国琳

编　委：周卫锋　李　澈　林俊红　宣倩怡　杨成燕　周卓咏

　　　　宋雁秋　黄俊人　包丽萍　杜　培　刘芷彤　杨振峰

　　　　陈玉芳　向术溯　肖如艳　钟映霞　陈小关　左远桥

　　　　谭喜梅　李远良　陈木兰　李　晴　杨少敏　汤庆东

　　　　刘双双　杨　静　陈　硕　胡洁瑜　郑佳意　王　震

　　　　吴锦杰　杨　霞　刘露露　修慧文　方　璐　李国琳

　　　　孙圆圆　罗晓华　缪　晶

丛书总序

　　为了高水平推进区域课程治理现代化,深圳市坪山区立足"创新坪山、未来之城"的建设,唱响"深圳坪山,无限可能"的口号,相信每一所学校的力量,相信每一位教师的力量,相信每一个学生的力量,深化区域课程教学改革,推进课程治理机制创新,深化育人重点领域和关键环节改革,提升课程智治水平,转变育人方式,高水平推进深圳东部中心课程治理现代化。

　　坪山区确定了课程治理现代化的总体目标:完善课程治理机制,优化课程治理方式,创新课程治理载体,提升课程治理效能,形成国家主导、区域统筹、学校实施、社会参与和学生选择的课程治理新局面,开辟高水平推进区域课程治理现代化新赛道,争当深圳市课程治理现代化先行者,努力成为全面展现中国特色社会主义教育制度优越性的示范窗口和典型样板。在此基础上,形成了区域课程治理现代化的具体目标。

　　1. 完善课程治理机制。构建上下联动、问题倒逼、试点推广和协同推进等课程治理新机制,持续深化基础教育课程改革;广泛吸纳各种力量参与,通过由学校引导机制、师生参与机制、专家干预机制和社会力量融入机制等组成的复合型机制,促进课程资源高质量供给,有效达成课程改革的多重目标。

　　2. 优化课程治理方式。采用文化治理与依法治理相结合、内部治理与外部治理相结合、全面治理与专项治理相结合、横向治理与纵向治理相结合的多维课程治理方式,实现课程治理方式的优化组合。根据治理的问题难度、治理的主体组合和治理的过程情况,灵活采取一种或多种治理方式,实现课程治理最优化。

　　3. 创新课程治理载体。进一步理清政府、社会、学校及教师的课程治理权限,强化课程治理的国家意志,把握课程政策走向,理解课程标准,设计课程计划,研制课程规划,优化课程设计,推进课程审议,落实课程研修,开展课程视导,寻求技术赋能,创建多元协同课程治理共同体,不断创新课程治理载体。

　　4. 提升课程治理效能。培育一批深入实施新课程的先进学校,提升教师课程治理能力,促进学生个性全面发展;总结发现一批课程育人成效显著的典型案例,形成一套更加完善的,有时代特征、坪山特点、中国特色的课程治理制度体系,为率先实现高水平课程治理现代化提供坚实保障,奠定坪山区教育现代化的制度基石。

如何高水平推进区域课程治理现代化?深圳市坪山区把握以下几条原则。

一是坚持正确方向,强化课程治理的国家意志。课程治理是国家事权,要坚持正确方向,充分体现课程治理的国家意志,确保社会主义办学方向,坚持立德树人,服务国家战略需求,将社会主义核心价值观融入课程体系之中。

二是坚持问题导向,破解课程治理的系列难题。围绕着课程理念难更新、课程逻辑难理顺、课程实施难深入、课程资源难协调、课程研究难深化、课程治理体系不配套等突出问题,深化体制机制改革,着力破解课程治理的系列难题,助力学生健康成长。

三是坚持守正创新,把握课程治理的内在逻辑。加强学校课程顶层设计,总结课程改革成功经验,着眼于课程制度建设,坚持守正创新,鼓励各校深入探索、勇于创新、不断完善,把握课程治理的内在逻辑,持续激发学校课程治理活力,讲好坪山课程故事,传递中国课程话语。

四是坚持放管结合,构建课程治理的协同机制。处理好政府办学主体责任和学校办学主体地位之间的关系,遵循多元治理原则,明确政府、社会、学校和教师的治理权限,发挥自上而下与自下而上相结合的课程改革动力作用,坚持顶层设计与分步推进相结合的课程改革方法论,构建课程治理的协同机制,深化基础教育课程改革。

五是坚持有序推进,完善课程治理的路径选择。强化党委统筹、政府依托和各方参与间的协调配合,坚持渐进调适与全面深化相结合的课程治理路径选择,注重从实际出发,加强分类指导,因校制宜,积极稳妥推进,处理好改革、发展、稳定三者的关系,切实增强课程治理的针对性、协调性和有效性。

为高水平推进区域课程治理现代化,深圳市坪山区注重系统性,避免零打碎敲;注重渐进性,实现平稳过渡;注重协同性,实现点面结合,全面建设高品质课程体系。深圳市坪山区主要围绕以下六大任务推进区域课程治理现代化。

第一大任务:健全立德树人落实机制

1. 价值引领机制。以课程规划为抓手,建立健全德智体美劳全面发展的人才培养体系。在坚定理想信念、厚植爱国主义情怀、加强品德修养、增长知识见识、培养奋斗精神、增强综合素质上下功夫,建构坪山区"5T"课程目标观,着力培养有思想(thinking)、有才干(talented)、有韧性(temper)、会合作(teamwork)、可信赖(trusty)的新时代坪山学子,使学生有理想、有本领、有担当,培养德智体美劳全面发展的社会主义建设者和接班人。

2. 系统衔接机制。完善中小幼一体化德育课程体系,大力培育和践行社会主义核心价值观,推进各学段纵向衔接、各学科横向融通、课内外深度融合。提高智育水平,培养关键能力,激发创新意识。完善体质健康教育,增强师生审美能力。加强劳动教育,完善家庭、学校、社会教育体系。实现不同学段、不同环境中的课程思政的前后贯通和优势互补。

3. 动力形成机制。以评价改革为纽带,通过设计和推进适用于政府、学校、社区和教师等不同主体的立德树人评价标准,探索多样化的适合师生需要的激励方式,增强不同教育主体立德树人的动力,不断激发课程育人的积极性、主动性和创造性。

4. 能力提升机制。以学科育人为重点,通过加深教师对学科课程哲学和育人价值的理解,通过对各学科课程目标、结构、内容、实施方法和评价要求的把握,发挥好立德树人主渠道的作用,不断提升课程育人能力。

5. 力量汇聚机制。以供给侧改革为统领,通过对人、财、物、时间、空间五大要素的优化整合与合理配置,构建社会支持、机构指导、协会自治、联盟推进、家校共育的合作体系,形成学校全面开放、家长深度参与、社会共同支持的力量汇聚机制,形成立德树人合力,不断提高课程育人成效。

第二大任务:建设高质量课程体系

高质量课程体系建设要突出课程育人属性,面向全体学生,因材施教,通过多主体协作、多资源统整、多场域协同,研制学校课程规划,优化学校课程结构,形成学校课程特色,满足学生多元发展需求。

1. 研制学校课程规划。坚持"一校一策",把国家统一制定的育人"蓝图"细化为学校的个性化育人"施工图"。学校要立足实际,分析资源条件,确立学校课程哲学,厘定培养目标,细化课程目标,因校制宜规划学校整体课程,以育人方式和学习方式变革为重点,创造性设计课程实施方案,激活学校课程管理,提升课程的文化内涵,彰显课程的逻辑力量。

2. 优化学校课程结构。以促进学生个性全面发展为目标,设计刚需课程、普需课程和特需课程,高质量落实体现国家课程刚性要求的刚需课程,建设体现学生兴趣爱好的普需课程,设计基于学生个性发展的特需课程,将课程理念、原则要求转化为具体的育人实践活动,满足学生多样化发展需要。

3. 形成学校课程特色。学前教育阶段按照幼儿学习与发展五大领域的要求,注重共同课程与特色课程的全面建构;义务教育阶段确保全面落实国家课程,注重与地方课程和校本课程的统筹实施;普通高中在保证开齐开好必修课程的基础上,注重适应学生特长优势和发展需要,提供分层分类、丰富多样的选修课程,形成体现学校办学特色的课程育人体系。

第三大任务:开发高品质课程内容

积极回应社会发展的新要求和育人实践的新挑战,把握课程迭代发展要求,构建以国家课程为主体、地方课程和校本课程为重要拓展和有益补充的课程内容体系,促进课程资源的高质量供给。

1. 推动学科课程群建设。以学科课程标准为依据,立足学校实际,培育优势学科和特色学科,基于学生发展需求,从学科课程哲学、学科课程目标、学科课程框架、学科课程思路、学科课程实施和学科课程管理等方面研制学科课程群建设方案,推动学科课程群建设,形成学科教学特色,优化学科教学过程,落实学科核心素养,严格学科常规管理,抓实学科教研活动,促进学科教研组建设,打造一批特色学科建设示范学校,实现优质均衡发展。

2. 落实科学素养提升行动。立足科技发展前沿,深化科学教育改革,开齐开足科学课程,强化做中学、用中学、创中学,推进跨学科综合教学。加强科学教育实践活动,持续深入开展科普教育,激发青少年好奇心、想象力、探求欲,提升学生解决实际问题的能力,发展学生科学素养。继续推进 STREAM 课程、创客教育课程、大师进校园课程和人工智能课程,关注未来社会,传播未来思想,增强未来意识,建立未来观念,探索未来教育课程体系,增强课程摄入的主动性。

3. 推进综合素养课程建设。继续推进家校共育"燃"课程、阳光阅读"亮"课程、底色艺术"炫"课程、悦动体育"嗨"课程、劳动教育"润"课程和生涯教育"导"课程,积极融入时代潮流,充分彰显课程的时代内涵,提升学生的综合素养。

第四大任务:提升课程实施质量

立足课程标准,通过试点先行和示范引领机制,探索单元整体课程设计,推进教学方式深度变革,提高作业设计水平,着力解决课程改革重难点问题,全面提高课程的实施质量。

1. 探索单元整体课程设计。聚焦核心素养培育,基于学科课程标准,以学科大概念为核心,从明确单元课程理念、分析单元课程情境、厘定单元课程目标、研发单元课程内容、激活单元课程实施和设计单元课程评价等方面入手,探索单元整体课程设计,实现标准要求与目标设计、课程设计与教学设计、内容设计与学习设计、任务设计与活动设计、教学设计与评价设计的有机统一,提升学科课程育人价值。

2. 推进教学方式深度变革。根据核心素养形成规律,依据学生学习发生的基本途径,在学习、交往、实践和反思的基础上,逐步把间接学习与直接学习,知识学习与问题解决,形式训练与任务完成,课堂学习与实践活动,课内外、校内外、家庭学校社会结合起来,多主体协同、多途径融合、多情境转换,课程实施路径与学生学习方式紧密结合,注重学科实践和跨学科学习,让学生通过亲身体验丰富学习的直接经验,促进经验之间的转化和融合。加强课程学习与综合实践、社会生活的联系,建立以学习为中心的课程连续体,丰富学生的学习情感态度,体验学习过程与方法,促进学生核心素养的形成。

3. 全面提高作业设计水平。在用好基础性作业的基础上,多维度引导教师提高作业设计水平,鼓励教师设计探究性作业和实践性作业,探索设计情境性跨学科综合作业;广泛开展优质作业设计展示交流,加强作业设计培训。

第五大任务:创新课程评价方式

课程评价是课程建设质量的根本保证,对高品质课程建设具有激励、监督和调控作用。

1. 课程发展的文本评价。系统考查学校课程规划、学校课程指南、学科课程群建设方案、跨学科课程创意设计、校本课程纲要、单元整体课程设计等课程文本是否齐备,查看相关内容要素是否完整、表述是否科学、设计是否规范。

2. 课程建设的主体评价。课程建设的主体评价主要包括校长、教师和学生。其中,评价校长的课程领导力,主要从价值理解力、逻辑建构力、目标厘定力、框架设计力、课程开发力、实施推进力、评价激励力和资源保障力角度进行;评价教师的课程执行力,最主要看教师对所教课程的理念理解度和目标达成度;评价学生的课程学习,最主要是看通过课程的学习,学生的行为模式和学业成绩的提升效果,即学校育人目标的达成度。此外,外部因素对于课程实施的影响,比如政府机构的支持力度,相关社会力量诸如社会团体、社区资源以及学生家长的支持和理解等,也是课程实施过程评价需关注的内容。

3. 课程实施的效果评价。从以下三个维度进行评价:一是学生的学习结果,包括学生在课程学习过程中的表现、学生对课程学习的态度、学生核心素养的培养、学生对不同学习方式的运用、学生对课程的满意程度；二是教师的专业发展，包括教师课程领导力的提升、教师参与课程设计能力的提升、教师进行评价能力的提升、教师共同体的成长、教师对课程方案的满意程度等；三是学校的发展成效，包括课程建设是否促进学校的发展、是否为学校发展带来新的契机，家长对学校课程的满意程度，课程评价结果对于学校课程发展的价值等。

第六大任务：提高课程智治水平

课程治理现代化是在信息化、数字化、智能化背景下，通过创新教育模式、优化课程体系、推进课程实施、加强课程管理，全面提升课程品质的过程。升级课程资源数据库，构建课程智治长效发展机制，全面提高课程智治水平，是课程治理现代化的重要任务。

1. 加快课程数字化转型。充分利用人工智能和大数据技术，建设泛在学习环境，推进课程数据库建设，实现课程供给的个性化精准服务和资源多元融合，推进课程数字化转型，发展终身学习体系。

2. 推进数字化赋能教学。充分利用数字化赋能基础教育，推动数字化在拓展教学时空、共享优质资源、优化课程内容与教学过程、优化学生学习方式、精准开展教学评价等方面的广泛应用，基于大数据开展信息技术与教育教学的深度融合，推进个性化精准教学，促进教学更好地适应知识创新、素养形成发展等新要求，构建数字化背景下的新型教与学模式，助力提高教学效率和质量。

3. 建立课程反馈改进机制。完善课程管理规范体系，建立学习数据隐私保护机制。统筹推进课程数据无感采集、深度挖掘和开放共享，建立贯通的课程大数据归集和分析系统，形成课程反馈改进机制，为有效推进课程实施提供参考依据。

为了落实上述六大任务，深圳市坪山区变革传统教研方式，以问题为导向，在区域层面推进科研、教研、师训、信息四大研究部门贯通与融合，整合各类资源，建立健全协同研究机制。联合教科研机构、高校及培训、电教、装备等部门，充分发挥外部专业力量与内生力量的共同作用。探索课程备案与审议制度，强化专业引领，促进课程品质的整体提升。同时，构建课程督导机制，强化政府履行教育职责，提升政府对课程改革的保障能力，优化课程资源配置，优化区域课程改革环境。推进课程视导，落实课程专项督导制度，提升课程专项督导水平。引入第三方课程视导机制，合理运用视导结果，将结果作为资源配置的重要依据。

五年来，坪山区推进课程治理现代化取得了丰硕的成果，抢占了时代制高点，找准了理想落脚点,突出了现实结合点,把握了根本着力点,形成了常态落实点,积累了独具特色的坪山课程改革经验。

张秋来　王　琦　杨四耕

2024 年 6 月 7 日

目 录 | contents

前　言　　　点燃家校共育的"火把"　　　　　　　　　　　　　　1

模式 01　　　亲子工作坊：基于儿童友好理念的家校共育模式　　　1

　　　亲子工作坊是以促进"亲子参与、共同体验"为目标的公益性家校共育实践探索。形成基于"儿童友好"理念的"五位一体"共育体系，构建了"1＋N"跨学科课程，以"亲子工作坊"的组织形态改变活动中的教师家长角色，通过"五育融合"为导向的活动主题策划，实现"创新坪山"资源背景下的家校共育新样态。

模式 02　　　星彩社区：基于空间社会学的校家社协同育人模式　　　15

　　　"星彩社区"是以"资源共享、协同育人"为目标的全方位、多维度校家社协同育人实践探索。形成以"空间社会学"理念为基础，以同一社区内组建的"红领巾社区小队"为实施主体，以"课程＋活动"跨学科项目式主题实践活动为形式，构建了学校为主导，家庭和社会齐参与的创新型校家社协同育人新模式，对促进学生的全面发展有着重要的实践意义。

模式 03　　　纵横旋梯：基于五育融合的家校共育模式　　　23

　　　纵横旋梯是以德智体美劳五育为内容，由学校指导、家长协同共同促进学生综合素养提升的教育模式。学校开发了家校共育系列课程,构建了"纵横旋梯"家校共育模式,以学校、家庭、社区为阵地,以教师、家长、学生为主体,通过学校指导、家长协同、孩子参与的形式开展,发挥校家社合力,达到协同育人的效果。

模式 04　　　多维亮心:"点线面体"校家社共育模式　　　33

多微亮心是以构建"点线面体"校家社共育模式的实践探索,即以"点"发力,建设学生成长支持与发展中心,明确校家社共育核心目标;以"线"贯通,组建家长委员会,搭建校家社沟通桥梁;以"面"辐射,创办家长学校,打造家长教育学习平台;以"体"成系,开发生涯教育课程,构建一体化育人体系。使学校与家庭教育"同步",教师和家长教育"同心",学校和社区教育"同向",校家社教育"同力",营造有利于青少年健康成长的环境。

模式 05　　　点线面圈:以"家校之桥"为载体的家校共育模式　　　43

《家校之桥》是坪山中学倾心打造的校家刊物,旨在搭建学校与家庭的教育桥梁。它以学校"活力少年,和雅学子"的育人理念为创办基点,共同探索教育经验和策略,为校家社共育提供了一个思想碰撞与交融的平台。刊物以学校教育为主线,家庭教育为阵地,社会教育为屏障,引导家长共同为学生的全面发展护航。学校通过这一载体,家校携手合作,共同探索共育新模式,促进家长与学生的共同成长,共同守护每一个学生的美好未来。

模式 06　　　幸福魔方:基于魔方理论的校家社协同育人模式　　　53

"幸福魔方"是以"建设家校幸福联动、和谐共生,培养幸福人"为目标的校家社协同育人模式,通过搭建以学校、家庭、社区为核心的三维连接轴,以教师成长课程、家长提升课程、社区合作课程、亲子活动课程、家校沟通课程为面,以丰富多彩的系列活动为块的校家社互动教育平台,推动校家社多方教育的一致性,为坪山家校共育贡献一份力量。

模式 07   共育同心桥:基于家国情怀的家校共育新模式   67

共育同心桥源自学校"家国之光"的办学理念,乃是"家国情怀"基础上的家校共育全新模式,意即家庭和学校一同参与孩子的教育进程,形成教育合力,达成优势互补。此模式的意义在于,凭借家庭与学校的紧密协作,构筑起全方位、多角度的教育网络,更为有效地培育学生的综合素养和家国情怀。家校合作在教育工作中属于不可或缺的部分。家庭是学生成长的摇篮,学校则是学生知识技能及品德修养提升的关键场所,双方的合作可以保证教育的一致性与连贯性,共同助推学生的健康成长。

模式 08   智慧云共同体:基于生态系统理论的家校共育"智能＋"模式   75

智慧云共同体是以创建真正意义上"平等共创"空间为目标的协同育人新样态。旨在变革家校社协同教育方式,打造家校共育"智能＋"教育体系;构建多维传播教育平台,贯彻"智能＋"传播教育要求;聚焦需求,构建丰富多彩的课程体系;构建"智能＋"家校共育评价体系。形成融合性、跨界性、平等性、多元性的家校共育新模式。

模式 09   童梦联盟:基于生态共融体系的家校共育模式   89

童梦联盟是将生态学的基本理论运用到家校共育实践中,形成了基于生态共融体系的家校共育模式,以"生态育人,梦想家校"为家校协同育人理念,构建了"联盟课堂""联盟会谈""联盟1+X"生态共融的家校共育模式,实现尊重生命、科学育人、和谐成长、持续发展的家校共育新样态,为学生的终身发展奠基。

模式 10　　　　成长同心圆:基于协同论的校家社融合共育模式　　　103

成长同心圆是通过联动家庭和社区乃至社会资源,为学生成长搭建发展大平台的校家社协同共育实践探索。形成了以学生发展为核心、家长为支撑、学校为联结、社区为依托的基于"协同理论"的"立体同心圆"共育体系,建立了共育管理机制,以高规格、高质量、高层次的课程为抓手,以"连心桥""家长学校""麒麟大讲堂"等多种组织形态引导汇纳共育,为培养大气的中国人发挥着深远影响。

模式 11　　　　亲子潮联盟:基于无围墙育人理念的家校共育模式　　　115

亲子潮联盟是倡导"无围墙"的家校合作共育模式,开放办学,形成传统文化(Culture)、科技探索(High-tech)、职业体验(Act)、自然体验(Outdoor)的"CHAO"探究模式,依托"项目式""实践式"等基本形式,以"亲子潮联盟"的组织形态改变活动中的教师家长角色,打破师生关系心灵围墙、打破教育地域围墙、打破家庭与社会资源围墙,实现家庭、学校、社会"三结合"育人。

模式 12　　　　周末亲子坊:基于家庭系统理念的校家社共育模式　　　133

"周末亲子坊"是以亲缘关系为主要维系基础,以"家庭系统治疗理论"为依托,以孩子与家长的互动为核心内容,以周末为活动时间,以建立和谐的亲子关系和促进孩子身心健康、开发潜能、培养个性、整体素质得到不断提高为宗旨的一种家校协同育人活动。它是一种新型家校合作模式,强调学校的专业引领和活动设计,更强调父母孩子在情感沟通的基础上实现双方的互动。

模式 13　　　四方共育联盟：构建"校·家·社·企"四方协同共育模式　　151

　　四方共育联盟是以"儿童为本、家长主体，统筹规划、重点突破，创新引领、因地制宜、形成特色"为工作思路的家校共育实践探索。联动学校、家庭、社区、企业，建立"校·家·社·企"四方协同共育联盟服务团队，打破教育的孤立性和边界性，形成的典型经验与做法，对中小学校密切家校社企关系，凝聚多方教育力量与智慧不断优化办学，具有参考价值。

模式 14　　　家庭教育指导服务站：校家社"三维立体"共育模式　　163

　　"三维立体"校家社协同育人模式通过联合社区建立家庭教育指导服务站，实现学校—家庭—社区联动。在学校的维度上，成立"家长学校"，立足学校、面向家长开展工作；在家庭的维度上，成立"特殊儿童关爱工作坊"，立足家庭和学生个体，满足家庭教育的个性需求；在社会的维度上，依托"家庭教育指导服务站"，融合"校、家、社"，协同发力，建立健全"学校主导、家长尽责、社会支持"的全链条育人机制，不断影响社会育人观念、指导正确育人方式、助力家庭教育实效，落实立德树人根本任务。

模式 15　　　爱的联盟：家校融通共生长的"心"模式　　177

　　爱的联盟基于家校共同承担起"让孩子幸福成长"的使命和责任，让各个育人主体在家校共育中真正缔结"爱的同盟"，形成家校"统一战线"，让校家社形成强大的德育合力，以实现家长与学校在教育理念、育人方式等方面的有机统一，通过搭建"红色教育"新队伍、建设共育新阵地、打造"家校共育"新课程等途径，整合形成新的家校融通共生长的"心"模式,以心换心,平等交流,促进家校共育在新时代的有效推进,实现共创、共促、共享等教育目的。

模式 16　　　**心育云课堂:基于数字化教育理念的家校共育模式**　　　187

　　心育云课堂秉持数字化学校共育理念,借助抖音等公共数字平台,在充分了解学生及家庭情况的前期线上调查基础上,通过云课堂、抖音直播等线上形式,对家长进行有针对性的专业家庭教育指导,将家庭教育与学校教育有机融合。家长可利用学校教学资源,从心理学视角学习科学的家教方法,增强教育能力,提高家庭教育质量和水平,从而改善学生的家庭环境和氛围,改善亲子关系,助力学生全面发展。

模式 17　　　**趣露营亲子课程:基于生活理念的家校共育模式**　　　199

　　趣露营亲子课程以实践为导向开展教学,通过"教学做合一"实现教师、家长和孩子共同成长。以"多元智能理论"为结构设计露营课程,将家庭教育与德育、智育、体育、美育及劳动教育相融合,形成基于生活理念的"五维一体"家校共育体系,改变教师、父母和孩子角色,促进学生在多元智能领域的全面发展,培养具备实践能力和创新精神的人才,为区域性社会的发展做出贡献。

模式 18　　　**境脉学习圈:体验式家校共育模式**　　　209

　　境脉学习圈倡导以体验为核心的学习模式,形成了"境脉学习圈"深入体验式家校共育模式,基于"六体验"教育为核心,实现全人教育目标。通过"境脉学习圈"之体验式家校共育模式,让家长理解和把握新的教育理念和教育方式,形成家校教育合力,关注学生的感悟、体验,注重学生的自主成长。

模式 19　　　**成长圈：基于传承传统文化的家校协同育人模式**　　219

成长圈是基于传承传统文化的家校协同育人模式，是落实立德树人根本任务，传承中华优秀传统文化，促进家庭关系融洽、和谐，培养学生创新精神和实践能力的家校共育好传统实践探索。形成了以四大传统文化系列实践课程的共育体系，组织家庭通过考察探究、实践体验、参与劳动、DIY 创作、成果展示、合作交流等亲子互动渠道，营造出家校共建育人好家风的良好氛围，助力"悦"少年全面健康成长，探索出新时代家校共育高质量发展的坪山样板。

模式 20　　　**琢玉联盟：基于全面发展理念的家校共育模式**　　231

琢玉联盟是以"少年养志，玉汝于成"为目标的家校共育实践探索，精准结合学生不同成长阶段的身心发展特点与重心，构建了"一主三辅"多样化课程，形成了以"理论学习与实践探索并举"的家校课程组织形态，高效汇聚了学校、家长、社会等多方教育力量，优化了家长的教育观念，提升了家长家庭教育技能与教育艺术，更好地履行了教育责任，为学生身心全面发展提供有力支持，推动并打造了我校德育工作高质量发展与德育特色品牌。

后　记　　241

前 言

点燃家校共育的"火把"

深圳市坪山区聚焦创新型人才培养,以区域统筹推进课程改革为抓手和突破口,从育人方式变革的角度和坪山教育生态的特征出发,2019 年构建了"引领性课程、普及性课程、个性化课程"三维一体区域品质课程框架,区、校两级联动发力,推动区域课程结构化变革,形成从课程规划、实施到评价完整的育人实践体系。

坪山区家校共育"燃"课程,是落实国家省市区家庭教育工作政策和精神的具体抓手,是深圳市坪山区品质课程之普及性课程的重要组成部分。"燃"为点燃、赋能之意,家校共育"燃"课程,旨在点燃家长、老师共育激情,为家长、老师赋合育之能,同心聚力,促家校和谐共育,为坪山学子健全成长助力。

家校共育"燃"课程是点燃家校共育的"火把",聚焦全区家庭教育与学校教育的有效衔接和优势互补,《家校共育的 20 个实践模式》就是在这样的背景下应运而生。

《家校共育的 20 个实践模式》旨在构建一个全方位、多层次、宽领域的区域家校共育实践体系,涵盖了从坪山区家校共育政策制定到具体实施的全过程,既有区域统筹家校共育的宏观层面课程规划,也有典型学校物化成果的微观层面操作指导。

这 20 个实践模式提供了家校沟通的生动案例,奠定了家校共育的坚实基础和沟通策略;提供了家校共育的多维课程,使学校教育更加贴近学生的实际生活,让家长能够更加深入地了解学校的教育理念和教学内容;提供了家校共育活动设计,不仅能够增强家长和学生的互动,还能够增强学生的社会责任感和提高其社会实践能力;提供了家校共育资源共享思路,倡导学校和家庭之间相互开放资源,使学生在家庭和学校之间能够无缝对接,让学生和家庭享受更加丰富的学习资源。

文化传承是家校共育的使命,社会实践是家校共育的延伸,社区建设是家校共育的平台,心理健康教育是家校共育的保障,这 20 个实践模式是坪山区教育工作者和家长共同努力的结果,凝聚了我们对家庭教育工作本质的理解和对学生成长的深切关怀。

在家校共育实践中,坪山区学校的教师深刻认识到,家长是教育的重要合作伙伴,学校教育必须与家庭教育相结合,才能最大化教育的效果。推动家校共育实践和研究具有时代意义和现实价值,有助于促进建设良好家庭教育,建设良好家教家风,五育并举,更好地服务学生全面健康成长,建好小家成就大家,为中华民族伟大复兴贡献教育力量。

模式 01

亲子工作坊：基于儿童友好理念的家校共育模式

亲子工作坊是以促进"亲子参与、共同体验"为目标的公益性家校共育实践探索。形成基于"儿童友好"理念的"五位一体"共育体系，构建了"1＋N"跨学科课程，以"亲子工作坊"的组织形态改变活动中的教师家长角色，通过"五育融合"为导向的活动主题策划，实现"创新坪山"资源背景下的家校共育新样态。

深圳市坪山区第二外国语学校创办于 2019 年 9 月,位于东纵路以南,坪环路西侧,坪山区均田二路 1 号,为区属九年一贯制公办学校,广东省义务教育标准化学校,深圳市儿童友好学校,深圳市少先队先进学校,粤港澳大湾区青少年创新科学教育基地成员校,区戏剧教育试点校。学校以"创建可传承百年的湾区一流学校,培育有国族灵魂的未来建设人才"为办学目标,坚持"每一个孩子都是独特的鲜活生命,教育的真谛是尊重生命,长养生命"的办学理念,秉持"国家　未来"校训,"尊重、包容、创造、担当"的校风,"好学、日进"的学风,"学高、身正"的教风,持续推进课程建设,构建"五育融合"的"生命之树"课程体系,开设 73 个特色社团。学校不仅有地嘉人善的人文优势,还有承载主要教育内容的"儿童友好沙龙",及"生命探索中心""家长学校论坛""家校议事厅""儿童心智成长关爱中心"等其他配套学习与服务空间都已投入使用,深度贯穿心理教育、生命教育、家庭教育三大教育主线,为儿童及其家庭提供友好体验和服务。学校在发展中践行"儿童友好",教育、鼓励儿童"保持好奇,与众不同",引导青少年"团队合作,创新思维",期待所有人的成长成才,"让你的光芒闪耀"。

　　坪山区第二外国语学校自 2022 年 3 月 4 日起启动亲子工作坊——以促进"亲子参与,共同体验"为目标的公益性家校共育实践探索。形成了基于"儿童友好"理念的"五位一体"共育体系,构建了"1+N"跨学科课程,以"亲子工作坊"的组织形态改变活动中的教师家长角色,通过"五育融合"为导向的活动主题策划,实现"创新坪山"资源背景下的家校共育新样态。

一　亲子工作坊的理念与意义

　　亲子关系是儿童一生之中最早建立起来的人际关系,孩子与父母之间的相互作用和碰撞不仅构成了现有的家庭状态,也深刻地影响着孩子未来的成长与发展。为促进家校社协同育人,贯彻落实《中华人民共和国家庭教育促进法》《中国儿童发展纲要

（2021—2030年）》的重要精神，给家长提供家庭教育指导、增强亲子互动、建立平等和谐的亲子关系，学校创设亲子工作坊。

亲子工作坊在开展的过程中得到家庭、社会各方面的支持和配合，并在实践中形成学校、家庭、社会三结合的家校共育机制，对于应对当下的家庭教育问题，寻找到良好的家校共育途径与策略，有显著的实践意义。

（一）儿童层面：满足亲子依恋，增进家庭归属

亲子工作坊主题包括"玩转体能，拥抱春天""发现声音的秘密""指尖上的光影"等系列活动，活动寓教于乐，寓知识于游戏中，同时开发学生的智力、动手能力、反应力、创造力，使学生能在德、智、体、美、劳各方面得到全面发展。学生在活动过程中获得父母足够的关注，感受到自己被需要被重视，让学生在家庭系统中有明确的身份和定位。过程中，学生收获赞美，鼓励和支持，对父母产生信任的同时建立起足够的自信心，有助于学生长期的心理健康发展。

（二）家长层面：理解儿童需求，增长培养智慧

亲子活动强调以家庭为单位报名参与，活动中增进家长和孩子之间的情感交流。在亲子体验中树立正确的家庭教育观念，从爱、陪伴、信任、欣赏、接纳、共情角度引导家长做智慧父母，建立良好的亲子关系。良好的亲子关系是家庭和谐的基础，良好的亲子关系有助于完善家庭教育的环境，积极有效的亲子沟通能够增进彼此之间的情感联系，优化亲子关系的家庭教育，增强每一个家庭成员牢靠的归属感。

（三）教师层面：引导亲子关系，促进专业成长

亲子工作坊的开展促进教师的专业发展，工作坊主讲人覆盖学校各科教师，教师在工作坊的实践中匹配专业知识与主题活动，同时兼顾亲子互动，最终实现沉浸式学习体验，在探索重塑学习积极模式的同时增强专业能力。与此同时，家校共育是教师职业的新成长。教师走出熟悉的课堂环境，走向家庭，把与教育对象密切关联的成长因素联合起来，达成一致，形成合力，这是教师树立新的职业形象，协调社会各方面影响学生成长因素的良好途径。

(四) 学校层面：践行五育并举，家校共建共育

亲子工作坊形成具有"五育融合"特质的学习方式、教学方式、管理方式。践行不同角度的主题教育，旨在促进学生的全面发展，通过工作坊模式打通学生综合素质培养的现实途径，构建和完善本校的育人体系，实现立体化、多层次、广角度的育人长效机制。与此同时，通过家校共建、增进家校交流、多途径沟通，让家庭教育和学校教育成为统一整体。

(五) 社会层面：整合区域资源，推进儿童友好

亲子工作坊平台打造是学校教育、家庭教育与社会教育资源整合、相互衔接的重要载体。它贯彻落实《中华人民共和国家庭教育促进法》《中国儿童发展纲要（2021—2030 年）》文件精神，真正实现学校教育、家庭教育、社会教育的相互配合。学校、家庭、社会应充分发挥自身教育优势，让办家长满意的教育成为现实。

总之，亲子工作坊模式充分尊重了儿童的需求，以亲子主题活动促进了亲子之间关系的密切和交流的深入，也为研究不同背景家庭中的亲子关系类型及影响因素提供了素材。同时，通过亲子活动角度的观察，有助于学校找到适合本校家长的家庭教育指导方式，丰富家校共育领域的研究样本，共同探索促进学生成长的支持要素。在多主题、跨学科、校内外的活动设计中，我们有灵活的充满想象的空间，可以用来验证关于儿童成长规律的一些观点，以及"家校协同育人"的一些猜想。从而建立当前家庭教育指导理论与家校共育操作实际的紧密联系和有效反馈。

二　亲子工作坊的实践探索

亲子工作坊以"亲子参与，共同体验"为原则，以"五育融合—五育并举"为导向，构建起家校协同的共育课程体系。汇聚家庭教育资源，搭建亲子活动平台，让家长沉浸式参与到学校课程建设、活动管理中，最终达成价值认同，形成育人合力。

(一) "五位一体"共育体系的理论基础

教育学研究重视实践，家庭教育研究尤其如此。在亲子工作坊的操作过程中，学校需时刻保持实践意识，确立实践观念，尤其是在亲子体验目标的确立、方法的选择、内容的划定等方面都要从家校共育出发，切实了解家长对家庭教育的诉求。学校把

家校共育看作是一个充满了可能性、未完成性、独特性、生成性的教育过程,亲子工作坊模式突破传统讲学式教育,以关系思维为指导,寻求多元对话,建立"五位一体"的共育体系。(见图1-1)

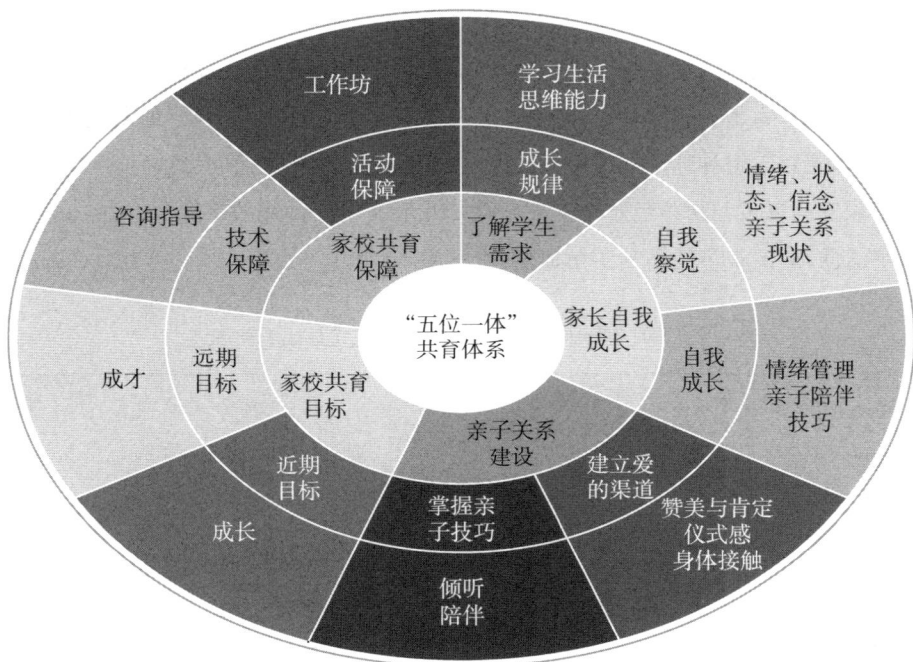

图1-1 "五位一体"家校共育体系图

(二) 以"亲子参与,共同体验"为原则设计活动

亲子工作坊以亲子体验为工作目标,要求父母至少一方和孩子一起参与活动,"亲子共同体验"是工作坊设计活动的出发点。通过父母陪伴孩子参与主题日活动,与之建立亲子依恋关系,建立亲密感情。父母在长期陪伴孩子成长的过程中,以适当的方式回应孩子发出的信号,尤其是无助时的信号,对孩子来说极其重要。父母的态度,是孩子内心安全感的重要基础。孩子在表达出自己的需求时,当有人去回应他,他才能意识到自己被关爱、被重视,才能不断地建立自信心。亲子工作坊致力于打造充满关爱的家校共育环境,这种环境是孩子大脑的培养基础,决定着大脑生长发育的潜力,优质陪伴的环境构成了让孩子大脑各种功能得以长足发展的基本条件。

(三) 以"工作坊"的组织形态改变活动中的教师角色

工作坊一词最早出现在教育学与心理学的研究领域之中。1960年美国著名风景园林师劳伦斯·哈普林将工作坊概念引用,成为一种鼓励参与、创新以及找出解决对策的手法,使其成为不同立场、族群的人思考、探讨和相互交流的一种方式。学校借助工作坊的组织形态,区别于传统的培训活动(见表1-1),让家庭教育指导工作加入体验、贴近生活。为了让学生和家长参与,还要引发思考,所谓的"老师"的角色也相应的变成了"引导者",引导师是一个中立的角色,引导过程在关键节点通过提问的方式引发大家深度的思考。从角色定位上改变教师或嘉宾讲授传达的功能身份,居于引导位置组织活动,突出亲子的活动主角地位。(见表1-1)

表1-1 传统培训模式与工作坊模式对比示意表

传统培训模式	工作坊模式
老师是主角 学生是听众	参与者是主角 引导师中立
讲授式、灌输式	对话、研讨、互动
案例研讨 有标准答案	真实案例 没有标准答案
学习后没有现实问题的解决办法	结束后有实际行动计划
老师讲得多	参与者讲得多

(四) 以"五育融合"为育人导向规划活动主题

亲子工作坊尊重学生个性多元化发展的需求,特色课程的设立结合校内教师与家长资源,根据个人兴趣能力,在主题下设立相关活动,涵盖德、智、体、美、劳五个方面,建构"五育融合"育人导向图。(见图1-2)

图1-2中,各板块相互融合,均衡发展,不可割裂,具体表现如下:

1. 立德为先,致知力行——人文与社会。人文素养是一个人思想品质的基础。让家庭构建起正确的世界观、社会价值观与人生观,普及家庭继承发扬传统文化,培育爱国主义精神。

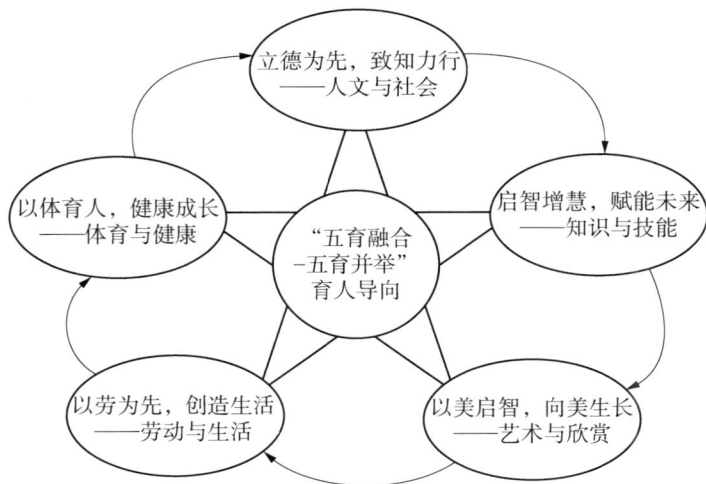

图 1-2 "五育融合"育人导向图

2. 启智增慧,赋能未来——知识与技能。创新性开展学识素养和智慧才能的教育。在工作坊主题活动设定中培养家庭成员的创新意识、创新思维和创新能力。

3. 以体育人,健康成长——体育与健康。工作坊引入阳光体育、快乐体育的思想。引导每个家庭成员练就强健体魄,学会快乐生活。

4. 以美启智,向美生长——艺术与欣赏。学校充分挖掘和利用艺术本身的独特魅力,工作坊形式融合美育教育,坚持让每个家庭都成为艺术教育的受益者。

5. 以劳为先,创造生活——劳动与生活。劳动改变着世界,生活也因为劳动更美好。在每一期的工作坊中积极引导家庭实践劳动、崇尚劳动、尊重劳动。

亲子工作坊创设家校多元协作机会,积极打造"五育融合"的育人情境,实现家校育人合力。五育融合不是德、智、体、美、劳的简单累加,而是力求最大限度发挥每项活动中的五育融合育人价值,通过五育并举、融通、融合,探索实践更高效的家校共育模态。

(五) 以"1 主题+N 学科"为结构设计亲子工作坊跨学科课程

全校范围内跨道德与法治、语文、数学、英语、科学、信息技术、体育、艺术、劳动、综合实践、心理等 11 大学科,以 1+N 跨学科主题式整合性思维设计工作坊亲子活动,做到每一期主题活动下涉及 2—3 门学科融合。跨学科主题式工作坊鼓励老师要跳出学科知识罗列的窠臼,打破学科之间的壁垒,按照学生、家长的逻辑来组织活动内容,通过"跨学科"这样一个既能够连接学生的真实生活,又能够把学生的生活提高到科学知识高度的通道,既是学生、家长熟悉的、易于接受的,同时又给每个学科都留有入口的通道来呈现课程内容,让学生和家长的互动过程是立体式的、多维度的、真场景的,学习方式是沉浸式参与其中的,获取的知识和能力更是全面的、综合的、能够解决实际问题的。(见表1-2)

表1-2 亲子工作坊跨学科主题一览表

序号	工作坊主题	主要内容	涉及学科
第一期	不负时光,"蒜"你精彩	水培蒜苗、制作蒜娃娃、自制糖醋蒜、亲子关系微讲堂	劳动、美术、综合实践、心理
第二期	发现声音的秘密	自制小乐器、悄悄话传声筒、声音小课堂	音乐、劳动、科学、综合实践、信息技术
第三期	指尖上的光影	光影精灵、趣味手影、绘本共读	美术、劳动、语文
第四期	璀璨匠心,感知华夏	大美中国结、库尔勒四面迎春、非遗知多少	美术、劳动、语文、综合实践
第五期	留住春天	穿上春天、拓印春天、三行英文小诗	美术、劳动、英语、综合实践
第六期	奇妙的平衡	巧制不倒翁、悬浮蝴蝶、重心小课堂	科学、数学、劳动
第七期	月满情浓,薪火"童"行	指尖月饼、花灯制作、陪伴即团圆	劳动、美术、道德与法治、心理
第八期	玩转体能,拥抱春天	一往无前、摸石头过河、螃蟹运西瓜	体育、劳动
第九期	BOOK思议分享会	亲子读书技巧分享、亲子共读、主角萝卜蹲、读书分享会	语文、心理

每一期的主题和内容,首先与学生的真实需求相关联,旨在加强亲子活动内容与学生经验、社会生活的联系,带领学生和家长在"玩中学""学中用",从而促进学生和家长的紧密配合,提升亲子关系。学生和家长通过每一期的主题活动,感知其中所蕴含的人文、科学、劳动、美术、音乐、戏剧等学科领域的文化核心素养,感受中华文明的博

大精深。基本思路是纵向整合全学段与横向整合各学科。在实施中既兼顾了学科立场,又关照了学生、家长立场,确保工作坊的科学性、系统性与稳定性。

(六) 以"创新坪山"为资源实现家校共育

工作坊拥有专业的引导者团队和教育领域专家智库,其中包括 26 个班级班主任、11 名大学科专业教师、26 位智慧家长团及坪山本土高新科创人才,能够保障主讲人的权威性、专业性和匹配性,育人场所除学校之外,坪山社群、周边企业场馆又可提供空间资源保障。密切家校联系,传递共同育人理念,建立良好的家校共建"美好教育"创新共融新模式。旨在通过组织架构创新、师资队伍创新、课程体系创新和制度创新"四维共育"机制,打造家校共育新生态。

三 亲子工作坊的典型案例

2022 年春季学期,因疫情停课居家,为活跃在线学习,增进师生在线"面对面"交流,促进亲子居家多陪伴,学校开始策划第一期"亲子工作坊"。在返校复学之后依然坚持,至今共策划组织 9 期活动,得到了学生和家长的好评和追捧,老师们也收获到了别样体验。

(一) 亲子工作坊的目标

1. 通过主题探索,促进亲子关系。通过主题化的亲子活动增进家长和孩子之间的情感交流,在亲子体验中树立正确的家庭教育观念,从共情角度引导家长做智慧父母,优化亲子关系,增强每一个家庭成员的家庭归属感。

2. 重视亲子陪伴,实现家校共育。以亲子共同参与活动引导父母给予孩子深度陪伴,以教师的组织和参与实现教师家长共同引导儿童成长。通过丰富共育内容,使共育不再局限于学生的学习和品德方面,而是更多关注孩子心理健康、情感等方面的发展。

(二) 亲子工作坊的内容

亲子工作坊面向小学部全体学生家庭,以"亲子参与,共同体验"为原则,以"五育融合—五育并举"为导向,跨学科设计体验活动,搭建亲子活动平台,亲子工作坊内容设计丰富多彩。(见表 1-3)

表1-3 亲子工作坊内容设计一览表

序号	主题	时间	形式	主要内容	主讲人	参与人数
第一期	【劳育＋美育】不负时光，"蒜"你精彩	2022年3月4日	线上	水培蒜苗、制作蒜娃娃、自制糖醋蒜、亲子关系微讲堂	李澈、魏星、胡丽君、黄秋菊	400＋
第二期	【美育＋智育】发现声音的秘密	2022年3月11日	线上	自制小乐器、悄悄话传声筒、声音小课堂	陈思宇、符美娟、成晶晶	400＋
第三期	【智育＋美育】指尖上的光影	2022年3月18日	线上	光影精灵、趣味手影、绘本共读	于意、陈秋咏、朱益琪	400＋
第四期	【劳育＋德育】璀璨匠心，感知华夏	2022年3月25日	线上	大美中国结、库尔勒四面迎春、非遗知多少	房颖、冯曼、郑悦	400＋
第五期	【智育＋美育】留住春天	2022年3月31日	线上	穿上春天、拓印春天、三行英文小诗	余群、汤楚熠	400＋
第六期	【智育＋美育】奇妙的平衡	2022年4月8日	线上	巧制不倒翁、悬浮蝴蝶、重心小课堂	魏星、李澈、成晶晶	400＋
第七期	【德育＋美育】月满情浓，薪火"童"行	2022年9月9日	线上	指尖月饼、花灯制作、陪伴即团圆	房颖、张凯欣、郜咏琪	400＋
第八期	【体育＋劳育】玩转体能，拥抱春天	2023年3月12日	线下	一往无前、摸石头过河、螃蟹运西瓜	邱杰峰、王振杰、袁文晓、张皓淼	报名100＋/限定25组家庭
第九期	【智育＋德育】BOOK思议分享会	2023年3月26日	线下	亲子读书技巧分享、亲子共读、主角萝卜蹲、读书分享会	符美娟、李小顺、于意、徐绮晨	报名100＋/限定25组家庭

（三）亲子工作坊的实施过程

学校亲子工作坊的实施与开展：第一步，由学校小学部德育处牵头，学科教师与智慧家长团共同商定活动主题、开展时间、地点及制定活动的形式内容，在多方的通力合作下完成初步的策划工作。第二步，为了让活动更加深入人心，组织团队会根据活动主题内容做好活动海报、宣传图、发布公众号等相关宣传工作。第三步，借助智慧家长团的力量招募参与活动的家庭。第四步,活动主讲人团队根据现场情况组织亲子工作坊相关活动。第五步,活动结束后,组织团队进行资料收集整理,并对整体活动进行复盘工作。(见图1-3)

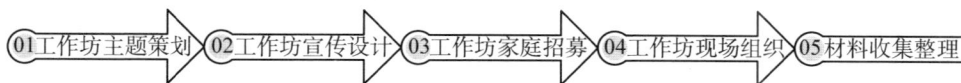

| 01工作坊主题策划 | 02工作坊宣传设计 | 03工作坊家庭招募 | 04工作坊现场组织 | 05材料收集整理 |

图1-3 亲子工作坊实施过程图

(四) 活动效果

亲子工作坊作为以"亲子活动"为主要形式的家校共育活动,得到了广大学生和家长的追捧。从2022年3月居家学习时举行第一期开始,至今一共开展了9期活动。9期活动覆盖了小学部44个班级1192人。其中7期线上活动,每期参与数都在400个家庭以上;2期线下活动为了保证活动质量,每次仅招募25个家庭,但每次报名家庭都超过100个。亲子工作坊系列活动在学校公众号上推文的阅读量,累计超过1万人次,受欢迎,更受关注。9期家校共育活动,带来学生、家长、教师三重收获。

1. 学生层面:享受亲子时光,获得幸福感

工作坊在设计亲子活动时,尽可能从儿童视角出发,考虑儿童内在需求。既考虑儿童的认知水平和动手能力,也考虑适合亲子共同参与的体验感,以及需要家长的参与才能完成的必要性。所以,儿童们不止在活动中增长了文化知识,陶冶了情操,培养了审美情趣,还能尽情享受与父母在一起的时光,感受属于家庭的亲子幸福。四(4)班黄俊毅同学每一期都积极报名参加活动。老师问他为什么这么喜欢参与,他说:"因为这些活动好玩啊!更棒的是我的爸爸妈妈会陪着我一起参加活动!他们平时忙,经常顾不上我,要我自己玩,自己看书,我觉得很孤单。可是报名参加活动后,他们至少会有一个人陪我参加,活动时他们也不是看手机,而是专门陪着我。回家路上我们还可以聊聊班级和同学的事情,我很愿意分享我和我好朋友的故事。我觉得这个时候他们才是属于我的爸爸妈妈。"通过交谈,工作坊老师发现有类似想法的孩子很多。从孩子眼中的光彩里,老师看到了他们对父母的依恋,对家庭幸福感的在意。活动中的观察和活动后的反思都让老师明白:这些活动或许还很简单,但是的确让孩子们获得了被父母关注的幸福感、安全感,强化了他们对家庭的归属感和认同感。这些儿童在活动

中和活动之后,也明显表现出自信、大方和阳光的气质,这显然有利于儿童健康成长。

2. 家长层面:增长陪伴智慧,获得责任感

工作坊的老师也观察到亲子活动对于家长的积极影响。有的家长改变了陪伴孩子的观念,第一次意识到陪伴孩子不是在他身边,而是要参与到孩子的互动中去;有的家长觉得陪伴孩子竟然还可以有这么多玩法,既快乐又增长见识,既放松又充满温情;有的家长注意到了孩子的变化,意识到了自己的责任和义务,愿意努力增加亲子之间的理解和默契;有的家长开始反思家庭教育,愿意多一些夫妻配合,共同陪伴孩子成长。

在工作坊收到的数百份来自家长的正向反馈中,家委会代表、三(6)班刘骐铭的妈妈激动地表示:"感谢学校老师的用心安排,让我们有机会和孩子一起参加亲子工作坊活动。学校组织的亲子活动太有趣了,主题新颖,实操性强,形式特别。由于工作原因,我们很少参与到孩子的学习中。我们每天都在忙碌着自己的事情,没有太多的时间陪孩子安安静静地阅读、真心和孩子沟通交流、认真倾听孩子的想法。此次亲子活动,让我们深刻体会到作为家长在孩子教育成长过程中的重要地位。孩子的爸爸参加活动后用二十四个字总结——'活动之前,满心期待;活动之中,兴高采烈;活动之后,意犹未尽'。学校安排的亲子工作坊活动,不仅使孩子感受到家长的温情,也让家长在繁忙的工作之余拥有了轻松、愉快、休闲的亲子时光。再次感谢学校的精心组织,让我们有了和孩子一起学习,一起成长的机会。"(见图1-4)

图1-4 亲子互动:每个家庭进行亲子体能游戏比拼

3. 教师层面:助力家校共育,获得价值感

家校共育的难题之一是如何快速达成家校共识,进而目标一致,行动一致。工作坊模式首先以认同活动设计为前提,至少通过家长自主选择的方式建立相向而行的家校共育行动,进而产生共同目标的达成。这个过程让工作坊的老师们感受到了全新体验:此前面向家长全体部署统一要求时,绝不会达到这样程度的配合与效率。而为了吸引更多家长参与工作坊的活动,老师们努力思考如何设计不同的活动,吸引不同类型的家长或家庭。在这个过程中,老师们对家校共育工作产生了全新的价值感、成就感。亲子工作坊发起人李澈老师表示:"九期亲子工作坊活动,给我感触最深的就是孩子和家长们的热情——对同伴、老师的热情、对生活的热情。亲子工作坊活动,为孩子、家长、老师们创造交往游乐的机会,拉近了彼此的心理距离。平时在学校彼此陌生的同学,校外见面点头之交的家长,此时也许成了最亲密的朋友。作为老师,能参与活动的策划,见证孩子的成长,感受真挚的温暖,拥有美好的回忆,这便是教师岗位上最质朴最富足的价值。"家校携手共育,充分发挥双方优势,让"家长满意的教育"成为现实。

家校共育,不只是一种教育儿童的方式,更是在儿童成长过程中家庭与学校共同承担的责任。亲子工作坊模式,促进了家校之间的双向互动,让儿童置身于家校配合共育的场景之中,体验家庭里亲子之间应有的亲密互动与自然交流,获得成长所必需的安全感、归属感、幸福感,满足探索世界、试错求知、增长智慧的需要。这一模式,让家长在陪伴体验中观察到孩子的需要,反思家庭教育的得失,促进了亲子之间的交流融洽。这一模式也让老师们进一步打开了工作思路,找到沟通家长、联合家庭的新思路,开辟克服沟通障碍、高效共育的新路径。目前,这种基于儿童友好理念的家校共育探索取得了一定成效,但还存在一定的局限性,距离预设的理想目标也还有较大差距。比如,如何进一步做好活动主题的系列化设计,如何回应不同学段学生和不同样态家庭的需要,如何在实践活动的同时提升对老师和家长的理论性指导,等等,有很多问题需要持续探索,找到答案。同时,家校共育又面临着儿童成长的很多新任务、新问题,比如幼小衔接、小初衔接、"双减"要求、课后延时服务、新课程标准落地、学生核心素养发展,等等。这些也是亲子工作坊可以继续探索、继续研究的新课题。简言之,坪山二外的探索还在路上,要继续努力。

当人们遵从"儿童友好"理念来看待儿童成长时,会发现儿童成长是有着大量内在规律的事情,有成长的规律,也有教育的规律。培育人的事情,无论在学校还是在家

庭,都是一个慢慢探索、循序渐进的过程,应该像农业,而不要像工业,尤其不能是流水线式的生产。成年人要看到儿童生命的独特性,从而尊重其个性需求;也要找到儿童成长的普遍性,从而尊重育人规律。在儿童成长与发展的路上,家庭教育有着不可替代的价值和责任,家校共育有利于发展家庭教育。坪山二外将持续开展家校共育的实践探索,结合理论研究,发挥亲子工作坊的更多作用、更大价值,以学校教育和家庭教育的凝聚合力,实现教育与成长的双向奔赴。坪山二外希望努力创建具有区域特色的家校共育新样态,推动家校共育工作迈上新台阶,为实现"创新坪山"教育事业的高质量发展贡献力量。

(撰稿者:深圳市坪山区第二外国语学校　周卫锋　李澈)

模式 02

星彩社区：基于空间社会学的校家社协同育人模式

"星彩社区"是以"资源共享、协同育人"为目标的全方位、多维度校家社协同育人实践探索。形成以"空间社会学"理念为基础，以同一社区内组建的"红领巾社区小队"为实施主体，以"课程＋活动"跨学科项目式主题实践活动为形式，构建了学校为主导，家庭和社会齐参与的创新型校家社协同育人新模式，对促进学生的全面发展有着重要的实践意义。

深圳市坪山区新合实验学校于 2020 年 9 月开办,是坪山区委区政府高标准建设、高起点定位、高质量办学的九年一贯制学校。学校占地面积 3.75 万平方米,总建筑面积约 10.61 万平方米,是一所科技创新、活力多彩的现代化花园式学校。学校秉承"星彩教育"的核心理念,践行"让每一颗星星都绽放光彩"的育人理念,孕育了"心中有光彩·人生有华章"的校训和"点亮·辉映·添彩"的学校精神。学校坚持"科技·创新"的办学特色,致力于培养"阳光自信·乐于合作·敢于创新"的星彩少年。学校获评全国校家社协同育人(实验)基地、全国生态文明教育特色学校、教育部"基于教学改革、融合信息技术的新型教与学模式"实验校、广东省小学和中学综合实践双教研基地、广东省义务教育标准化学校、广东省绿色学校、深圳市中华诗教学校、深圳市儿童友好学校、深圳市中小学教师信息技术应用能力提升工程 2.0 市级试点校等;此外,学校还培养出获得广东省"三八红旗手"、深圳市"优秀教师"、深圳市委教育工委"优秀党务工作者"、深圳市"优秀中队辅导员"等突出荣誉的优秀教师;同时,培育了获得广东省"优秀学生"、广东省"优秀少先队员"、深圳市中等学校"优秀学生"、深圳特区模范少年——"上进少年"、深圳特区模范少年——"阳光少年"等突出荣誉的优秀学生。

新合实验学校作为国家级校家社协同育人(实验)基地,一直致力于探索和创新校家社协同育人的路径和模式,并结合"空间社会学"理论,构建了"星彩社区"校家社协同育人模式,这是一种以社区为基础,家庭、社会参与的全员育人模式,是基于"空间社会学"理论探索出的一种创新型校家社协同育人模式,在同一社区内组建的"红领巾社区小队"为实施主体,以"课程+活动"跨学科项目式主题实践活动,营造更加开放、包容和互动的校家社协同育人环境,实现资源共享,达到校家社协同育人的良好效果。

一 "星彩社区"的理念与意义

"星彩社区"校家社协同育人模式以学校"星彩教育"为理念,以培养学生的综合素质和创新能力为目标,通过搭建校家社沟通平台,加强三方合作,实现资源共享,形成教育合力,为教育学生提供更加丰富多元的环境。随着社会的发展和教育改革的深入,传统单一的学校教育已经无法满足人们对教育的需求。在这样的背景下,学校、家庭与社会资源的整合成为了教育发展的必然趋势。"星彩社区"旨在充分利用社区、学校、家庭和社会的教育资源,构建一个全员参与、多维度的育人环境,对促进学生的全面发展有着重要的实践意义。

1. 地理位置的视角:得益于地理区位优势。"星彩社区"的构建促使学校、家庭和社会教育资源在同一个社区内相互影响、相互合作。这种地理上的接近性为三方之间的沟通与互动创造了良好的条件,使得信息能够更快速地传递,也便于建立更为紧密的联系。

2. 社会互动的视角:校家社协同育人强调的是三方之间的互动与合作。从社会互动的视角来看,学校、家庭和社会在教育过程中形成了一个相互依赖、相互影响的网络。这个网络中的成员通过互动来共享信息、资源和经验,形成教育合力,实现家校社协同育人的目的。

3. 资源共享的视角:在"星彩社区"的校家社协同育人模式中,学校、家庭和社会都有各自的资源和优势。通过协同合作,可以实现资源的共享和优化配置。例如,学校可以提供教育资源、专业的教育指导;家庭可以提供情感支持、生活经验;而社会则可以提供实践机会、拓宽视野。这种资源共享不仅提高了资源的利用效率,也有利于促进学生的全面发展。

空间社会学为研究"星彩社区"校家社协同育人模式提供了有力的支撑。通过深入分析该模式中的地理位置、社会互动和资源共享等因素,我们可以更好地理解校家社协同育人的内在机制和优势,从而为推动教育事业的发展做有效的改革尝试。

二 "星彩社区"的实践探索

"星彩社区"以"空间社会学"理念为基础,以红领巾社区小队为实施主体,以"课程+活动"为形式设计和开展跨学科项目式主题实践活动,在"星彩社区"校家社协同育人模式的加持下,以培养学生的综合素质和创新能力为目标,加强校家社三方合作,实现资源共享,形成教育合力,为学生提供更加丰富、多元的教育环境。

（一）基于空间社会学，开展规划与探索

"星彩社区"注重活动空间规划与探索，因此我校结合学校、社区以及家庭三方的地理位置，设置了共育空间，以满足校家社协同育人的需求。

1. 学校共育空间。学校在空间设计方面，特别注重学生运动、学习、实践、个性化需求，为此，深度考量空间、文化、交流、生态和科技五个维度，以人为本、因地制宜，力求建设开放、活力、自然、创意和多彩的现代立体式花园学校。此外，在不影响教学的情况下，对社区和家庭开放学校图书室、运动场、会议室等教育设施，实现学校教育资源与家庭社区资源共享，加快校家社共建的进程。

2. 社区共育空间。依托社区党群服务中心建立社区家长学校。目前我校已与周边社区党群服务中心共建共享机制，设立"星光"家长学校，将社区党群服务中心作为家长和孩子阅读、学习、活动和交流的场所。家长可以在这里分享科学育儿理念，交流家庭教育经验，提高家庭教育水平。组建优质教师队伍进入社区。建立社区"星辉师资库"，为家长提供科学育儿理念和心理咨询服务，目前我校常态开展老师在周边党群服务中心面向学生和家长开展家庭教育指导、读书分享和心理辅导活动，深受家长和社区的一致好评。"星彩社区"倡导社区参与合作，鼓励家庭、学校和社区共同参与育人的过程，实现相互了解、相互支持，形成协同育人的合力。

3. 家庭共育空间。以学校统筹策划，亲子实施的方式开展"周末亲子探索营"系列活动，家长与孩子利用周末双休日和节假日的时间开展研学旅行、劳动实践、读书分享、家庭茶话会、户外运动等亲子活动，使家长和孩子建立更紧密的联系，增进彼此之间的感情。在家长和孩子共享愉快亲子时光的同时，更好地促进学生全面发展。

（二）红领巾社区小队，开辟育人新路径

"星彩社区"中的红领巾社区小队是在学校"星彩教育"的理念下，由学校德育处牵头，年级长和中队辅导员引领，以社区临近为原则、以资源共享为依托成立的红领巾社区活动小队。以红领巾社区小队的形式，鼓励同一中队中居住在同一社区的少先队员及家长利用课余时间、寒暑假和节假日开展社区志愿服务、环保行动、图书漂流、劳动锻炼和红色之旅等小队活动，是少先队活动开展的主要阵地，也是校家社协同育人的重要路径。

(三) 学科＋五育融合,实施主题实践活动

两年来,我校"星彩社区"的红领巾社区小队在学校"星彩教育"理念的引领下,实践探索出以开展"课程＋活动"为形式,以提升"素养＋能力"为目标,以拓展"学科＋融合"为方式开展的系列跨学科项目式主题实践活动,全面提升学生的核心素养及综合水平。(见图 2－1)

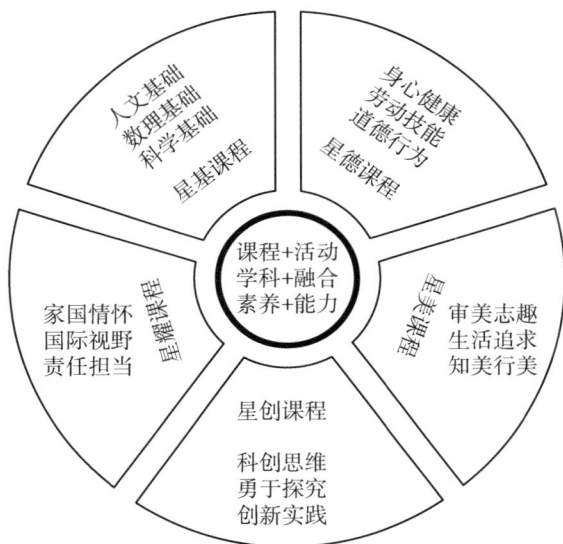

图 2－1 "星彩社区"育人图谱

三 "星彩社区"典型案例

"星彩社区"以红领巾社区小队为实施主体,开展系列跨学科项目式主题实践活动,营造了开放、包容和互动的校家社协同育人环境,达到了校家社协同育人的良好效果。

(一)"星彩社区"红领巾社区小队的目标

1. 通过红领巾社区小队为实施主体,策划和开展系列跨学科项目式主题实践活动,让队员们在活动中收获友谊、学会合作、增长见识,提升核心素养和综合水平。

2. 通过家庭和社会参与小队活动,有效推动"校家社"从"分离"迈向"共育",使家长和社区成为学校的教育伙伴,实现校家社协同育人合力。

3. 通过充分整合及利用社区、家庭和社会的教育资源,构建一个全员参与、多维度的育人环境,促进学生的全面发展。

(二)"星彩社区"红领巾社区小队的实施

1. 红领巾社区小队组建原则

"星彩社区"红领巾社区小队,是在学校"星彩教育"的理念下,由学校德育处牵头,年级长和中队辅导员引领,根据社区临近原则,以资源共享为依托成立的活动小队。每个中队中居住在同一社区内的孩子 6—8 人成立一支小队,每个小队配有 1—3 名校外辅导员(小队学生家长)和一名校内辅导员(中队辅导员或科任老师)。全校目前一至九年级共成立 336 支红领巾社区小队,100％覆盖所有学生和家庭,做到班班有小队,人人皆参与。

2. 红领巾社区小队项目实施步骤

透过一个个别具匠心的小队队名,精心构思的口号和饱含热情、爱心、责任及义务的中队宗旨,让我们领略到了学生那份勇于参与、勇于实践、勇于创新、勇于挑战自我的张扬个性和爱校如家、团结友爱、奋发向上、乐于奉献的小主人翁精神。为了更充分发挥学生的自主性,学校向特色小队提出了每次活动"主题要小、立意要巧、内容要真、效果要实"的要求,同时号召老师和家长积极参与小队活动,以红领巾社区小队为抓手,将家庭教育融入学生活动,真正地做到以活动促进亲子关系、促进家校共育,促进校家社共同促进学生的成长与发展。

红领巾社区小队通过组织各类活动,让孩子们在实践中成长,同时也让家庭和社区更加深入地参与到孩子的教育过程中来。在这种模式下,社区、学校和家庭不再是各自为政的三个独立领域,而是相互交织、相互影响的一个共同体。

四 "星彩社区"实践成效

经过两年多的实践和探索,我校"星彩社区"校家社协同育人模式实践成效显著,既提高了学生的核心素养和社会责任感,也促进了家庭、学校和社区资源共享和优势互补,同时也有助于创新人才培养模式。具体体现在以下几点。

第一，班班有小队，人人皆参与。班级中居住在同一小区的孩子组成红领巾社区小队，队员们从有限的校园中走出来，在社会实践中开展丰富多彩的活动，在活动中学会做事、学会交往，增进亲子关系。全校学生与家庭参与率达到100%，实现班班有小队，人人皆参与。

第二，学科相融合，五育齐并举。小队每次开展活动都有方案、有主题、有成果、有感言，每次活动根据不同的项目任务融合语文、数学、英语、艺术、劳动、科学等学科，开展探究式跨学科项目式主题实践活动，全面增强学生的综合能力，提高其核心素养，有效落实五育并举。

第三，成长空间共享，资源优势互补。通过空间社会学校家社协同育人模式，学校、社区和家庭不同领域的资源得以共享和优势互补，为学生提供了更加全面、多元化的学习和发展机会。

第四，校家社联动，合力育全人。通过红领巾社区小队开展丰富多彩的活动，将家长、学生、学校和社区都紧紧地联系在了一起，由大手拉小手，校家社协作为学生的成长助力，推动"校家社"从"分离"迈向"共育"，使家长和社区成为学校的教育伙伴，实现校家社协同育人合力。

"星彩社区"校家社协同育人模式是一种新型的教育模式，也是一种创新的人才培养模式。在这种模式下，家庭、学校和社区的界限被打破，它强调学校、家庭和社会之间的紧密合作，三者之间的互动更加频繁。孩子们在实践中学习、成长，家长和老师也能更好地了解孩子的需求和问题，从而提供更加个性化的教育和支持。"星彩社区"校家社协同育人模式通过优化学习空间、拓展教育空间、整合社区教育资源等方式，为学生创造一个开放、多元的教育环境。实践证明，这是一种行之有效的教育模式，能够增加校家社协同育人效果，提升家长参与度，丰富教育资源，促进学生的社会适应性，从而帮助学生实现全面成长，形成校家社协同育人的良好局面。

（撰稿者：深圳市坪山区新合实验学校　林俊红　宣倩怡）

模式 03

纵横旋梯：基于五育融合的家校共育模式

纵横旋梯是以德智体美劳五育为内容，由学校指导、家长协同共同促进学生综合素养提升的教育模式。学校开发了家校共育系列课程，构建了"纵横旋梯"家校共育模式，以学校、家庭、社区为阵地，以教师、家长、学生为主体，通过学校指导、家长协同、孩子参与的形式开展，发挥校家社合力，达到协同育人的效果。

深圳市坪山区东纵小学创办于 2021 年 9 月，占地面积 16 800 平方米，建筑面积 54 600 平方米，办学规模 36 个教学班，提供学位 1 620 个。学校位于东江纵队发源地，毗邻东江纵队纪念馆，特殊的地理位置赋予学校红色底蕴。原中央军委副主席、国务委员兼国防部部长迟浩田上将亲笔为东纵小学题词。"忠心向党、赤心为民、不畏艰险、不懈奋斗"的东纵精神赋予学校文化血脉。

用好红色资源，讲好红色故事，传承红色基因，成为东纵小学义不容辞的职责。在新时代背景下，学校熔铸东纵精神内核，发扬红色传统，砥砺奋进，不忘初心。成立不到三年的时间，已获得深圳市深化新时代教育评价改革示范校、深圳市儿童友好学校、坪山区首批"优质教育均衡"示范学校、坪山区品质课程示范校、坪山区儿童友好实践基地学校、坪山区文明校园示范学校等荣誉称号。学校提炼"纵教育"（即张弛有度的教育）作为学校教育哲学，构建了"纵横课程"体系。在"纵教育"教育哲学和"培根养正，静待花开"办学理念的指导下，学校以"让每一个生命从容美好"为课程理念，"让孩子成为亮堂堂、活泼泼、健康康的儿童"为课程目标，以"培养具有东纵精神、民族情怀、创新能力和国际视野的阳光少年"为育人目标。（见图 3-1）

学校"纵横课程"结构为六大类＋三个阶梯，六大类分别为纵心课程、纵语课程、纵思课程、纵创课程、纵美课程、纵体课程，每个类别又包含初、中、高三个阶梯，三个阶梯的课程目标呈递进式上升。（见图 3-2）

东纵小学因东江纵队精神的传承而建设，如何用活红色资源，把东纵文化渗透到学校德育工作中，是学校德育工作所面临的新挑战。学校基于地域特色和历史文化传承特色，将东纵文化与学校德育工作深度融合，开发了"纵心课程"（德育课程），包含"红色教育课程""劳动教育课程""仪式教育课程""传统文化课程""家校共育课程"五个系列。

家校共育课程作为"纵心课程"（德育课程）的重要组成部分，与其他系列课程相互融合，相互补充，你中有我，我中有你。内容涵盖德智体美劳五育，包含以下几个部分。

家校共育"纵德"课程,家校共育"纵智"课程,家校共育"纵美"课程,家校共育"纵体"课程,家校共育"纵劳"课程。

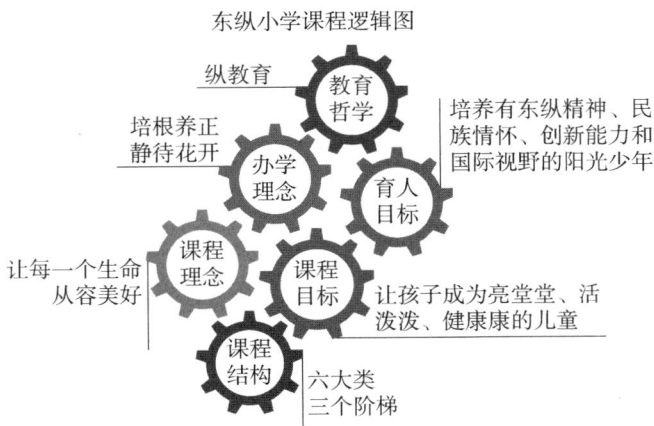

图 3-1　东纵小学课程逻辑图

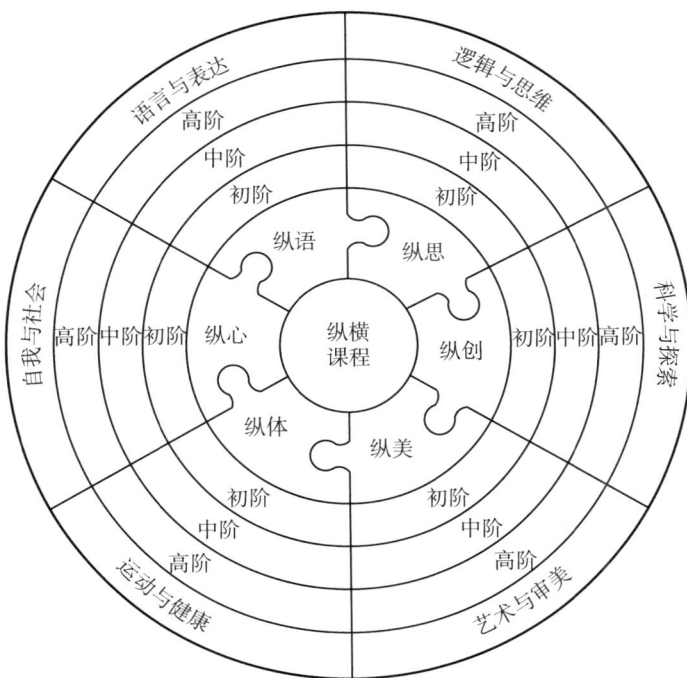

图 3-2　东纵小学"纵横课程"结构图

学校以五育为内容,以家校阵地,家校携手共同构建"纵横旋梯"家校共育模式,把东纵文化传承由校内延伸到校外,由学校辐射到家庭。

一 "纵横旋梯"家校共育模式的理念和意义

"纵横旋梯":纵,指课程内容的纵向深度,即课程的系统性,包含德智体美劳五育;横,指课程实施的横向场域,即课程的协同性,包含校家社不同主体;旋梯,指育人效果的螺旋式上升,体现学生的成长过程。

"纵横旋梯"家校共育模式,就是以德智体美劳五育为内容,学校指导、家长协同推进,共同促进学生综合素养提升的教育模式,是课程内容、实施方式和育人成效的综合体现。学校通过"纵横旋梯"家校共育模式,大力推进五育融合,取得了多方成效,主要表现在以下几个层面:

学校层面:创新了家庭教育指导方式。学校以课程为抓手进行家庭教育指导,使学校对家庭教育的指导趋于系统化,家庭教育指导从理论转向技术。

家长层面:认识到家庭教育的重要性。家长不断更新家庭教育理念,对家庭教育有了个人的体会、思考和实践,家长家庭教育水平有了整体提高。

学生层面:强化了学校课程的育人效果。学生在轻松愉快的亲子活动中,感受到父母对自己的关爱;在丰富多彩的课程学习中,提升个人综合素养。

二 "纵横旋梯"家校共育模式的实践探索

为探索家校共育的有效途径,学校以课程为依托,以家校为阵地,开发了家校共育系列课程,构建了"纵横旋梯"家校共育模式,发挥家校合力,达到协同育人的效果。

(一) 开发家校共育课程

家校共育"纵德"课程。学校结合自身的办学特色,以传承东纵精神为核心,开发家校共育"纵德"课程,把思想品德教育从课内延伸至课外,从学校延伸到家庭。

家校共育"纵智"课程。根据学生的年龄特点,学校以"亲子共读"为切入点,开发家校共育"纵智"课程,将阅读活动从学校辐射到家庭,促进书香家庭的建设,发挥文化育人功能。

家校共育"纵美"课程。学校把亲子活动引进家校共育中,开发家校共育"纵美"课程,发挥实践育人功能。

家校共育"纵体"课程。体育运动,是提高学生身体素质的重要保障。学校重视体育运动,在落实"每天一小时体育运动"的同时,开发家校共育"纵体"课程,把体育运动从学校延伸到家庭,发动家长与孩子一起运动,发挥活动育人功能。

家校共育"纵劳"课程。劳动教育是一个长期的过程,需要学校与家庭的配合,为此,学校与家庭携手,构建家校共育"纵劳"课程,开展生活化"家务劳动课程",如"我会扫地啦""我能洗碗啦""我会洗菜啦"等。

(二) 构建家校共育模式

"纵横旋梯"家校共育模式,以德智体美劳五育为内容,以学校、家庭、社区为阵地,以教师、家长、学生为主体,通过学校指导、家长协同、孩子参与的形式开展。

在家校共育"纵德"课程中,将红色教育与家校共育相融合,构建家校共育特色思政课程,"听爸爸妈妈讲爱国故事""跟爸爸妈妈参观红色教育基地"等活动常态化开展;将心理健康教育与家校共育相融合,构建家校共育亲子沟通课程,定期开展"亲子茶话会"。

在家校共育"纵智"课程中,开展"书香家庭"的评选,倡导家长与孩子一起布置一个温馨的阅读角,坚持每日与孩子一起阅读,并记录下亲子共读的温馨时刻。通过这种"小手拉大手"的方式,培养孩子良好的阅读习惯,促进亲密和谐的亲子关系的建立。

在家校共育"纵体"课程中,邀请家长参加学校校运会,家长们在运动会上与教职工进行拔河比赛、毛毛虫赛,赢得孩子们的声声喝彩;"天天跳绳""街舞操"等项目常态化开展。

在家校共育"纵劳"课程中,开展生活化家务劳动,孩子在家每天完成一件家务劳动,把劳动教育从学校延伸到家庭,培养孩子的生活劳动能力。

(三) 开展家校共育活动

寒假、暑假、传统节日、纪念日等特定的时间节点蕴含特殊的教育意义,学校充分挖掘其中的教育元素融入家校共育课程中,在特定的时间节点开展特殊家校共育活动。

(四) 开展家校共育评价

为适应新时代育人要求,我校大力进行了课程改革,构建了"纵横"课程体系,开发了家校共育课程,把"五育"融入家校共育课程中;大力开展学生评价改革,构建"东纵好少年"学生形成性评价体系,引领学生综合素质发展。把课程评价融入到"东纵好少年"学生形成性评价中,发挥家校协同育人的作用,使学校教育效果在家庭教育中得到巩固和延伸,促进孩子的全面发展。

"东纵好少年"学生形成性评价内容涵盖德智体美劳五育,评价主体包含教师、学生和家长,通过学生互评、家长评价、教师评价等方式,从多个角度、多个维度全面评价学生。在此评价制度的激励下,东纵学子你追我赶,掀起了"争当东纵好少年"的热潮;东纵家长热情澎湃,作为评价主体参与孩子成长的过程,充分发挥协同育人的作用。

三 "纵横旋梯"家校共育模式的典型案例

"纵横旋梯"家校共育模式,不仅适用于平时的教育,也适用于假期生活。每年的寒暑假,是孩子与家长相处时间最长的时期。在漫长的假期中,家长与孩子如果没有沟通和交流,就很难建立起和谐的亲子关系。为此,学校充分利用寒暑假时间,开展综合实践活动,指导家长开展有意义的亲子活动,促进亲子间的沟通与交流。

下面,以 2022 年寒假学生综合实践活动"五育融合多元成长,东纵精神魂耀心中"为例,阐述如何通过家校协作,构建纵横交互的家校共育模式。

(一) 确定实践活动主题

学校基于地域历史文化和自身发展特色,以春节为契机,开展"五育融合多元成长,东纵精神魂耀心中"主题寒假综合实践活动。

(二) 明确活动对象需求

学校创办于 2021 年 9 月,2022 年仅有 1—4 年级 572 名学生,全校学生均参与了本次寒假综合实践活动。为适应不同年级学生的发展需求,学校充分考虑学生的年龄特点与需求,在不同的年级设置不同的活动内容,体现活动的层次性。

(三）制订实践活动计划

东纵小学高度重视学生综合实践活动,成立"寒假综合实践活动"专项工作小组,由校长牵头,德育主任统筹规划,制订了《东纵小学寒假综合实践活动计划》。

（四）推进实践活动项目

寒假综合实践活动充分考虑不同年龄学生的需求,融合红色教育、劳动教育、传统文化教育、环保教育等多个方面,内容丰富,形式多样,在丰富学生体验的同时,促进学生综合素养的提升。

活动一:东纵精神薪火传

东纵小学毗邻东江纵队纪念馆,背靠曾生将军故居,特殊的地理位置赋予学校丰富的红色资源,东纵精神与学校整体文化紧密融合。寒假期间,学校开展"东纵精神薪火传"综合实践活动:一年级"观红色基地",在父母带领下参观红色基地;二年级"传东纵精神",听爸爸妈妈讲东纵故事;三年级"绘美丽中国",手绘中国红色景观;四年级"讲红色故事",给家人讲一个革命故事。

活动二:新春阖家乐融融

春节是我国重要传统节日,承载着中华文明。春节期间,学校开展"新春阖家乐融融"综合实践活动:一年级"年味进家门",与父母一起布置家庭春节环境;二年级"佳节共联欢",与家长一起看春节联欢晚会;三年级"春节生机浓",养一盆绿植迎接春节;四年级"传统文化美",做一份春节知识手抄报。

活动三:积极劳动勤动手

为培养孩子的劳动能力,培养孩子孝顺父母、热爱家庭、共建家园的美好品质,寒假期间,学校开展"积极劳动勤动手"综合实践活动:一年级"内务小能手",学习自己整理房间;二年级"慧心展巧手",制作手工新年吉祥物;三年级"新年烹饪家",向父母学习做一样新年菜;四年级"扫尘迎新春",跟父母一起大扫除迎接新年。

活动四:勤俭节约爱环境

垃圾分类,既是保护环境的表现,也能培养孩子勤俭节约的优良品质。寒假期间,学校开展"勤俭节约爱环境"综合实践活动:一年级"绿色小讲师",学习生活垃圾的正确分类;二年级"诗歌诵勤俭",背诵一首关于勤俭节约的诗歌;三年级"宣传小使者",撰写几条关于勤俭节约或保护环境的宣传标语;四年级"旧物巧利用",把家里的旧物变废为宝。

活动五：强身健体小达人

寒假期间学校开展"强身健体小达人"综合实践活动，倡导家长孩子齐锻炼，开展跳绳、跑步、篮球等丰富多彩的运动，引导孩子争做健体小达人。

活动六：云游天下观山海

鼓励孩子在寒假研学旅行、走亲访友的过程中，记录"微研学"的过程、感受，具体内容包括但不限于地理风貌、名胜古迹、城乡变化、民风习俗、职业体验、名人专访、热点探究等。

（五）开展实践活动评价

结合学校"东纵好少年"学生形成性评价体系，对学生寒假综合实践活动成果进行多元评价，促进学生综合素质的发展，致力于把学生培养成具有东纵精神、民族情怀、创新能力和国际视野的阳光少年。

1. 评选"东纵好少年"

根据学生作业内容，结合学校"东纵好少年"学生形成性评价体系，给予乐学章、劳动章、尚德章、尚美章、健体章以作鼓励。

2. 优秀成果展

开学初，学校开展寒假综合实践成果展示与交流活动。各班进行优秀寒假作业评选，优秀作品在班级、学校的展览区展示。学校对获奖学生进行表彰，并在学校微信公众号推送。

3. 评选"寒假行知之星"

各班推选一名学生参加学校"寒假行知之星"评选，学校从中择优推选出一名优秀学生参加区"寒假行知之星"评比。

（六）反思实践经历过程

本次寒假综合实践活动，统筹规划细致，方案设计精心，评价方式多元，学生成果丰富，取得了显著的成效。

第一，传承东纵精神活动实实在在，参与综合实践纵宝收获满满。 学校为本次寒假综合实践活动特制作精致活动清单，将小纵子们的风采装点得更加精致。活动内容与学生生活密切联系，引导学生读万卷书，行万里路，不仅要学习书本上的知识，更要走向广阔的天地。

第二,玩转"纵教育"精彩无限,乐学"小纵子"知行合一。学校设计了多种贴合学生生活,趣味性强的活动,寓教于乐,吸引了同学们积极参与。如,在蒲公英行动中,孩子们在到社区活动时,开阔了视野,培养了热爱劳动和为人民服务的优良品质。

第三,多元评价促进学生成长,五育并举成果异彩纷呈。此次实践活动评价与学校"东纵好少年"学生形成性评价体系相结合,通过授予劳动章、尚德章、乐学章、尚美章、健体章,开展线上线下优秀作品展,评选"寒假行知之星"等方式,对学生进行多元评价,促进学生德智体美劳全面发展。

第四,真情相依家校乐携手,同心互助假期促成长。活动期间,学校耐心指导,家长积极协作,共同为孩子们营造了一个充实有意义的寒假。通过综合实践活动,紧密了家校联系,增强了家长家校共育的意识;加强了家长与孩子的沟通交流,促进了良好亲子关系的建立。

四 "纵横旋梯"家校共育模式成效循证

我校"纵横旋梯"家校共育模式,以课程为依托,以家校为阵地,以亲子活动为主要实施方式,把五育融入家校共育中,课程外在形式与内在内容自然融合,体现课程育人、文化育人、活动育人、实践育人、管理育人、协同育人的作用。

一是课程内容多样化,融合性强。学校家校共育课程以德智体美劳五育为内容,以家校共育为途径,把五育内容融入家校共育课程中,在润物细无声中促进学生综合素质的发展。

二是课程实施活动化,协同性强。学校家校共育课程根据学生的年龄特点和生活实际设置课程内容,以亲子活动为课程实施主要形式,能充分调动家长的参与热情,发挥家长的教育作用,实现家校携手全方育人的初衷。

三是课程效果综合化,实践性强。学校家校共育课程以综合实践活动为主要实施方式,在完成活动的过程中,学生学会了探究,学会了与他人合作,发挥了多种能力。

东纵小学自建校之始,就从整体进行规划,拓宽德育渠道,创新德育方式,提高德育的实效性。构建校家社三结合的德育网络,充分整合学校、家庭、社会等多方德育资源;开发家校共育课程,以课程为抓手,以家校为阵地,学校与家庭形成合力,促进师生家长素质提升。

东纵小学大力推进五育融合,为培养德智体美劳全面发展的社会主义建设者和接班人奠定基础。开发了基于五育融合的家校共育课程,形成了基于五育融合的家校共育模式,构建了基于五育融合的"东纵好少年"学生形成性评价体系,从内容到形式到评价,处处体现着学校的总体目标。在五育融合理念下,东纵学子向善向美,有容有度,用积极向上的态度传承着红色基因,用顽强拼搏的行动阐释着东纵精神。

(撰稿者:深圳市坪山区东纵小学　杨成燕)

模式 04

多维亮心："点线面体"校家社共育模式

多维亮心是以构建"点线面体"校家社共育模式的实践探索，即以"点"发力，建设学生成长支持与发展中心，明确校家社共育核心目标；以"线"贯通，组建家长委员会，搭建校家社沟通桥梁；以"面"辐射，创办家长学校，打造家长教育学习平台；以"体"成系，开发生涯教育课程，构建一体化育人体系。使学校与家庭教育"同步"，教师和家长教育"同心"，学校和社区教育"同向"，校家社教育"同力"，营造有利于青少年健康成长的环境。

深圳市坪山区科源实验学校,原名汤坑小学,2022 年 7 月扩建并更为现名,办学层次由 24 班完全小学扩建为 60 班九年一贯制学校,位于坪山区西南门户,坪山区碧岭街道汤坑社区同裕路 123 号。学校以"建设成深圳市一流、广东省有影响的特色鲜明的未来学校"为办学目标,坚持"为孩子的幸福人生奠基"的办学理念,秉持"努力做最好的自己"的校训,"让优秀成为习惯,让幸福伴随终身"的校风,"乐教、慧教"的教风,"乐学、慧学"的学风,力求将学校打造成科技创新、教书育人的主阵地,将学生培养成朝气蓬勃、阳光活力的科源学子。学校先后获得了"全国青少年足球示范学校""全国智慧校园试点学校""全国围棋特色学校""广东省绿色校园""广东省安全文明示范学校""广东省棋类特色学校""深圳市德育示范学校""深圳市书香校园""深圳市体育典范学校""深圳市改革创新领跑学校""深圳市科创教育特色学校"等荣誉称号。

　　学校聚焦学生核心素养,坚持五育融合,建立了以"立德树人"为根本,以"课程引领"为核心、以"生涯教育"为主线、以"三全育人"为导向、以"学生成长支持与发展中心""家长委员会""家长学校""生涯教育课程"为载体的"点线面体"校家社共育模式,为学生的幸福人生奠定坚实的基础。

一　多维亮心的价值意义

　　家庭是人生的第一所学校,孩子的问题很多源于家庭,显示在学校,危害在社会,构建校家社共育的绿色教育生态体系,是人民对优质教育的向往,也是时代的要求。《中华人民共和国家庭教育促进法》强调了学校教育、家庭教育和社会教育要构建三位一体的协同育人系统。家庭教育应当符合"学校教育、家庭教育、社会教育紧密结合、协调一致"要求。学校教育不仅要承担其本身的育人职责,还要成为连通家庭教育、社会教育的纽带,实施家庭教育指导,传播科学的家庭教育理念,挖掘社会中的育人资源,积极组织学生的社会实践活动。

为进一步落实立德树人的根本任务,坪山区科源实验学校高度重视校家社协同和家庭教育指导工作,以构建校家社和谐,培养"自立坚强,乐学勤思"的学生为工作目标,创新工作机制,点线面体一体构建学生、教师、家长"三方"横向互动系统,畅通校家社多向沟通回路,逐步探索出了"点线面体"多维融合的校家社协同育人实施路径:以"点"发力,建设学生成长支持与发展中心,明确校家社共育核心目标;以"线"贯通,组建家长委员会,搭建校家社沟通桥梁;以"面"辐射,创办家长学校,打造家长教育学习平台;以"体"成系,开发生涯教育课程,构建一体化育人体系。这些举措使学校与家庭教育"同步",教师和家长教育"同心",学校和社区教育"同向",校家社教育"同力",营造有利于青少年健康成长的环境,打造高质量教育品牌,推进学校事业特色发展。

二 多维亮心的实践操作

(一)以"点"发力,建设学生成长支持与发展中心,画好协同共育"同心圆"

学校以积极心理学理念建设学生成长支持中心,秉持"融合心育,定制幸福"工作目标,构建"六级"心育体系,(见图4-1)通过学生成长守护热线、一对一心理辅导、团辅训练等为学生与家长提供个性化、专业化的成长指导服务;通过朋辈辅导员培训、家长学校,为学生与家长成长提供多元化的成长支持,守护学生心理健康,提升家长家庭

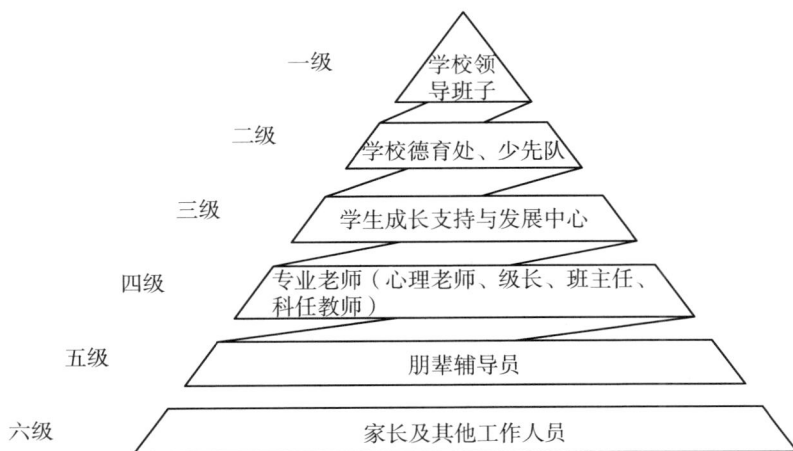

一级	学校领导班子
二级	学校德育处、少先队
三级	学生成长支持与发展中心
四级	专业老师(心理老师、级长、班主任、科任教师)
五级	朋辈辅导员
六级	家长及其他工作人员

图4-1 "多维亮心"之"六级"心育体系图

教育素养,促进学生积极人格的养成,助力学生全面幸福成长。

(二) 以"线"贯通,组建家长委员会,搭建家校沟通"连心桥"

学校成立家长委员会,构建校、家、社教育联盟,遵循民主、公开、自愿的原则,通过自荐、推荐、与选举相结合,最终产生家长委员会成员。(见图 4-2)我校家委会成员来自各行各业,有着不同的社会经验和阅历,为了拓宽家委会职能范围,我们建立了家长活动中心,组建了"亲子共成长"家长讲师团,深入挖掘与整合家长资源,积极开发"校家社共育"综合实践课程,指导家委会定期开展各类教育助力活动,使学校教育主阵地作用进一步强化,家庭教育主体责任更加到位,社会育人资源利用更加有效,从而充分发挥校家社教育共同体的合力作用。

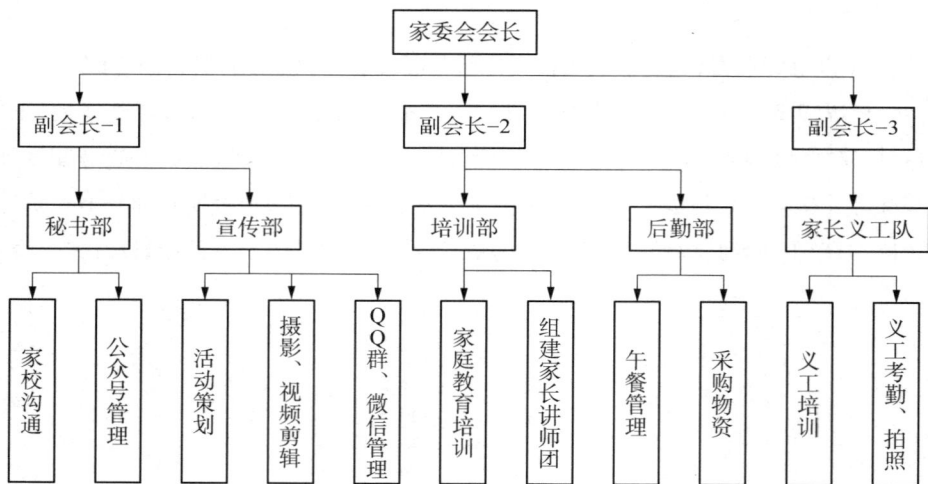

图 4-2 "多维亮心"之家长委员会组织架构图

(三) 以"面"辐射,创办家长学校,凝聚学校教育"强合力"

学校紧扣学生、家长、教师三大主体,制订《深圳市坪山区科源实验学校家长学校创办工作实施方案》,编写《家庭教育指导手册》,举办家长学校启动仪式,采用面授、自学、观摩、家访、家长会、座谈会、网络宣传、亲子研学、问卷调研、经验推广十种形式,通过专家引领,优化课程及师资配置,采取"线上+线下"方式,分类分层开展专题培训,构建全域覆盖、全学段参与、层层递进的共育体系,实现教师、学生、家长共同成长。开设"育儿有方"栏目,每期以录播的方式邀请家长分享最原汁原味最鲜活的真实故事,为家长提供简单有效的教育方法。聘请校内外名师、名校长、高层次人才、"五老"干部、家长担任专家顾问与教员,为家长提供专业指导与支持,为学生开展生涯规划、课外拓展、兴趣培养等教育,不断丰富家庭教育指导内容、创新形式、强化力度,有效增强家长参与教育的意识和能力,为学生打造家校协同的良好成长环境。

(四) 以"体"成系,开发生涯教育课程,构建生涯发展"共同体"

推进生涯教育课程的开发与利用,构建"校内＋校外"的多维立体课程模式,运用"校家社"三大平台,开发生涯教育专业课程、班会融合课程、学科融合课程、活动实践课程四大生涯教育课程,整合家长、社区、企业、学科资源、社团五大资源,进行生涯教育行动研究,改善过去生教育课程中的功利价值取向、缺乏长远目标、教育形式单一、教育缺乏体系等不足,实现教学由"分离"到"融合",实践指向由"形式"到"实效",家校关系由"分工"到"协同",社会合作由"单一"到"多元"。生涯教育课程致力于学生的全面发展和终身发展,从学生进入学校开始,通过生涯规划课程的开设,学生能正确认识自己,发现自己的兴趣和爱好,树立理想,从而端正学习态度,为将来的生涯发展储存能量。

三 多维亮心的典型案例

(一) 康教融合,协同育人——特殊学生个别化教育案例

L 同学,男,小学二年级学生,其父亲开公司,工作繁忙,其教养工作大部分由母亲完成,在情感上较依赖母亲。幼儿园时期孩子几乎不说话,家里想方设法鼓励孩子多讲话,直至上小学,发现孩子发展成另一个极端,说话语速较同龄人快,嗓门大,且无视课堂秩序,课堂时间多动,完全不听各科老师指令,相比老师,更信服母亲的指令要求。该生母亲因家里上初中的女儿品学兼优,觉得自己培养有方,加上儿子学业情况良好,对老师反馈的不良习惯不放心上,认为男孩子这种情况就是正常的,不认为自身的教育有需要调整的地方。该生升学二年级后,多次与班上另一名同学发生较为严重的肢体冲突,随后家里给孩子报名了跆拳道,教育方向变为鼓励对抗,直至孩子出现暴力踢打其他同学行为,沟通方式也表现为生气了就习惯踢人等极端方式,家长才意识到问题的严重性。

1. 教育引导,科学诊断。学校邀请深圳市共青团 12355 平台专家为家长和老师

开展学困生专题讲座,教育引导家长老师从心理专业的角度引导家长从身体发育、精神发育和心理发育的角度去思考教育过程中孩子出现的行为问题,通过各种成功案例与家长们共同探寻更适合、更高效的教育方法。该生家长为家委会成员,日常对学生发展工作十分积极上心,且学识水平与沟通能力较强,鉴此情况,班主任老师充分利用专题教育后的契机,积极与该生母亲沟通商讨,家长主动带孩子到专科医院,科学诊断孩子为多动症。

2. 正确认知,坦然面对。学校教育引导家长教师要正确认识多动症孩子的行为,该类学生捣蛋、不遵守课堂纪律,上课不认真听讲,不是他们不想学习,也不是他们故意要跟老师作对,更不是他们要跟家长抗衡,只是他们对自己的行为缺乏自我控制能力,我们需要理解他们的表现,包容他们的过错,同时,要寻求良好的教育对策,帮助多动症孩子逐步改变自己的行为。

3. 制订方案,个别辅导。游戏是增强自控能力的有效途径,也是开发智力的有效方法,采用游戏方式能收到良好的教育效果。通过设定游戏和各种活动,有步骤地引导学生向正常化转变,促进认知能力的发展,激发运动兴趣,促进社交能力的发展,促进良好情绪情感的发展,让学生愉快地接受正面教育。同时制定行为记录表、活动记录表,随时做好观察记录工作,并根据记录表,分析教育效果,改进教育策略。

4. 统一认识,家校共育。不同科任教师也会影响到学生的行为,如果没有全体教师的密切配合,教育效果就会大打折扣,甚至会因为某个教师有意或无意的言行给了学生影响,而导致教育效果归零。因此,我们集中所有科任教师进行商讨,使每个任课教师都了解教育目的,知道对特需学生采取的教育矫正计划,并能配合班主任做好工作。同时,对家长做细致的工作,争取家长的配合,教育引导家长关心陪伴孩子,给孩子营造良好的家庭环境,要给孩子积极良好的情绪示范,避免不良情绪对孩子的影响。

5. 学科融合,同课异构。由于多动症儿童的自控能力较差,要改变他的行为,就是要增强他的自控能力。我们将心理学科与音乐、美术、体育等跨学科融合,开展"同课异构"教研,引导学生从"他律"走向"自律"。

以上案例给我们的经验启示是:

第一,学校教育离不开家庭环境的支持。孩子的成长离不开家庭,教育的效果也不能脱离家庭环境的支持,多动症儿童也不例外,他们很多时间都在家里,家庭成员对他的态度及家庭成员之间的关系,都直接影响着多动症儿童的行为。家校沟通是班主任和家长通过一定的联络渠道,就学生在校、居家的成长情况交换意见、观点、思想与愿望,从而全面掌握学生成长信息的过程。但往往双方在教育认知、心理认同、性格习惯及受教育程度等方面的差异,是导致家校沟通不畅或有障碍的主要原因。在我们对L同学的教育过程中,家庭环境的支持起了很大的作用,学生家长能根据学校建议,为该生创设适合他健康成长的环境,给我们的教育提供了很大的支持。

第二,学校要做好治疗外的心理干预工作。多动症或自闭症的"特殊学生"逐年增多,成为摆在学校面前的新难题,面对学校的无奈、老师的心力交瘁、孩子的无辜与家长的无助,学校应当配合做好特殊学生行为和药物治疗外的心理干预工作。比如开展心理辅导与团辅训练等,帮助学生调节情绪;开展行为训练等,同时进行记录,及时向家长反馈,从记录中看出学生是否进步,是否有改进,从记录中找出教育的规律,寻求最佳的教育手段。

第三,从兴趣入手培养特需学生的专注力和自控水平。对于多动症儿童,要改变他们的多动行为,首先要找准他们的兴趣,使他们的注意力都放在自己的兴趣上,多动的行为自然就减少了。而自控能力的培养是多动症儿童最缺乏也是最需要的,对他们进行教育,就是要培养他们的自控能力,使他们能控制自己的过分行为。

四 多维亮心的成效循证

(一)五育融合协同育人提升了育人成效

坪山区科源实验学校秉承"为孩子的幸福人生奠基"的办学理念,注重德智体美劳"五育融合",下大力气做好课程建设,提高育人品质,学校实施 HAPPY 课程,致力于打造 STEM+CASH 智慧课程,从基础课程、特色课程、跨学科项目融合课程三个维度,实现全域提升式育人。秉持促进学生身心健康、全面发展的评价理念,小学部开展基于学校全场景的全域评价体系,中学部开展综合素质评价,现已基本形成学校、家长、社会多方参与的学生评价机制,评价主体多元,教师、学生本人、家长都参与到评价中来,将量化与质化评价相结合,评价指标多元,将学业成绩与成长记录相结合,为学生成长画像,科学评价学生的德智体美劳全面发展状况,同时,学校通过开展多元化体育教育活动,特别是大力普及足球运动,全面提升了学生综合素质。2015 年 3 月,被深圳市文体旅游局教育局评为足球传统项目学校;2017 年 12 月,被广东省教育厅评为青少年校园足球推广学校;2017 年 10 月,学校足球社团被深圳市教育局评为中小学生"优秀社团";2018 年 8 月,被教育部评为全国青少年校园足球特色学校;2022 年被评为广东省校园篮球推广学校。学校先后开展开学典礼文艺演出、班级合唱比赛、"六年级家长开放日"课程学习成果汇演、艺术节、运动会文艺节目汇演等活动,参加2023少儿央视频道节目汇演。

(二)家长学校的创办形成了"家校联盟 师长共育"的良好生态

学校遵循"家校联盟 师长共育"的教育理念,积极推进"校家社"共育工作,通过成立家长学校、家委会、亲子活动、家长会、家长开放日等举措,加强学校、家庭和社会教育的结合,推进素质教育的强大合力,构建起学校、家庭、社会三位一体的教育网络,很好地起到了教育孩子、团结家长、引领社会的作用,形成了校家社合作的良好生态。家长课程有力丰富了学校教育资源,提高了教育成效,通过严格甄选、规范管理、借助外力等方式,组建40名家长讲师团,"育儿有方"栏目和亲子茶话会两项品牌已深入人心,其中"育儿有方"栏目每月定期通过"线下＋线上"的方式举办,面向全校学生家长和教师展播,目前已举办了20期,累计邀请20位知名教育专家和家长讲师团成员讲授家庭教育理念和方法,参与家长和老师达2万人次。2023年5月,学校对全校1888名家长进行了问卷调查,结果显示,95％的家长认为家长课程有利于营造家庭教育良好氛围,98％的家长表示家长课程对教育孩子有一定启发,受益良多。此外,学校编印了"家校联盟 共促成长"家庭教育指导手册,梳理了各年段孩子家长在养育过程中的常见困惑,涵盖了习惯培养、人际交往、性格养成、亲子沟通、青春期教育等多方面内容,通过细致全面的家庭教育指导服务手册,为家长提供有关家庭教育知识和技能指导服务,提供家庭教育完善方案,引导家长建立正确的家庭教育观念,指导家长选择合理、有效的养育方式,帮助家庭成员建立良好的人际关系,培养良好的个性特质,从而改善家庭关系、达到孩子成长发展的最佳状态。

(三)德育主题班会课观摩研讨成为学校品牌教研活动

为落实立德树人的根本任务,促进班主任队伍建设,提升教师教育水平,营造德育课教育教研的浓厚氛围,推动学校德育工作创新发展,学校策划开展了"学党史 感党恩 树信念"爱国主义教育主题班会、以梦为马"职"向未来德育主题班会课观摩研讨活动,以共育台账为支点,优化顶层设计,组建新型"班主任＋家长"管理同盟团队,实行"无缝对接"教育管理模式,动态设计《学生成长手册》,实时接收家庭教育面貌及学生成长状态的真实信息反馈。本学年评选表彰优秀班主任23人、优秀家长50人。同时,积极推动学校教师心理健康教育 ABC 证培训,刚性提升班主任的心育水平。截至目前,已完成 800 余人次教师专题教育培训,开展主题研学、专题培训、心育拓展等活动 80 余场,覆盖师生近 20 000 人次,多维度、多层次地加强学生德育教育,深入贯彻落实五育并举、培育学生健康向上的生命力。

(四)"心跃优脑"感统学习训练团辅课程助力学生发展

学校学生成长支持与发展中心自主开发了"心跃优脑"校本课程,以学校跨学科综合性教学来提高本课程的整合能力,运用心理学、音乐、体育的教育理论为基础进行开发与应用,通过完善系统的专业古典音乐的支持,平静项目和感觉与运动项目的结合,选择安全空闲的场地,使用瑜伽垫、沙包、跳绳、乒乓球等器材,由学校心理健康、音乐和体育老师开展相关的团辅教学课程。6 个系列团辅课程通过"联结""游戏"等体验式教学方式来创造欢乐有趣的训练氛围,训练课程可以在同辈群体中通过感觉与运动项目来增强专注力、情绪稳定性和人际交往技巧,从自我内驱和他人积极互动中获得自信,建立合理的自我意识,找到积极的同辈支持,多方面地对学生的发展产生积极影响。

(五)探索开发校家社协同发展视域下的生涯教育课程体系

学校结合办学特色和校风学风,以及开展"幸福教育"的主基调,整合家长资源、社区资源、企业资源、学科资源、社团资源等五大资源,制订相关计划,设计相关方案,开展相关研究,构建"1+2+3+4+5"生涯教育课程体系,编辑和出版《"大手拉小手"生涯教育指导手册》校本教材,编辑《科源实验学校"校家社"生涯教育课程实施案例集》;以深圳市坪山区"生物医药""新能源汽车""新一代信息技术"三大主导产业为基础打造一批生涯教育实践基地;从德育、心理、道法教师、班主任中择优培养一批生涯教育名师;结合生涯教育课程综合性、实践性、体验性的特点与中小学生年龄特征,通过教师引导、学生自主,开展游戏、主题探索、团体辅导、实地参观、讲座、角色扮演、辩论、竞赛、访谈等多种教育活动,有效地激发学生的热情,让他们在身心愉悦的同时,潜移默化地接受丰富的生涯教育;采用校外研学旅行、参观游览、实践体验、志愿活动、行业精英沙龙、路演、快闪等形式,带领学生们走出去,真实体验不同的职业环境,让生涯教育活起来。

(撰稿者:深圳市坪山区科源实验学校 周卓咏 宋雁秋)

模式 05

点线面圈:以"家校之桥"为载体的家校共育模式

《家校之桥》是坪山中学倾心打造的校家刊物,旨在搭建学校与家庭的教育桥梁。它以学校"活力少年,和雅学子"的育人理念为创办基点,共同探索教育经验和策略,为校家社共育提供一个思想碰撞与交融的平台。刊物以学校教育为主线,家庭教育为阵地,社会教育为屏障,引导家长共同为学生的全面发展护航。学校通过这一载体,家校携手合作,共同探索共育新模式,促进家长与学生的共同成长,共同守护每一个学生的美好未来。

深圳市坪山区坪山中学位居红色革命东江纵队司令曾生的故乡,旁靠马峦山,侧绕坪山河,背依坪山高新技术产业园,是一所具有革命传统和求实创新氛围的现代化公办学校。学校自1949年建校,历经七十多年的风风雨雨,是一所办学资质深、文化底蕴厚、办学理念新、社会声誉好的老校,对于坪山人民而言有种特殊的历史情怀,因此,"群众基础好""知名度高""本地教师占比多"是学校特有的优势。

近年来,学校秉承"和谐兴校,文化铸校"的办学理念,孕育了"求真求实、同心同乐"的学校精神,坚持以培育"活力少年,和雅学子"为育人理念,形成了"乐学、勤学、求实、创新"的学风和"崇德、尚本、笃实、协和"的校风。在全校师生和广大家长的共同努力下,学校先后荣获全国优秀家长学校、全国青少年"五好小公民"主题教育活动示范学校、全国校园足球推广学校、广东省一级学校、广东省德育示范学校、广东省依法治校示范学校、广东省"绿色学校"、广东省规范汉字书写教育特色学校、广东省现代教育技术优秀实验学校、广东省青少年篮球和足球项目推广学校、深圳市办学效益先进单位、深圳市教育工作先进单位、深圳市书香校园、深圳市阳光体育先进学校、深圳市年度体育典范学校、深圳市思政教育特色校等荣誉。

校家社共育,其核心在于"共",而目标则在"育"。孩子的成长与发展,深受学校和家庭配合程度的影响。要实现校家社共育,学校需积极调动家长的参与热情,使他们对学校的管理和发展产生认同感;同时,家长也需要了解学校的教育教学目标、国家的教育政策和社会教育的动态。为此,学校创办《家校之桥》这一刊物,目的就是搭建一座学校与家庭的教育沟通桥梁,让家长深刻理解和认同学校的育人理念与做法。这一平台不仅促进了校家之间的交流,还为大家提供了探讨教育孩子经验方法的场所,为校家社共育提供了有力的载体和思想的碰撞与交融的空间。

一 以家校之桥为载体的校家社共育模式的理念与意义

刊物《家校之桥》以学校"活力少年,和雅学子"的育人理念为创办基点,以学校教育为主线,以家庭教育为阵地,以社会教育为屏障,引导家长共同为学生的全面发展护航,促进家长与学生的共同成长,共同守护每位学生的美好未来。学校依托校家刊物《家校之桥》,在长期的家校共育实践活动中,成功探索出以家校刊物为核心载体的校家社共育模式。这种模式不仅加强了学校与家庭之间的沟通与协作,更为孩子们的健康成长提供了有力保障。

(一) 家校之桥的共育基点是育人理念

坪山中学的育人理念是把学生培养成"活力少年,和雅学子"。"活力少年"代表着生命的旺盛与热情,他们热爱生活,行动积极,富有创造力,思想上善于思考,充满活力;而"和雅学子"则强调人与人之间的关系和谐,谈吐举止优雅得体,性格温和,品位高雅。这两者一动一静,一外显一内敛,动静相宜,内外兼修,共同构成了学校独特的育人理念,同时也是家校共育的坚实基础。学校通过刊物《家校之桥》,将这一育人理念传达给家长,得到了家长的广泛认同和支持,使其成为了学校与家庭共同遵循的育人准则。

(二) 家校之桥的内容主线是学校教育

学校教育是学生成长的关键所在,因此,以学校教育作为刊物的内容主线,不仅能让家长更深入地了解学校的教育方式,认同学校的育人理念,同时也能让家长更全面地了解孩子在校的学习和成长轨迹。学校可以通过《家校之桥》这一平台,与家长分享教育案例、教育活动以及学习方法的指导,从而调动家长参与学校教育和管理的积极性,形成家校之间的良好互动与协作。

(三) 家校之桥的指导阵地是家庭教育

家庭教育,作为学生成长的坚实阵地,如同每个人的温馨港湾,为其提供健康成长的启蒙教育。进入 21 世纪,家庭教育有了新的内涵,那就是学校与家庭的同步教育,家长与教师的紧密合作。据调查显示,当今家庭教育的迫切需求是家长与孩子之间的有效沟通、共同学习及协同发展。然而,我们也不得不面对一个现实:家长的教育水平普遍不高,学习渠道和学习内容相对匮乏。因此,指导家长如何更有效地进行家庭教育显得尤为关键。同时,也有很多家长在家庭教育实践过程中,探索出不少有效的方法,积累了宝贵的经验。《家校之桥》作为家校沟通的重要桥梁,自然就成为家长们分享家庭教育经验、交流心得的重要阵地。

(四) 家校之桥的守护屏障是社会教育

社会教育是学生成长的屏障,它为学生构筑起一道守护层、确保他们能够在安全、健康的环境中茁壮成长。国家通过制定法律法规,坚决保护学生的各项权益,为他们提供坚实的法律保障。同时社会机构和爱心人员也积极行动起来,共同为学生的成长打造一片充满关爱与希望的成长生态。学生的成长是社会发展的基石,也是人类文明得以延续的关键所在。

(五) 家校之桥的"需求层次"是"自我实现"

亚伯拉罕·马斯洛(Abraham Maslow)提出了著名的"需求层次理论",这个理论将人类需求比作一座金字塔,从底层到顶层,逐层递进。这五个层次依次为:生理需求、安全需求、社交需求、尊重的需求、自我实现需求。纸质版的《家校之桥》与电子版和网页推文相比,具有其独特的魅力。它不仅仅是一本刊物,更是一种荣誉的象征,承载着沉甸甸的分量。这份刊物能够更直接地激发学生、家长和老师的主观能动性,使他们更加积极地参与到校家社共育的实践中来。科学的设计、实用的内容和生命力旺盛的特点,使得《家校之桥》符合马斯洛需求层次理论,能够满足人们自我实现的需求。在坪山中学,将《家校之桥》作为校家社共育的载体,无疑为老师、家长和学生提供了"自我实现"的有效路径。(见图 5-1)

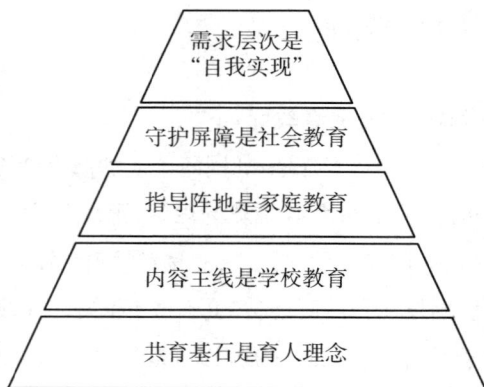

图 5-1 "家校之桥"的家校社共育模式理念图

《家校之桥》自 1998 年首期面世以来已刊出 33 期,从稚嫩到成熟,见证了坪山中学从 2000 年至今家校共育的蓬勃发展。所设栏目也随着时代不断更迭,设有家庭教育著作荐读、家庭教育经验分享、心灵驿站、教师之声、学生之星、他山之石等多个栏目。内容涵盖学校教育、家庭教育、社会教育和国家政策法规等方方面面,为家长提供全方位的家庭教育指导,着力打造家校共育的情感共同体。

二　以家校之桥为载体的家校共育模式的实践探索

基于以上理念,学校以《家校之桥》为载体,在家校共育工作上进行了一系列改革与特色探索研究。根据学校、家庭、社会的需要,形成校、家、社联动的教育工作体系,把家国情怀融入课堂教学、校园文化、家风家教、社会实践全过程,让家国情怀融入到少年的学习生活成长中,充分发挥家校一体在培育和践行社会主义核心价值观的基础性作用,传承中华优秀的传统文化和宝贵的人文精神,培养学生的优秀品质和美好人格,让少年们在幸福快乐中健康成长。

(一) 以学校教育活动为点,创造共育契机

以学校的育人理念为基石,精心设计教育活动的顶层设计,诚邀家长深度参与学校各项主题活动,共同缔造共育的契机。例如,学校通过举办开学典礼和毕业典礼,让学生和家长共同体验仪式的庄重与神圣;开展家长开放日活动,让家长深入了解、亲身体验并深刻感悟孩子的校园生活;利用传统节日组织丰富多彩的孝亲系列活动,如妇女节时开展"爱的四重奏"活动、重阳节时举办"孝老爱亲"等系列活动,以此弘扬优良传统,培养孩子们的感恩之心和孝亲之道。

(二) 以校家互动交流为线,促进理念融通

为充分发挥家长委员会在学校管理中的组织协调作用,学校积极探索家长委员会参与学校管理的有效模式。这包括规范家委会、家长义工队的工作制度及章程,明确他们在学校管理中的职责和权利,确保他们的工作有法可依、有章可循,并将其纳入学校的日常管理之中。我们定期召开家长会、家长座谈会、家教经验交流会、校家社共育主题班会及家访活动,以增进家长对学校工作的了解和支持。同时,我们积极收集家长的意见和建议,为学校改进工作提供参考,进一步加强家庭与学校的联系。为了畅

通家校沟通渠道，我们建立了多种诉求机制，密切关注家长的意见和建议。我们会认真梳理和分析这些意见，及时解决问题并将结果反馈给家长，努力做到家校之间的沟通无障碍，从而实现理念融通。

此外，学校还定期组织亲子阅读、亲子义工、亲子运动会、亲子社会实践等多样化的活动，以增进亲子之间的情感联系，促进家长与孩子之间的交流和理解，使亲子关系更加和谐融洽，共同促进孩子的成长。每学期学校还会评选出最美家长和书香家庭，以激发家长的积极性，通过小手拉大手的方式，让家长在陪伴孩子成长的过程中，不断提升自身的家庭教育水平，为孩子的健康成长提供更有力的保障。

（三）以国家政策法规为面，共护学生成长

学校积极响应上级部门的号召，精心组织全体师生家长观看官方家庭教育讲座，汲取专家智慧，紧跟时事热点，学习以实例指导家长科学育儿，有效缓解家庭教育压力。同时，学校还定期举办家庭教育宣传周系列活动，借助多种平台和措施，广泛宣传教育法、未成年人保护法、家庭教育促进法等法律法规，引导广大家长树立正确的教育观念，提升他们依法教子、科学育儿的能力，共同树立良好的家风，为孩子的健康成长保驾护航。

（四）以校家社三方合力为圈，共筑共育生态圈

学校作为教育的重要阵地，充分发挥其教育优势，多途径开展个性化指导。我们积极鼓励家长提出科学的家庭教育建议，与家长达成共识，共同研究育儿良方，形成强大的教育合力。同时，学校也积极参与社区家庭教育指导工作，利用学校名师资源开展讲学公益活动，将学校教育的优势反哺到社区，进一步拓展学校教育功能、服务社区发展。同时，学校还积极引进社会工作服务，如邀请公安部门人员和交警部门专家进校宣讲和开办讲座，为学生提供更全面、实用的知识和技能，帮助他们更好地了解社会、适应社会。为了丰富学校育人生态，学校联合校外机构建立联合实践基地、并与社区等单位合作，常态化开展内容丰富、形式多样的劳动体验、红色研学等教育活动，帮助学生开阔视野，增长见识，培养对党、国家、家乡的深厚感情。通过这些努力，我们致力于形成校家社三方合力，共同筑建共育生态圈，为孩子的全面发展提供有力的支持。

(五)以《家校之桥》为载体,打造特色共育品牌

《家校之桥》作为家校共育的重要载体,发挥着举足轻重的作用。每学期,学校都会精心组织家庭教育征文活动,诚挚邀请家长、教师和学生踊跃参与,并将评选出的优秀作品收录到《家校之桥》中。除此之外,刊物还设置了丰富的栏目,包括家庭教育法规宣传、著作荐读、家庭教育经验分享、学生心灵驿站、教师之声、学生之星、最美家长、最美家庭、校园精彩活动等,全方位展现家校共育的丰硕成果。通过《家校之桥》这一平台,家庭教育的智慧得以广泛传播,极大拉近了校家之间的距离。每当看到自己的文章、事迹被刊登在《家校之桥》上时,家长和学生都会感到无比的骄傲和自豪,这份珍贵而又特殊的荣誉不仅是对他们努力的肯定,更是激发他们继续学习和不断进步的强大动力。

迄今为止,《家校之桥》已经成功出版了33期,它已成为我校校家社共育的一面鲜明旗帜,为校家社共育的深入发展提供了强有力的支持。我们坚信,《家校之桥》将继续发挥桥梁和纽带作用,为家校共育搭建更广阔的平台,促进学校、家庭、社区之间的紧密合作,共同为学生的健康成长创造更加美好的环境。

三 以家校之桥为载体的家校共育模式的典型案例

(一)顶层设计:以育人理念为基点

学校深入贯彻习近平总书记的重要讲话精神,结合自身的育人理念,精心策划并举办了亲子共赏活动。活动通过书籍阅读、文艺节目观赏等形式,激发学生对文化艺术的热爱,同时围绕家庭、家教、家风和学生成长等主题,鼓励家长与学生表达自己对亲子关系的认识、增进亲子思想的碰撞和观点的交流,融洽家长与孩子之间的关系,促使孩子与家长在共赏中增长知识和智慧,形成"教师引领学生,学生影响家长,家庭推动社会"的良好文化艺术氛围。活动结束后,学校通过《家校之桥》栏目展示和表彰优秀文章与个人,进一步巩固活动成果。

(二)活动创新性:共赏比共读更丰富

亲子"共读"是家长与孩子共同阅读书籍、故事或文章的活动,而亲子"共赏"则是更进一步,是家长与孩子一同以欣赏的态度去品味书籍、观赏文艺作品等。相较于"共读","共赏"在形式和内容上更为丰富多样,它更加侧重作品的艺术性、思想性和情感

的体验。通过亲子共赏,能够培养学生良好的审美习惯,深刻体会文艺作品的价值,并享受欣赏文化艺术的乐趣。同时,这样的活动也为家长与孩子之间搭建了一个良好的沟通渠道,促进了彼此间的感情交流,对孩子的健康成长起着积极的作用。举办"亲子共赏"活动,不仅让文艺活动从校园延伸到家庭,也让浓厚的文化氛围渗透到每个家庭,是一项富有创新意义的教育实践。

(三) 活动过程:强制亲子互动

在"亲子共赏"活动中,我们特别强调家长与孩子之间的深度互动。学校要求家长与孩子共同欣赏完作品后,结合日常生活展开讨论,分享文化艺术共赏带来的快乐和变化。最后,家长以文字呈现的形式(300 字左右)撰写亲子共赏心得并给出评语,这种带有任务性质的交流方式有效地加强了亲子间的互动,真正实现了亲子共赏活动的意义。

(四) 及时评比:强化成就感

为表彰优秀的个人和家庭,亲子共赏活动设置个人奖项和家庭奖项。在活动的最后阶段,学校对优秀个人和优秀家庭进行广泛宣传,并将优秀作品收录到《家校之桥》中,让学生和家长获得满满的成就感,同时也为其他家庭树立榜样,激发更多家庭参与亲子共赏活动的热情,共同享受文化艺术的魅力。

(五) 活动效果

对于孩子来说,读万卷书如同拥有未来乘风破浪的帆,亦如手中握有披荆斩棘的剑。为点燃学生与家长阅读书籍、观赏电影、戏剧、美术、音乐等文艺作品的热情,我们努力营造和谐亲密的亲子氛围,让孩子与家长在共赏中共同汲取知识和智慧。由此,学校形成了"教师引领学生,学生影响家长,家庭推动社会"的良好文化艺术氛围,进一步树立了和美务实的文明校风。2022 年 11 月,坪山中学"亲子共赏"征文活动取得了显著成果。活动共征集文章 160 余篇,经德育处严格评选,近 30 篇文章脱颖而出。这些优秀作品被收录到当期的《家校之桥》里,受到了广大家长的认可和好评。

坪山中学的校家刊物《家校之桥》不仅是家校共育的承载者,更是联接学校、学生和家长的一座坚固桥梁。它汇集了坪山中学家校共育的精髓,使得学校、学生和家长之间的联系更为紧密。通过这份刊物,每一位老师、学生和家长都能深切体会到学校的育人理念和家庭教育的重要性,进而形成教育合力。坪山中学始终坚守"活力少年,和雅学子"的育人理念,结合"社会、学校、家庭"三方之力,构建全员、全方位、全过程参与的三位一体和谐育人体系。这一体系不仅为区域百姓带来了教育的获得感和公平感,更为他们谱写了充满温度和归属感的幸福教育篇章。正因为坪山中学在家校社协同育人方面的卓越成就,2023 年 4 月 16 日,坪山中学荣获了"第八届深圳教育改革创新大奖——家校社协同育人学校(园)年度奖";并成功入选中国成人教育协会家校社协同育人项目首批实验基地名单。

展望未来,校家社协同教育工作的责任重大且道路漫长。在今后的工作中,坪山中学将继续坚守初心、巩固已有的成果,并不断创新。相信在政府、社会以及家长的支持下,学校、家长紧密配合,共同构建一片碧水蓝天的教育生态。我们坚信,在这片纯净的教育天地里,每一个孩子都能茁壮成长,绽放出属于他们自己的光彩。

(撰稿者:深圳市坪山区坪山中学　黄俊人　包丽萍)

模式 06

幸福魔方：基于魔方理论的校家社协同育人模式

"幸福魔方"是以"建设家校幸福联动、和谐共生，培养幸福人"为目标的校家社协同育人模式，通过搭建以学校、家庭、社区为核心的三维连接轴，以教师成长课程、家长提升课程、社区合作课程、亲子活动课程、家校沟通课程为面，以丰富多彩的系列活动为块的校家社互动教育平台，推动校家社多方教育的一致性，为坪山家校共育贡献一份力量。

深圳市坪山区坑梓中心小学始建于 1986 年，是广东省一级学校，中国少年科学院科普实践基地，全国校园足球特色学校，"中国好老师"公益行动计划基地学校，广东省安全文明校园、广东省书香校园、广东省绿色学校、广东省现代教育技术实验学校、深圳市教育先进单位、深圳市中小学教师专业发展基地、深圳市首批综合素养试点项目学校、深圳市首批"四点半项目"学校。学校倡导"以爱营造幸福生态"的教育理念，以"培养幸福人"为育人目标，以"建设师生家校幸福联动、和谐共生、内涵丰富、特色鲜明的生态型幸福学校"为办学目标，致力于打造"生态型幸福校园"。学校以学生发展为本，打破时间、空间、学科、人员的界限，建构了包含"明德园""启智园""健体园""向美园""乐劳园""思创园""弘文园"七大系列的"百花园课程"体系，共 100 多门极具特色的课程。其中，"明德园"系列中除了学校德育课程外，还囊括了深受学校重视的以家校共育为目的的"幸福魔方"课程。坑梓中心小学一直致力于构建校家社协同育人模式，传播科学的家庭教育理念、知识和方法，点燃学校、家庭、社区的共育热情，以爱育爱，促进学生健康和谐成长。

一　"幸福魔方"课程的价值意义

习近平总书记在中共中央政治局第五次集体学习时强调，学校、家庭、社会要紧密合作、同向发力，积极投身教育强国实践，共同办好教育强国事业。坑梓中心小学深知，学校教育与家庭教育、社区教育息息相关、相辅相成，明确校家社共育之于学生成长的重要性，因此，学校开发了形式多样、寓教于乐、知行合一、家校共育的"幸福魔方"课程。这一课程通过借鉴魔方理论，分析魔方的内部结构，以学校"以爱营造幸福生态"的教育理念为指导，搭建了以学校、家庭、社区为核心的三维连接轴，以教师成长课程、家长提升课程、社区合作课程、亲子活动课程、家校沟通课程为面，以丰富多彩的系列活动为块的校家社互动教育平台。"幸福魔方"课程以学生为主体、以学校为引领、以家庭为支柱、以社区为依托,对深入发展家校关系,大力开展亲子教育,实施家长、教师、学生等多渠道评价,加强校家社联系,具有深远的意义。

(一) 学校:重家校协同,增加共育效果

学校在学校、家庭、社会协同育人的过程中起着主导作用,有责任引导和指导家庭家教教风建设。"幸福魔方"课程不仅有面向家长的培训课程,还开设了面向教师的家庭教育指导类培训课程。通过相关课程培训,提升教师素养,增强教师家庭教育指导能力和教育主导能力;通过开设爱心实践课程,引导家长通过家长委员会、家长义工队等途径参与学校管理,既能帮助家长了解学校教育,增强家长对学校的认同感,又能以家庭带动孩子,用家校互动来推动校风建设,助力学校立德树人教育目标的达成。

(二) 家庭:重家教家风,增亲子感情

党的二十大提出:"加强家庭家教家风建设。"家庭是孩子人生的第一所学校,家长是孩子的第一任老师。"幸福魔方"课程通过开设家长学校、家庭教育讲座等家长培训课程,更新家长的家庭教育理念,指导家长掌握正确的家庭教育方法,使家长认识到树立良好家教家风的重要性;通过开展亲子活动课程、亲子共读课程、亲子手工课程等亲子课程,增强家长与孩子之间的情感交流,引导家长与孩子在活动中学会相互理解、相互尊重、相互接纳、相互倾诉、相互关爱,为家庭教育奠定良好的感情基础。亲子之间的良好关系,有利于家庭教育的顺利开展,有利于家庭家教家风的有效建设,是家长帮助孩子扣好人生第一粒扣子的基础。

(三) 社区:重资源共享,拓育人途径

社会是家庭教育和学校教育的实践基地,为孩子的成长提供各类资源,促进全面育人的均衡化和公平性。"幸福魔方"课程中涵盖了社区合作课程,通过组织优秀教师到社区讲授家庭教育、心理健康教育、儿童教育等与儿童相关的知识,传播科学的教育方法,使社区成为未成年人教育的第二课堂;通过与社区合作开发亲子活动、学生实践活动等,增强社区与学校的互动交流,实现资源整合,确保将党的二十大精神和《中华人民共和国家庭教育促进法》落到实处。

总之,"幸福魔方"课程以发挥校家社的教育合力、引领孩子健康成长、实现全面育人为目标,以学校、家庭、社区为三个切入口,开发不同类型的课程,有助于增强学校教

师的家庭教育指导能力,促进家校之间的相互理解,保持家庭教育与学校教育的一致性;有助于增强家长对家庭教育的重视,树立家教家风建设的观念,关注孩子的心理成长与需要;有助于增强家庭、学校、社区之间的联系,实现教育资源的共享,优化社区育人环境,实现全面育人的目标。

二 "幸福魔方"课程的实践操作

"幸福魔方"课程坚持"以人为本,以爱育爱"的理念,以"学校主导、家校互动、社区合作"为工作思路,将学校、家庭、社区三方面力量结合起来,构建校家社协同育人的教育网络。

(一) 初定课程体系

"幸福魔方"课程隶属于学校"百花园"课程体系中的"明德园",是"大爱德育"课程体系的重要组成部分。此课程体系由学校和家长共同建设,邀请专业人士进行指导,确定了课程目标、课程内容与实施路径。

1. 课程目标

(1)整合学校、家长、社区教育资源,建立校、家、社常态沟通机制和平等合作伙伴关系,充分发挥校家社协同的教育合力。

(2)传递科学的教育观念,指导家长学习科学的家庭教育知识和方法,增强家长的家庭教育能力,建设良好家教家风,引领孩子健康成长。

(3)学校、家庭与社会形成相对一致的教育目标,多方配合,共同教育孩子,达到良好的育人效果。

2. 课程体系框架

学校依据课程目标,确定了"教师成长课程＋家长提升课程＋社区合作课程＋亲子活动课程＋家校沟通课程"的课程体系框架。其中教师成长课程面向教师,增强教师的家庭教育指导理念与能力;家长提升课程面向家长,更新家长的家庭教育理念和方法;社区合作课程由学校、家庭、社区三方共同参与,扩大家校共育理念的影响力;亲子活动课程旨在通过组织形式多样的亲子活动,帮助家长与孩子相互了解,拉近情感距离;家校沟通课程注重加强学校与家长之间的互动交流,增强家长对学校的了解与信任。(见图 6-1)

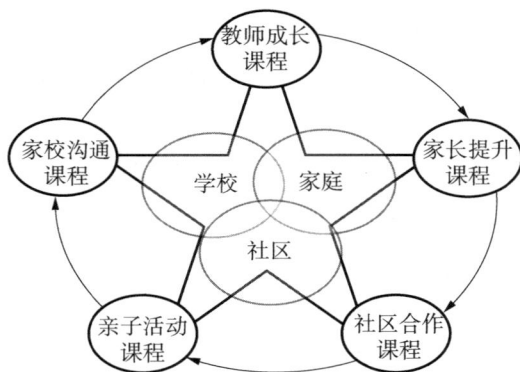

图 6-1 "幸福魔方"课程体系框架图

图 6-1 中,学校、家庭、社区虽为独立的三个范畴,但三者之间有所交融,寓意着三者之间相互融合、相互协作、相互促进;以三者为中心,学校开发出五类家校共育课程,每一类课程既有相对独立的课程体系,又相互关联、相互影响。

(二) 开发课程内容

围绕着课程体系框架,学校通过组建三级家委会、召开家长座谈会、开展家长问卷、学生问卷、教师座谈等方式,了解家长对家庭教育的需求、学生对家庭的感观与诉求、教师对学生教育及家庭教育指导的困惑,从而确定"幸福魔方"课程的具体内容。

1. 教师成长课程

学校依托两个市名班主任工作室,以德育工作例会、班主任培训会等为阵地,举行专题讲座、经验分享等活动,对教师进行专项培训,提升教师的专业素养,增强教师的教育与指导能力。针对教师成长需要,教师成长课程分为学生管理类课程、班级建设类课程和家校共育类课程。(见表 6-1)

表 6-1 "幸福魔方"课程之教师成长课程安排表

学习类别	学习主题	主讲人	学习形式
学生管理	"良好习惯,重在养成"	范一茜	专题讲座
	"个别学生行为问题分析与对策"	边蓉	专题讲座
	"用心管,用智引"	李伟伶	经验分享

学习类别	学习主题	主讲人	学习形式
	"处理学生问题"	朱敏	经验分享
	"严爱结合,刚柔相济"	张芳芳	经验分享
班级建设	"'闭环思维'建设'四有'班集体"	郎丰颖	专题讲座
	"班级建设三部曲"	陈燕	专题讲座
	"班级常规建设的'苦'与'甜'"	杜培	专题讲座
	"忆当年——一个班主任的成长回忆"	李紫薇	经验分享
家校共育	"班主任与家庭教育指导"	边蓉名班主任工作室	专题讲座
	"班主任的家庭教育指导的原则与方法"	边蓉名班主任工作室	专题讲座
	"创新管理促家校共育"	边蓉	专题讲座
	"家校共建中的沟通问题"	边蓉	专题讲座
	"家校沟通,其乐融融"	李元琳	专题讲座
	"畅通家校沟通,增强教育合力"	陈燕名班主任工作室	专题讲座
	"爱在云端,沟通无限"	陈燕	专题讲座

2. 家长提升课程

学校通过家庭教育问卷,了解不同年级家长与学生的需求,以专题讲座、爱心实践、互动交流等形式,从家庭教育理念、亲子沟通方式、家教家风建设、家庭氛围营造等方面对家长进行指导与帮助,提升家长家庭教育水平,增加家校共育效果。根据家长的需求,家长提升课程内容包含了家庭教育观念、爱心实践、孩子的成长关键期、亲子沟通、家教家风等。（见表6-2）

表6-2 "幸福魔方"课程之家长提升课程安排表

学习类型	年级	学习主题	学习形式
家庭教育观念	一至六年级	"家长教育观念的转变"	主题讲座
		"引领家长们的教育智慧"	主题讲座
		"守护好孩子们的心理"	主题讲座
		"和谐亲子,从'心'开始"	主题讲座
		"当前家庭教育的主要误区及预防和矫正方法"	主题讲座

学习类型	年级	学习主题	学习形式
爱心实践	一至六年级	"'义'路有你，为爱护航"	自主实践
		"'义'起向未来"	自主实践
孩子的成长关键期	一年级	"做好幼小衔接，给孩子飞翔的翅膀"	主题讲座
	二年级	"孩子良好习惯养成的几个关键点"	主题讲座
	三年级	"学会合作，促进成长"	主题讲座
	四年级	"如何提高孩子的自制力"	主题讲座
	五年级	"关爱青春期，关注成长路"	主题讲座
	六年级	"迎接新起点，小升初衔接"	主题讲座
亲子沟通	一至六年级	"如何跟孩子有效沟通？"	主题讲座
		"亲子沟通的方法"	主题讲座
		"解密孩子行为的密码"	主题讲座
		"当我放慢脚步……"	主题分享
		"亲子共读，我和孩子的沟通法宝"	主题分享
家教家风	一至六年级	"传承好家风，弘扬好家训"	主题讲座
		"立家规，传家训，树家风"	主题分享
		"我家的家规与家训"	互动交流

3. 社区合作课程

社区是助力学校教育和家庭教育的重要场所，与社区开展合作课程，组织优秀教师到社区讲授家庭教育理念、心理健康教育、儿童心理学等与儿童成长息息相关的知识，传播科学的教育方法，使社区成为未成年人教育的另一个重要基地。（见表6-3）

表6-3 "幸福魔方"课程之社区合作课程安排表

序号	学习主题	地点	学习形式
1	"故事带你走近孩子"	社区	主题讲座
2	"陪伴，从沟通开始"	社区	主题讲座
3	"家庭教育中的亲子情绪管理"	社区	主题讲座
4	"亲子传统文化阅读分享——《盘中餐》"	社区	阅读分享

序号	学习主题	地点	学习形式
5	"心理健康教育——《我的情绪小怪兽》"	社区	阅读分享
6	"心理健康教育——《棒极了 糟透了》"	社区	阅读分享
7	"亲子阅读分享——《小老鼠又上灯台喽》"	社区	阅读分享
8	"亲子传统文化手工课程——情系端午 香囊传情"	社区	亲子手工
9	"大手拉小手 我跟文明走"	社区	亲子实践

4. 亲子活动课程

亲子活动不仅能拉近孩子与父母的距离,增进亲子之间的情感,还能满足孩子对获得家庭关注的需求,促进孩子身心健康成长,更能在活动中帮助父母找到与孩子沟通的正确方法,提升亲子沟通的有效性。学校鼓励各班根据班级的实际情况开发班级特色亲子活动课程,促进家庭与学校之间的互动。如:"亲子共读"课程、"亲子手工"课程、"亲子踏青"课程、"亲子运动"课程、"我们的传统节日"亲子活动课程等。

5. 家校沟通课程

家校良好沟通是家校共育的基础。为了将家校联动落到实处,学校开辟了多种家校沟通的途径。每学期通过家长开放日、家长会、家长进课堂等活动,邀请家长走进校园,参与学校活动,了解学校教育;通过家访,让教师走进家庭,了解学生以及学生背后的家庭;采用"互联网＋"家校沟通新模式,利用 QQ、微信、钉钉等社交平台,使家长与教师、与学校能及时交流与沟通;通过建立微信公众号、校园网,以推文、公告等方式及时更新校园动态,便于家长了解学校情况;利用腾讯会议、钉钉、微视等手段,为家长推送家庭教育指导内容与培训途径;通过"家校之窗""心灵驿站",了解家长对学校的意见与建议。

(三) 开展课程活动

1. 依托时间节点,开展系列活动

学校将"幸福魔方"课程活动分为常规活动和特色活动,结合节日、每月德育活动主题开展常规活动,如寒暑假期间的"亲子社区实践"活动、清明节的"亲子祭扫"活动,等等;根据师生及家长的需求开展特色活动,如"亲子大挑战之眼疾手快""一起踏青去",等等。学校充分考虑本校学生与家长的实际,开展合适的家校共育活动,形成了具有学校特色的活动体系。(见图6-2)

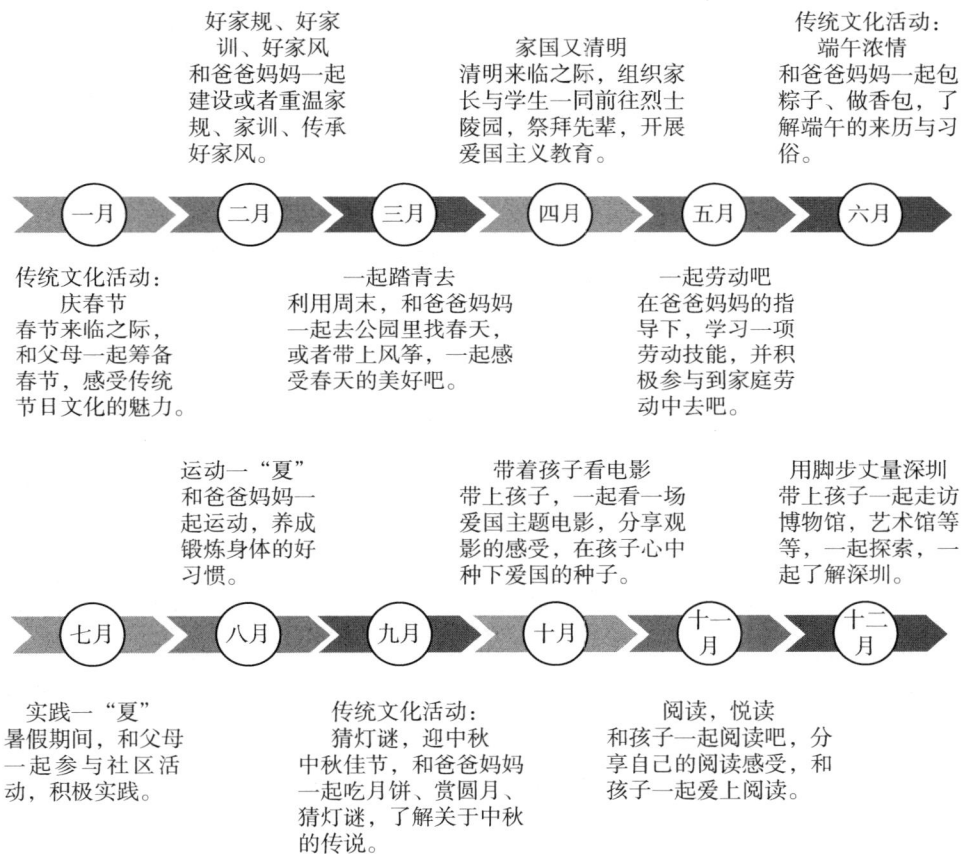

好家规、好家训、好家风
和爸爸妈妈一起建设或者重温家规、家训、传承好家风。

家国又清明
清明来临之际,组织家长与学生一同前往烈士陵园,祭拜先辈,开展爱国主义教育。

传统文化活动:
端午浓情
和爸爸妈妈一起包粽子、做香包,了解端午的来历与习俗。

一月 二月 三月 四月 五月 六月

传统文化活动:
庆春节
春节来临之际,和父母一起筹备春节,感受传统节日文化的魅力。

一起踏青去
利用周末,和爸爸妈妈一起去公园里找春天,或者带上风筝,一起感受春天的美好吧。

一起劳动吧
在爸爸妈妈的指导下,学习一项劳动技能,并积极参与到家庭劳动中去吧。

运动一"夏"
和爸爸妈妈一起运动,养成锻炼身体的好习惯。

带着孩子看电影
带上孩子,一起看一场爱国主题电影,分享观影的感受,在孩子心中种下爱国的种子。

用脚步丈量深圳
带上孩子一起走访博物馆,艺术馆等等,一起探索,一起了解深圳。

七月 八月 九月 十月 十一月 十二月

实践一"夏"
暑假期间,和父母一起参与社区活动,积极实践。

传统文化活动:
猜灯谜,迎中秋
中秋佳节,和爸爸妈妈一起吃月饼、赏圆月、猜灯谜,了解关于中秋的传说。

阅读,悦读
和孩子一起阅读吧,分享自己的阅读感受,和孩子一起爱上阅读。

图6-2 "幸福魔方"课程之"亲子活动"课程时间节点安排

2. 利用周边资源,创新活动形式

为了更好地发挥校家社共育共建的作用,学校积极开发周边资源并加以整合,为家长提供"家庭教育资源列表",便于亲子活动的组织。(见表6-4)

表 6-4 "幸福魔方"课程之家庭教育资源列表(持续更新中)

类别	地 点 推 荐
自然教育	聚龙山生态公园、光祖公园、马峦山郊野公园、燕子岭生态公园、坪山河湿地公园、坪山儿童公园、大山陂公园、金牛公园、汤坑水公园、深圳自然博物馆
爱国主义教育	东江纵队纪念馆、坑梓烈士纪念碑、金龟社区党群服务中心、庚子首义旧址
艺术教育	坪山美术馆、坪山雕塑艺术创意园、坪山文化聚落、坪山大剧院
传统文化	大万世居、南中学堂、龙田世居
文化浸染	坪山图书馆、坪山城市书房、大万明新学馆、金龟书房
文明实践	坑梓街道新时代文明实践所、龙田街道新时代文明实践所、坑梓街道秀新社区新时代文明实践所、坑梓街道坑梓社区新时代文明实践所、龙田街道龙田社区新时代文明实践所、龙田街道老坑社区新时代文明实践所
现代科技	云轨 1 号线、大湾区国际疫苗创新中心

学校在组织亲子活动时,家长可以根据活动的主题自由组队、自主选择想要前往的地点开展活动。例如:每逢春天,学校会组织"踏青环保"亲子活动,让孩子们在寻找春天、感受大自然魅力的同时,养成爱护环境的习惯,增强环保意识。各班家长可以根据自己的实际情况自由组队、自主选择想要前往的公园。有些班级选择了离家较近的光祖公园,有些班级选择了场地较大的聚龙山生态公园,有些班级则选择了充满童趣的坪山儿童公园,等等。

此外,各班可以根据家长或教师提供的社会资源,开展特色亲子活动。如:学校家委会组织了"比亚迪工厂参观活动",带着孩子们前往本市知名产业——比亚迪工厂进行实地参观,让孩子身临其境,感受科技的力量,培养孩子们的创新意识。

三 "幸福魔方"课程的典型案例

"幸福魔方"课程通过组织多样化的活动,为家长提供与孩子的交流与沟通的机会,增进亲子之间的情感。我们以"亲子共读"课程为例,展现"幸福魔方"课程之亲子活动课程是如何开展的。多年来,学校积极推进"书香校园"建设,通过"小手拉大手"的形式,推广"亲子共读",将阅读习惯从学校辐射到家庭、到社会。通过"亲子共读"课程的建设,越来越多的家庭投身到阅读中来。

(一)"亲子共读"课程的目标

1. 通过亲子共读,增进亲子感情。通过共读一本书,交流阅读感受,增加亲子之间的情感交流,促进亲子双方相互了解,为营造良好的家庭氛围奠定基础。

2. 营造阅读氛围,培养阅读习惯。通过亲子共读活动,促使家长与孩子积极阅读,在家庭中营造良好的阅读氛围,既激励家长通过阅读了解更多的教育理念,也帮助孩子养成良好阅读习惯。

(二)"亲子共读"课程的内容

学校根据不同年龄学生的身心特征,为不同年级的学生提供了不同的共读建议。(见表6-5)

表6-5 "幸福魔方"课程之"亲子共读"课程分级计划表

序号	共读内容参考	选择建议	共读建议	适合年级
1	绘本、童谣、儿歌、诗篇、童话等。	低年级学生生性好动、充满好奇心及想象力,选择绘本、童谣、诗歌等进行共读,图文并茂,生动有趣,在与孩子一起领悟语言文字的美妙的同时,也可以发挥阅读想象,培养孩子想象力与创造力。	家长与孩子可以同时朗读,可以分句分段朗读,建议有声阅读、有情表达。	一、二年级
2	中外童话、唐诗宋词等。	中年级学生对阅读有一定的基础与接触,同时也具备丰富的想象力与观察力,选择童话、神话、诗词等书籍阅读,能深刻感受到书籍中的神奇、丰富、内涵,利于激发孩子阅读兴趣,培养阅读习惯。	创新式地引导家长与孩子同读一本书,利用闲暇时光畅谈阅读感受,找到阅读热点交流阅读心得,增进亲子情感。	三、四年级
3	中外名篇、名著、诗文等。	中高年级适合推荐整本书阅读的方式进行共读,引导家长与孩子通过赏析名篇、名著作品中的语言片段、故事情节、景物特点、人物形象、主题表达、作者情感等方面进行共享共读,营造浓郁家庭阅读氛围。	同读一本书的基础上再深入探讨名著名篇的内涵,提炼书籍关键思想,激发人文情感,深化阅读内涵。	五、六年级

(三)"亲子共读"的实施过程

"亲子共读"课程以每学年"校园读书节"为契机展开,持续整一学年,经历活动启动、活动推广、班级读书分享、书香家庭评选四个阶段,具体如下。

1. 活动启动

以学校"读书节"开幕式为契机,组织教师、家长、学生一同参与"千人诵读"活动,拉开"亲子共读"活动的帷幕。

2. 活动推广

各班根据本班实际,由语文老师推荐阅读书目,由班主任组织家长与孩子开展亲子共读活动,填写"亲子共读"记录卡,并分享亲子共读精彩瞬间。(见表6-6)

表6-6 "亲子共读"记录卡(中高年级)

学生姓名		班级		"亲子共读"书名	《　　　　》
书香环境	家中是否有书架(橱)?(　　) 家庭藏书(　　)本。 家长每天阅读时间(　　)分钟。 孩子每天阅读时间(　　)分钟。 每天有效共读时间(　　)分钟。 我喜欢的格言:				
共读收获	孩子的话(50—100字): 家长的话(100—200字):				
精彩瞬间	亲子共读相片: 写上瞬间感受的一句话:				
推荐书目	向同学家庭推荐好书书目(　　)本,书名如下: 推荐理由: (此栏可以家长写)				
共读感想	亲子共写读书心得(题目——《　　　　》) 　　　　　　　　　　　　　年　　月　　日				

3. 班级读书分享

各班自主邀请家长参加班级读书分享会,采用亲子诵读、片段分享、亲子角色扮演、阅读感受分享等多样化的形式分享自己在亲子共读活动中的所感所获。

4. 书香家庭评选

为了激励家长与学生的阅读热情,在"亲子共读"活动结束时,学校将根据家长与学生的参与热情、共读效果、家庭阅读氛围的创设等方面评选"书香家庭"。

(四) 活动效果

亲子共读活动作为学校亲子活动的重要形式之一,深受广大学生与家长的好评。每一次的亲子共读活动,学校都会收到许多家长的反馈,三(1)班毛宇晨的家长表示:非常感谢学校组织的"亲子共读"活动,孩子的阅读习惯在一天又一天的"共读"中被培养起来。每晚的亲子共读时刻,是我们最享受的时刻。心无旁骛,唯有彼此。我们一起观察图画内容、一起角色扮演、一起分享感受。虽然曾经大部分时候是我说他听,但这并不妨碍我们一起喜爱这些故事、喜爱这些书、喜爱这段共读的时光。如今孩子慢慢长大,我们的共读模式逐渐从我读向他读转变,如今,他已经能完全自己阅读,但我仍然愿意和他共享阅读的内容,共享阅读的空间与时间,一起阅读、一起分享,因为这是我们心灵沟通的方式。程欣伊妈妈表示:心与心的沟通与孩子共同阅读,共同学习共同成长,共同探讨书中妈妈的不同角色,享受着欣儿的真心话语,顿时让我感触深刻。作为父母都有望子成龙、望女成凤的愿望。我也不例外,在你眼里我的严厉严格那都是爱你,更希望你们能感恩你人生中遇见过、经历过的每一个人。在此衷心感谢陈老师的良苦用心,谢谢您! 能让我更近一步地走进孩子的内心世界,也深刻感受到我家欣伊让我阅读这本书的意义。

四 "幸福魔方"课程的具体成效

校家社协同育人是新时代社会教育发展的要求,也是落实立德树人根本任务的重要途径。"幸福魔方"课程构建了学校、家庭、社区三位一体的校家社协同育人模式,学校通过开展多元化的课程,为学生、教师、家长、社区提供了有针对性的帮助,也取得了一定成效。

（一）学生方面

"幸福魔方"课程的开设，为学生提供了更多与家长交流的途径，让孩子在多种多样的亲子活动中感受家长的陪伴与关爱，满足了孩子的心理需求，从而拥有稳定的情绪，形成良好的习惯，最终促进了学生的身心健康发展。

（二）教师方面

"幸福魔方"课程让教师在学习中掌握了更多家庭教育指导方法，习得了沟通技巧，提升了家庭教育指导能力，形成顺畅的家校沟通，建立良好的家校联系。截至目前，坑梓中心小学已有三位教师获得了国家级或省级家庭教育指导师证书；成功申报了两项省级家庭教育指导类课题并顺利结题。

（三）家长方面

"幸福魔方"课程让家长在学习中更新了教育理念，了解孩子的心理发展趋势，关注孩子的身体与心理健康发展；掌握科学的教育方法，懂得在与孩子的和平交往过程中了解孩子、理解孩子，从而拉近亲子之间的距离；积极参与学校管理，理解学校的工作并予以支持，不仅为孩子树立了榜样，还获得了更多自我成长、自我实现的平台。

（四）社区方面

"幸福魔方"课程积极探索与社区协作的途径与方法，不仅使社区资源得到最大的利用，还将家校共育从校园辐射至整个社区，增加教育的辐射面，提升了整个社区居民的家庭教育水平。

坑梓中心小学在家校共育工作中虽取得了一定的成效，但仍然还有很长的路要走，今后将在各方指导下，努力学习先进经验，不断改进完善，推进家校共育工作的开展，在理论和实践上积累更多经验，构建家校联动的幸福校园，也为坪山区家校共育事业贡献一份力量。

（撰稿者：深圳市坪山区坑梓中心小学　杜培　刘芷彤）

模式 07

共育同心桥:基于家国情怀的家校共育新模式

共育同心桥源自学校"家国之光"的办学理念,乃是"家国情怀"基础上的家校共育全新模式,意即家庭和学校一同参与孩子的教育进程,形成教育合力,达成优势互补。此模式的意义在于,凭借家庭与学校的紧密协作,构筑起全方位、多角度的教育网络,更为有效地培育学生的综合素养和家国情怀。家校合作在教育工作中属于不可或缺的部分。家庭是学生成长的摇篮,学校则是学生知识技能及品德修养提升的关键场所,双方的合作可以保证教育的一致性与连贯性,共同助推学生的健康成长。

深圳市坪山区光祖中学的前身系"光祖学堂",始建于1906年。首任校长为康有为的嫡系弟子欧榘甲先生,其提出的"家国之光"办学理念,传承迄今已有118年之久。

光祖中学秉承"家国之光"的办学理念,塑造"爱国创新,自主成长"的办学特色,以"创品质教育,树现代中国人"作为办学追求,引领师生快乐成长。学校设施完备,拥有综合实验楼、教学大楼、校史楼各一栋,各类功能室20余间,装设千兆校园网、多媒体电教室、课件制作室、电子阅览室,建有教育教学资料信息库与现代办公管理系统;另有400米塑胶跑道运动场、标准真草足球场、篮球场、羽毛球场、网球场等;图书室藏书10多万册,人均藏书70册。

近些年来,光祖中学陆续被评为"广东省绿色学校""深圳市书香校园""深圳市党史教育基地""坪山新区十大人文风景学校""坪山区中小学生廉洁教育基地""深圳市教育先进单位""坪山区党员学习基地"等荣誉称号。近年的中考成绩均远超深圳市平均分,为各级各类学校输送了众多的优秀学子。

一 共育同心桥的理念与意义

共育同心桥起源于学校"家国之光"的办学理念,乃是立足于"家国情怀"的家校共育崭新模式,即指家庭和学校共同投身于孩子的教育进程,凝聚教育合力,达成优势互补。此模式的意义为,借助家庭与学校的紧密协作,搭建全方位、多角度的教育网络,进而更具成效地培育学生的综合素养与家国情怀。家校合作属于教育工作中不可或缺的组成部分。家庭是学生成长的温床,学校则是学生知识技能及品德修养提升的关键场所。双方的合作可以保障教育的一致性和连贯性,携手推动学生的健康成长。

二 共育同心桥——家校共育实践操作

学校非常注重"家校共育"工作,将家庭教育、学校教育、社会教育紧密融合,具备优良的"家校共育"工作根基以及良好的社会氛围。多年来,光祖中学基于学校、家庭与社区的实际情况,结合学校的育人目标,探索并开创出契合光祖学生成长需求的家校协同育人模式,逐渐构建起"家国之光"家校共育工作体系,让家庭教育工作体系达成了由虚转实的转变,获取了极佳的成效。学校创建了校级家庭教育工作室、组建成家长委员会、家长义工队,开展家庭教育大讲堂、"百人访千家"家访活动、进行"家育杯"十大最美家庭评选等活动……现今,以点带面,光祖中学各式各样、丰富多彩的家校共育活动"全面铺开",为学校和家庭构筑起了一座沟通的桥梁,形成了强大的教育合力,推动了学生的健康成长。

(一)家校互动 共同成长

1. 学校设立了家长委员会,每学年定时召开家长委员会换届大会,选举出新一批家长委员会成员,并向他们授予聘书。另外,学校亦组织召开家长委员会会议,会议形式涵盖校级的家长委员会、年级的家长委员会以及班级的家长委员会。

2. 定期举办家长会,以推动学校教育与家庭教育的交流及合作。每学期组织三次家长会,分别在开学之初、学期之中以及学期结束时进行。学校领导高度重视每一次的家长会,组织班主任认真做好会前筹备。例如:了解学生状况、汇报学生成绩、指明学生问题,介绍学校情况、班级现状、沟通家长意见。

3. 注重家校交流。学校设有微信公众号,及时把学校各项规章制度、办学情况以及各项重大活动向全社会推送,以便众人对学校予以更多关注和了解。建立班级微信群和 QQ 群,实现教师与家长的有效交流。通过微信群和 QQ 群向家长传达家庭教育对孩子的教育意义、假期中孩子应做和不应做的事项,家长作为孩子的第一监护人,需起到监督作用,形成紧密的家校合力,更好地为教育服务。

4. 开办家长学校,让家长进校参与学校教育活动,方便家长更加深入地了解学校、认识学校并与学校保持一致。

(二)家校联动 和谐共生

为了使家长更加了解孩子的学校生活,利于打开孩子心扉,加强孩子与父母的心灵交流,也让家长深切体会到老师的辛勤培养并致以衷心感谢。而学生通过家校互动能够与父母产生更多共同话题,并在家长、老师的共同指引下解决困惑、树立信心,迎接一个又一个挑战,实现自我价值。由学校构筑平台,凭借"五个一"紧密亲子关系,为家庭教育创造优良条件。

1. 推行家长开放周,有序组织家长来校听课,让家长全程参与师生的教学活动,增进家校情感交流。

2. 家长参与孩子们的"庆六一"活动,使家长回归童年,成为孩子的朋友。

3. 家长参与学校的运动会,与孩子们进行亲子互动,一同跑操、跳绳,感受运动的快乐,促进孩子与家长、老师的良好沟通。

4. 展开"百人访千家"普访(家访)。老师上门家访,会让学生感受到老师的关注与重视,这对学生是一种激励,对家长则是一个触动。教师、家长、学生三者共处一室,促膝交谈,拉近了彼此心理距离。通过当面交流意见,共同商议解决问题的方法,有助于教师、家长、学生之间迅速达成共识,在学校教育与家庭教育之间形成教育合力,产生良好的教育成效。通过对这些同学的家访,让老师获取到对学生各方面现状的更深入认知,体会到家长与教师沟通的重要性,对教师开展下一步的工作有极大的帮助。

5. 家庭教育专题培训。组织家长参加集中培训,邀请知名专家举办讲座、让家长亲身讲述"育儿经"等。德育处邀请深圳市教科院心理教研员王秋英老师通过线下与线上相结合的方式,为我校德育线的老师和广大家长授课,着重讲授如何与青春期的孩子有效沟通,以及学生如何正确交友、早恋等话题。家长通过和学校、老师的深层次沟通、交流,进而在学校和家庭之间找到一个平衡点,使学校教育与家庭教育能够有机结合,以获取教育的最佳效果。

(三)"义"路同行 为爱护航

1. 社会参与,奖教奖学。学校系坪山区初中教学优质校,于本地区具备较佳影响力,能够发挥示范引领作用,并具可持续发展之潜力。震雄集团奖学金与香港—坑梓同乡会已持续多年为我校奖教奖学提供资助。每学年开学典礼,学校皆会举行震雄集团奖学金及香港—坑梓同乡会奖学金颁发仪式,以奖励上一年度的优秀教师和在中考、学期测试中取得优异成绩的学生。

2. 社区联动,强化法治教育。学校携手坑梓社区、坑梓法庭,举办法制教育专题讲座,相继开展了《预防未成年人犯罪法》《民法典》等专题教育,增强了广大师生的法律意识。学校德育处联合坑梓派出所进行法治教育。每学期,学校德育处、安全办都会邀请坑梓派出所民警入校,为学生开展法治知识培训,增强学生的法律意识,加强法治教育。

（一）"家育杯"十大最美家庭评选活动

"家庭是所好学校,父母更是好老师",光祖中学"家育杯"十大最美家庭评选活动,迄今已举办两届,赢得了众多家长与学生的踊跃参与,社会反响颇佳。十年树木,百年树人,我们的初始之心与肩负使命乃是立德树人,为党培育人才,为国培育栋梁,培养能够担当民族复兴重任的时代新锐。我们以假期学习规划作切入点,以亲子活动为载体,以传承良好家风家教为主线展开活动。假期生活需规划,家庭教育具妙招,为健全家校社协同育人之机制,弘扬中华民族重视家庭教育的优良传统,引导全社会重视家庭、家教、家风,增进家庭幸福与社会和谐,培养德智体美劳全面发展的社会主义建设者与接班人,落实《中华人民共和国家庭教育促进法》之相关要求,举办"家育杯"最美家庭评选活动,以期探寻身边的最美家庭。借助家庭教育宣传周,请获奖家庭代表面向全体家长展开相关经验介绍。（见表 7-1）

表 7-1　光祖中学首届"家育杯"最美家庭评分表

评价要素	细　　则	分值	得分
家长知法	家长知晓《中华人民共和国家庭教育促进法》内容,明晰家庭责任。	10	
立德树人	家长能以立德树人为根本任务,培育和践行社会主义核心价值观,弘扬中华民族优秀传统文化、革命文化、社会主义先进文化,促进孩子健康成长。	10	
协同育人	能积极督促孩子做好假期规划,保质保量完成学习任务和特色作业。	25	
	能配合社区做好相关教育工作、社会公益活动,培养孩子的公共服务意识和担当精神。	20	
	配合学校、社区做好相关工作。	5	
家风优良	家长能指导孩子承担一定的家庭日常清洁、烹饪、家居美化等劳动。	15	
	家庭教育有妙招,家长言传与身教相结合,孩子假期表现良好,相互促进,父母与子女共同成长。	15	
小计		100	

1. 活动策划

假期生活需规划,家庭教育有妙招。为完备家校社协同育人之机制,弘扬中华民族重视家庭教育之优良传统,引领全社会关注家庭、家教、家风,增进家庭幸福与社会和谐,培育德智体美劳全面发展之社会主义建设者与接班人,落实自 2022 年 1 月 1 日起施行的《中华人民共和国家庭教育促进法》之相关要求,我校特举办首届"家育杯"十大最美家庭评选活动,以发掘身边之最美家庭。德育处杨振峰主任敲定活动方案,刘志强副校长、李青海副校长审核并修改,经行政会商议通过方案后,将电子档上传至光祖中学公告群与班主任群,纸质方案则由班主任发放给全体学生。历经层层把关,最终得以落地,彰显出德育工作之严谨、有序。

依活动方案之时间节点有序展开工作。2022 年 2 月 15 日前完成班级评选,各班遴选出 3 个最美家庭参与年级评选。3 月 15 日前完成年级评选,并推荐优秀家庭至学校德育处参加全校评选。设计并制作最美家庭奖牌与学生个人的奖牌。五一期间,校领导、德育主任、年级组长及班主任上门为获奖家庭颁奖。

2. 首届"家育杯"十大最美家庭教育故事

在教育变革的时代背景和新课程理念的贯彻落实,对学生素质的培养提出更高的要求,为了更好地培养全面的、合作的、创新的复合型人才,迫切需要家庭与学校的配合与协作,家校合作是当前许多发达国家教育改革的重中之重,并取得了成功经验。在我国,家校合作对于促进学生全面发展的重要作用,已经得到了越来越多家长和教师的认同。在这种背景下,我们学校举办首届"家育杯"的活动,得到很多家长的支持。家长与学校的积极互动,是在孩子健康成长中的一座沟通的桥梁。

(二) 第二届"家育标"好故事评选活动

开展光祖中学首届"家育杯"十大最美家育好故事评选,引导家长和学生学习家训(家规),并撰写心得感悟或家育好故事。常言道:"家和万事兴,相扶相携行。"同学们与家中长辈对话,共同讲述家庭成长故事,传承良好家风,赋予它新时代内涵。

总之,共育同心桥:基于"家国情怀"的家校共育模式是一种全面的、系统的教育模式,它强调了家庭与学校在教育中的共同作用,有助于培养学生的综合素质与家国情怀。通过加强家校合作、完善家庭教育指导内容、优化学校教育配合方式、建设家校互动平台以及实施有效的效果评估,我们可以更好地推动家校共育模式的发展,为培养新时代的有为青年做出积极贡献。诚然,在家校共育的路上,还有很多方面值得去思考和探索,我们将传承"家国之光"办学理念,培养有家国情怀的一代新人,引领师生幸福成长。家长最关心的,我们做到最专心;家长最关注的,我们做到最专注;家长最关切的,我们做到最真切。携手家校,筑起一座共育同心桥,守望满天星辰。

(撰稿者:深圳市坪山区光祖中学　杨振峰　陈玉芳)

模式 08

智慧云共同体:基于生态系统理论的家校共育"智能+"模式

智慧云共同体是以创建真正意义上"平等共创"空间为目标的协同育人新样态。旨在变革家校社协同教育方式,打造家校共育"智能+"教育体系;构建多维传播教育平台,贯彻"智能+"传播教育要求;聚焦需求,构建丰富多彩的课程体系;构建"智能+"家校共育评价体系。形成融合性、跨界性、平等性、多元性的家校共育新模式。

深圳市坪山区外国语文源学校,创办于 2019 年,是区委区政府高标准打造的一所具有国际品质、高雅品位的未来样态学校。学校校园总建筑面积约 7.6 万平方米,办学规模为 54 个教学班,可提供 2 520 个优质学位。学校依托高新科技资源优势,以新思想、新目标、新路径,闯出一条适合新时代基础教育发展的新路。办学至今,学校先后获得广东省科技创新教育实验学校、广东省青少年冰雪体育传统特色学校、坪山区教改重大项目"人工智能"教育实验学校等多项省、市、区级荣誉。坪山区外国语文源学校办学 5 年以来,逐渐形成了"融·教育"的办学理念,着力构建"融合空间""融创课程""融物课堂""融智队伍",打造"和融通达"的校园文化。在家校共育里,我校构建多维传播教育平台、贯彻"智能+"传播教育要求、构建丰富多彩的课程体系、形成"智能+"家校共育评价体系,努力尝试探索融合新生态。

一　家校共育"智能+"模式的价值意义

(一)家校共育的价值意义

家校共育,才能形成教育的合力。倘若只有学校而没有家庭,或者只有家庭而没有学校,均无法单独承担起塑造人的复杂任务。家校共育是家庭和学校以促进学生健康成长和全面发展为共同目标,经由家校协同合作、资源整合优化、优势重组,才能最优化。苏联著名教育学家苏霍姆林斯基曾说:"教育的效果取决于学校和家庭教育影响的一致性。"学校与家庭相互配合,保持一致性,方能形成合力,才能将教育的效果达到最大化。2022 年 1 月 1 日正式施行的《中华人民共和国家庭教育促进法》提出"家庭教育、学校教育、社会教育紧密结合、协调一致",这足以说明家校共育的重要性与价值。家校共育是不变的话题,家校协同育人是促进学生健康成长和整体提升教育质量的必然之举。

（二）“智能＋”的价值意义

人工智能作为“人类最神奇、最伟大的发明”之一，正在革命性地改变着教育领域，同时也在影响着学校与家庭之间的沟通方式。“智能＋”是“互联网＋”概念的一个延伸，或者说是未来家校共育的一个发展方向。“智能＋”通过利用人工智能、大数据等智能化技术及手段，为传统产业赋能，从而达到产业转型升级、提升生产效率、扩大市场规模及覆盖范围。

“智能＋”在教育行业的出现是必然的。随着人民群众生活水平的不断提高，他们对教育的要求也越来越高。家校共育也呈现出更多层次、复杂化。“智能＋”可以满足多样化的需求，让家校共育生活更美好。

（三）家校共育“智能＋”的价值意义

21世纪是人工智能的时代。伴随着人工智能、互联网＋的发展，以往学校和家长由于时间、空间等客观因素制约家校沟通的现象正在逐渐削弱，家校沟通合作、交流对话等正在通过新的方式如“智能＋”模式开启家校共育新时代。“智能＋”模式是线上加线下的新模式，有效避免传统的家校线下沟通不及时、效率低等弊端，它是互联网、大数据、云计算等新技术与家庭教育、学校融合的产物。

“智能＋”促进家校共育新发展。在传统的家校共育当中，家庭与学校，家长与老师是割裂开的，或者说是对立的。在传统的家校共育过程中，家校之间沟通对话的主体基本上是学校或学校教师，而家长、家庭也被学校教育边缘化。新时代的“智能＋”构建了协同育人的新样态，赋予家庭和学校平等的协商地位，形成了家校教育的合力，共同打造“智能＋”模式，以智慧教育助力家校共育，共建家校共育的协同效应和联动效应，并据此创建真正意义上的“平等共创”的空间。家长、教师、学生都建立在平等交流的基础上，打破了所谓的旁观者、边缘参与者的角色定位。将学生的教育真正地交付学校和家庭，一起协同育人。以此，提高家长的参与度；加强学校与家庭的双向互动；激发学生学习的动力；改变学生的精神面貌；帮助学生与老师建立良好的人际关系。形成融合性、跨界性、平等性、多元性的家校共育新模式。（见图8-1）

二　优化顶层设计，提高家庭教育的地位

基于个体的独特性，每个家庭面临的挑战不同，其家庭教育指导的需求也各有侧

图 8-1　家校共育"智能＋"模式图

重。面对如此纷杂多样的需求,学校作为家庭教育指导的供给者找到家庭与学校合力共育的"发力点"就至关重要。

利益相关者理论主张公共事务治理需要考虑和兼顾各参与主体利益的均衡,才能发挥参与主体的合力。在家庭教育指导过程中,涉及学校、教师、家长等多方主体,各方主体的利益诉求之间进行博弈平衡,是家庭教育指导优化的出发点和切入点。

(一)建立校家社协同育人委员会,完善家校共育组织架构

校家社协同育人委员会由校级家委会和校家社协同育人中心共同组成,分别设置主任和秘书长两个岗位,下设膳食委员部、常规管理部、家校沟通部、家长学习部、资源整合部。每一个部门配备 1 名部长和 2 名组员,部长兼任校级家委会副主任。采取三级管理流程,校级家委会、学部家委会和班级家委会逐层管理。凝聚家长力量,成立三级家委会,建立家长、教师、学校沟通的桥梁。进一步保障家长能充分地参与年级、学校的各项工作当中;有效地支持教育工作、促进家校沟通、监督办学行为;保障家长的知情权、参与权、监督权等,通过线下讨论、线上沟通、交流与分享,三级家委会共同配合,共同服务于学校工作,助力学生健康成长。(见图 8-2)

(二)深化认识,明确各自职责

提升校家社协同育人中心地位,调动家长参与学校教育的积极性,让家长成为学校的"合伙人",就是要将家庭教育和学校教育这两个看似独立的系统有效地融合在一

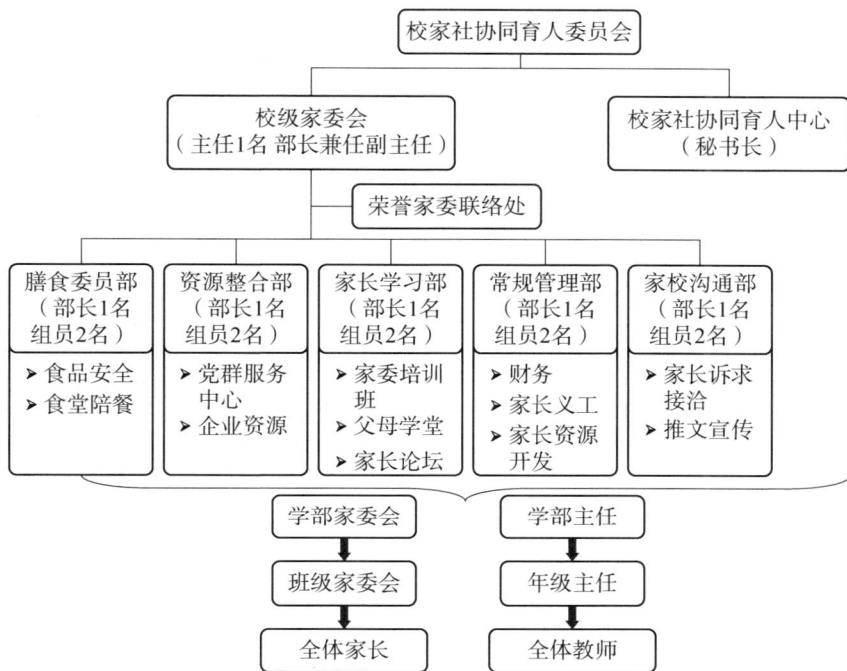

图 8-2　校家社协同育人委员会组织架构图

起，我校持续重视对教师、家长的调动，以及提高对家校合作体系的治理水平，发挥家庭教育、学校教育等各种教育因素的多渠道教育影响以及二者互补性，形成责任分担而又融合的强大教育合力，从而实现教育时空上的对接以及延伸，来实现家校合作、协同育人的愿景。

三　变革家校社协同教育方式，打造家校共育"智能＋"教育体系

（一）构建多维传播教育平台

　　根据微博、微信、微视、微课堂、微论平台的不同特点，教育传播的形式也能多种多样，通过引入日通报、周研判、月分析和重大微平台专题等不同等级的舆情监控模式，学校能够在第一时间占领舆论引导的制高点，及时回应质疑，掌握网络的话语权。在信息技术时代，微传播的成本也偏低，是当前互联网领域接受度最高的主流传播方式。

因此,家校合作以微传播来整合各类数据不失为一种快捷有效的手段。

此外,我校坚持家校联动精细化,发挥协同育人合力。学校坚持家长学校共建助力学生成长成才,构建多维传播教育平台,(见图8-3)精细化开展线上线下双平台联动,充分利用新媒体技术,通过直播等方式向家长展示学生风采,使家校在联动过程中精细、精准开展;做到家校多方联动,共同形成协同育人的有效合力,推进学风建设再上新台阶。

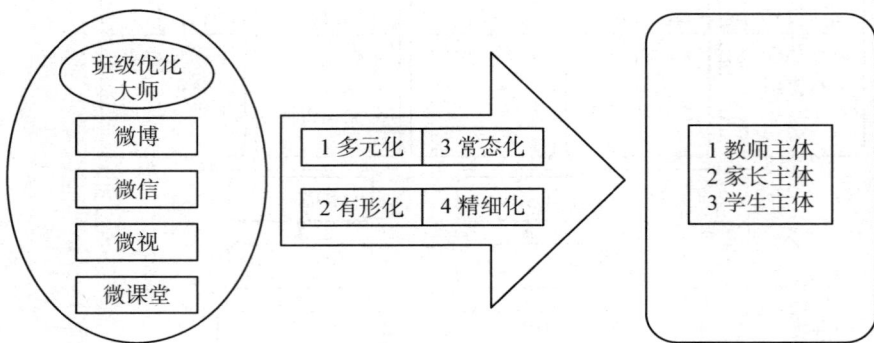

图 8-3　多维传播教育平台示意图

(二) 贯彻"智能＋"传播教育要求

在"智能＋"传播教育体系中,老师无疑是微传播信息的主要信息传播主体,既发挥着教育学生、带动学生的职能,也发挥着传递学校最新的教育教学工作和管理工作的信息的作用。老师是当前为学生领路的关键群体,因此,我校组织教师学习微传播技术,深入了解协同育人理论和微传播技术的基本理论和概念。在信息技术的引领下,可以更好地去引导孩子、传递正确的教育理念。

家长作为家校合作的第二大主体。学校将更新家长观念,从学生的健康成长发展需求出发,充分借助微传播技术,及时收到学校发出的各项信息,与孩子一起共同参与到学生的身心健康发展中去。

(三) 聚焦需求,构建丰富多彩的课程体系

党的二十大报告提出"健全学校家庭社会育人机制"。为进一步加强校家社间的

密切联系,更新家长的教育观念,真正达到校家社携手共育的目标,构筑家校共育良好机制,建立家长学校助力家校共育,学校采取开展线上与线下相结合的家长学校,以智慧教育建设为契机,利用数字技术,邀请各领域的专家、家长给家长进行培训,引导家长如何进行家庭教育。建立起面对全校家长的,采用线上+线下相结合的方式来开展常态化家庭教育培训,搭建了多元的家校联动平台。(见图8-4)

图 8-4 多元的家校联动平台示意图

1. 线上课程:"相约周五"线上直播课程

为帮助家庭营造良好的家庭教育环境促进儿童成长,进一步为家长提供教育支持和服务。在学校层面,高度重视家校合作共育工作,充分利用社会资源、网络资源,帮助解决家长普遍性的问题。

2020年1月,深圳市公布2020年度民生实事清单。在首条清单"促进教育高质量发展"中,便把开展"家庭教育大讲坛"作为具体举措落实。邀请家庭教育专家结合家庭教育的热点、难点问题,指导全市中小学生家长科学开展家庭教育。由文源学校家校社协同育人中心牵头,与班主任联动,协力共邀家长参与其中,把家庭教育作为重点来抓。(见表8-1)

表 8-1 "家庭教育大讲坛"各期清单

家庭教育大讲坛	
期 数	主题
第三十五期	"如何科学开展体育运动锻炼?"
第三十六期	"让孩子挺起'脊梁'"
第三十七期	"做有心理专业素养的优秀家长"
第三十八期	"应对考'焦'小妙招"
第三十九期	"营造学习型家庭文化,提高孩子学习效率"
第四十期	"家庭教育从心灵关爱做起"
第四十一期	"开学季,父母如何科学进行家庭教育?"
第四十二期	"家长与孩子沟通的艺术"
第四十三期	"如何有效提升孩子体质健康"
第四十四期	"运动改善大脑,体育促进学习"

文源学校利用各网络平台为家长提供更多的思考问题的方式和解决问题的思路,在鼓励家长参与家庭教育大讲坛的同时,聚焦未成年人心理健康,多方面筛选网络资源,为家长提供更多的资源。由深圳市教育局主办,深圳广电集团承办的《谈心》直播节目,围绕学生心理健康展开,助力深圳学子健康成长,切实防范危机事件的发生。(见表 8-2)

表 8-2 《谈心》各期清单

谈心	
期数	主题
第四期	"寒假亲子面面观"
第五期	"生活需要'小确幸'"
第六期	"国际幸福日:你幸福吗?"
第七期	"要想青春不叛逆,亲子需要边界感"
第八期	"备考赋能,坦然应考"

期数	主题
第九期	"孩子分心怎么办"
第十期	"从'暑假焦虑'谈开来"
第十一期	"智慧收心，从容开学"
第十二期	"关注孩子的'成长力'"
第十三期	"'内卷'的家长与'躺平'的孩子"

2. 线下课程：家长沙龙

整合校内外资源，发挥立体式育人功能。家长通过各个平台初步了解家庭教育该如何开展，解决了一大部分共性的问题。但往往非共性的问题却是最棘手、最需要解决的问题。本校结合各班的实际情况，与心理老师、班主任共同制定家长课堂需求调查问卷、心理健康问卷、家庭指导问卷，利用人工智能、大数据等智能化技术及手段分析出家长现阶段最需解决的疑惑、问题。

基于前期调研需求，开展"手牵手"系列沙龙，为家长提供教育课程或训练，丰富家长有关教育方面的知识，增强家长教育技能。确保家校形成强劲的教育合力，引导基础教育朝着高质量的方向发展。（见表 8-3）

表 8-3 "手牵手"系列活动

手牵手		
期数	主题	内容
第一期	"在线学习我来了"	1. 了解家长们对于在线学习的感受。 2. 收集家长在线学习的常见困扰。 3. 调查居家学习现实的状况。 4. 制作居家学习简报。
第二期	"人生有礼文原始"（一）	面向一年级全体家长，邀请有经验的家长，组成讲师团，分享疫情居家学习期间的教养经验。
第三期	"人生有礼文原始"（二）	面向一年级全体家长，邀请家长学校讲师团，分享网课期间优秀家庭教育经验，包括学习时间管理、作业高效陪伴等。

期数	主题	内容
第四期	"乘风破浪谱新篇，家校共育助成长"	面向七年级全体家长，以"乘风破浪谱新篇，家校共育助成长"为主题，介绍家校合作的重要性及开展形式。
第五期	"心理调适，助力成长"	面向初中部全体家长，由心理成长中心肖如艳老师开展"心理调适，助力成长"讲座。
第六期	"最美家长"	面向七年级全体家长，理清学校教育和家庭教育的任务分工、职责边界。
第七期	"心理调适·家长助力"	面向初中全体家长开展主题讲座，旨在转变家长教育观念，为助力孩子良好适应学校学习环境，缓解家长育儿无方向的焦虑感。
第八期	"如何助力孩子心理适应"	校长介绍学校教育理念和宗旨，针对性提出家校合作共育的有效建议；此外，心理教师魏芷菁开展以"性教育，从家庭开始"的专题讲座。
第九期	"居家学习，家长陪护指引"	孩子上网课，家长担心线上学习的效果，家长该如何居家陪读？为促进家校协同育人，学校心理老师肖如艳为大家分享了"心"方法。
第十期	"如何增强儿童学习能力"	沙龙围绕以下四个方面展开：1.什么是感觉统合？感觉统合失调的表现有哪些？2.感统失调的干预方法。3.积极的心理暗示方法。4.家庭感统训练内容及学习方法指导。
第十一期	"增强注意力"	邀请王荔君专家以关于如何增强注意力为主题进行一场专业讲座，内容包括什么是注意力、注意力不足的原因，以及如何增强注意力等。
第十二期	"亲子组队，快乐加倍"	为积极探索新媒体时代背景下心理健康教育服务模式，本次活动结合线上线下两种形式进行，主题活动主要分为三个部分：记录快乐，传递快乐，创造快乐。
第十三期	"助力孩子，做好入学适应"	面向七年级全体家长，心理学科主任肖如艳老师分享了七年级的学生在身体、心理、学习环境和学业压力的变化，以及给家长们提出了有针对性的建议。
第十四期	"令人抓狂的'初二现象'，居家期间更甚"	面向八年级全体家长，通过腾讯会议，为家长分享：家长如何在居家学习期间与初二阶段的孩子和平相处，如何有效指导孩子的学习与生活、促进孩子的健康成长？

我校开展的家校共育课程，内容丰富多彩，既涵盖了家长育儿各个方面的难点，又面向班主任有针对性地进行了家校沟通培训。开设校园心理危机干预与识别培训活

动、学生心理问题识别与分析心理健康培训会、小学生心理发展特点及其教育对策、中小学心理健康应知应会、"家庭组队，快乐加倍"亲子快乐体验活动、"家校沟通的智慧"主题系列活动。形式多样，采取了讲座、活动、沙龙等活动形式。在学校、社会和家庭的多方努力之下，构建了良好的家校关系，提高了家长家庭教育的胜任力水平，共同助力了学生的自主发展。

3. 多彩社团助力家校共育

开设多彩社团，助力家校共育。文源学校邀请有特长、有专业知识的家长到学校，为学生开展丰富多彩的社团活动，同时为校园文化注入了新的活力。为了让每一位家长都能参与到学生的社团选择当中，为了让每一名学生都能选择自己喜欢的社团，我校联合学校信息科组精心选择小程序，通过统计助手微信小程序让家长、学生能够选择平行志愿。本次选社团选用平行志愿原则，每名同学自愿申报 5 项不同社团志愿，社团教师将充分考虑学生选课志愿，同时结合课程内容设置及要求，匹配和选择本社团学生成员。学生及家长可以在选课结束前修改一次本人的选课志愿，要求每一个志愿必须为不同社团。本次社团的选择通过班主任线下线上动员，家长随时可通过手机进行选择，智能化、高效地帮助学生进行选择。

多彩社团是学生们最喜爱的社团，随着社团的开展，既开阔了学生的视野，也缓解了亲子关系的不适。例如，我校一年级（1）班牛印强同学的家长印丽红女士作为社团导师带领所在公司的专业团队，为七年级全体学生带来了极具生命教育意义的课堂，教授学生如何应急求助。对生活中遇到突发状况的急救、徒手心肺复苏、海姆立克急救法等内容作了充分的讲解。同学们在此次生命教育专题课程中获益良多，不仅掌握了初级急救技能，增强了安全救助意识，也有效地增强了应对突发事件时临危不惧、沉着应对、快速反应的能力，对生命的敬畏之心也愈发浓厚，深刻地意识到学习急救知识、了解急救方法的必要性。

（四）构建"智能＋"家校共育评价体系

1. 开设校长信箱，家校零距离对话

为了共同建设坪山区外国语文源学校的民主和谐校园，为了及时、全面地了解学校教育教学管理各方面情况，也为了倾听广大学生家长和社会各界意见和建议，文源学校开设了线上、线下两种方式的"校长信箱"。"校长信箱"为家校共育的一个平台，也是家长与学校领导之间一座通畅快捷的桥梁。

家长的每一次诉说,会被及时地传递给学校,学校都会认真对待,学校领导将会由此听到家长们作为主人翁的真实声音。家长对学校的意见和建议,学校都将诚恳地予以接受和改进。同时,为缩短学校与家长间的距离,文源学校在微信公众号开通了绿色通道,一键投递,"码"上直达。家长在此可以留下作为主人翁的真切声音(包括建议与意见、表扬与批评,以及其他要求),选择匿名或留下联系方式均可。

2. 用班级优化大师落实班级管理

智能班级管理工具为家校共育保驾护航。班级优化大师是专为教师打造的智能班级管理工具;是调动学生参与学习、参与班级事务的隐形推手;是便于家长及时掌握孩子在校动态的反馈系统。随着人工智能的崛起,互联网+也融入了教育行业。教育+人工智能已成为大趋势,班级优化大师正是站在21世纪的浪潮下,着力于为教师提供一种全新的智能化班级管理方式。班级优化大师本质上就是一个工具,一个具有智慧的工具,用人工智能代替传统的管理方式,最核心的是来解决班级管理的效率低下、教师评价不及时,教师反馈滞后等弊病,来为教师班级管理工作减负增效。21世纪的学生接触了日新月异的事物,对网络格外的好奇与痴迷。如何在新世纪下抓住孩子的注意力和兴趣,也是一个难题,班级优化大师利用网络这一平台对学生的行为点评,通过后台的处理,学生能将自己的行为转化为积分。教师可以通过设置形式各异、门类繁多的奖励机制,激发学生参与班级事务和学习积极性与主动性,让学生热爱学习并愿意参与到班级事务当中。教师的评价也一改传统的片面、粗糙,从日常细节出发,评价不仅涉及学生的课堂常规、作业提交情况,同时也覆盖学习活动、文明礼仪、良好习惯的养成;更是加入了学生的出勤情况、安全提醒等方面,这都来源于班级优化大师项目设置多元评价,同时教师可以进行及时评价、及时反馈。避免出现与家长沟通不及时、片面的情况,也使家校共育实现智能化、数字化、精准化和个性化,让家校共育的实效性和时效性得到了充分保障。

3. 开通心理沟通预约系统

为进一步做好坪山区外国语文源学校中小学生心理健康和家庭教育支持与服务工作,我校组建专业心理健康和家庭教育团队为学生和家长提供专业的服务。心理沟通预约系统为线下心理辅导,为家长提供家庭教育预约平台。向我校未成年人及家长开放,更好地化解心理和家庭教育中面临的困惑和难题。

当学生或者家长有想找人倾诉的时候;想要了解自我、探索自我、改善自我,进行自我成长的时候;对自己的未来感到迷茫,或者感觉自己有目标却始终没有前进动力的时候;在日常学习、工作与生活中,遇到了重要事件,感受到压力和困扰无法解脱的时候;在持续处于某种负面情绪状态中无法走出,如情绪低落、忧伤、焦虑和忧虑的时候;在人际交往中遇到困难,并为此焦虑、恐惧且难以获得改善的时候;有某些过度行为且这些行为对你带来了不利影响的时候,例如暴饮暴食,过度节食,厌食,或者沉迷游戏或手机等的需求时,可以进行线下(师生、家长)或线上(家长)咨询,来缓解家长和学生的心理压力,为家校共育保驾护航。

四　班级优化大师赋能家校共育

用数字技术赋能家校合作,严格进行科学性、合理性论证,确保符合教育管理实际和孩子成长规律。班级优化大师 2016 年上线,至今已覆盖 3 000 万用户。其帮助千万教师激活课堂学习氛围,降低家校沟通成本,提升班务处理效率。

多主体参与、人人都是参与者。班主任根据本班情况,个性化设置点评内容、维度,为班级管理指引方向、搭建框架。科任老师可根据本学科特点自定义查漏补缺,优化评价维度。教师根据实际情况可随时随地进行评价,如若遇到没有进行评价的内容,可及时添加新标签,进行标记。同时,积极邀请班级小干部参与其中,班干部按照自身角色负责相应的任务,例如午餐午休管理员负责评价全班及个人午餐午休。同时教师、家长利用多元的奖惩机制,激励和规范学生行为。做到多主体参与其中,人人都是评价的主体,让评价更加多元、立体,构建学生、班主任、任课教师、家长相融合的评价体系,真正构筑了多角色共同参与的智慧学生评价体系。

打破时空阻隔、让沟通零距离。利用电子考勤、随机抽选、分组教学等小工具,激发学生的兴趣,让学生积极参与课堂当中,使课堂变得高效、欢乐。同时学生在校表现可实时同步到家长手机端,家长能随时随地了解到孩子情况。及时评价加每周光荣榜,随时反馈与定期评价相融合,激励学生持续成长。班级优化大师能很好地解决家校信息不对称、沟通效率低、沟通内容无针对性的问题,打破隔阂的针对性家校沟通方式,帮助家长全面了解孩子,携手共育。

人工智能技术赋能家校共育,为教师、家长减负。在使用班级优化大师的过程中所得到的数据可自动记录、归档和计算,并可发送至家长端。数字化评价工具帮助教师、家长了解孩子学情,学生评价数据记录保存形成不同阶段的汇总报告,为优化调整教学策略提供支持。班级优化大师根据班主任、科任老师、班干部点评数据,为每一名学生生成个性化的电子档案,让老师、家长能够直观了解和感知学生的每一次成长。同时可以一键生成定制化、个性化、具有指导性成长建议的学生评语,给家庭教育提供支持。该技术依据学生在校行为和家长在家测评,以小五人格理论出发,将表象行为数据转化为孩子的综合素质评估模型,帮助老师和家长为学生的个性化发展提供科学的培养建议。

数字教育是教育领域的方向和趋势,用科技赋能家校共育,优化了家校共育体系和家校沟通体验。它利用大数据与个性化教育相结合,量化融合因材施教,为家校共育提供平台与支持,共建融合新生态。

五　成效循证

家校达成共识,共建理念融合新生态。在我校探索性地开设家校共育的活动当中,借助于人工智能连接家庭与学校,构建家校共育的"兼容和合"思想,营造家校共育主体合作精神文化氛围。在育人观上相互尊重、达成共识。重塑家庭在教育中的角色,打破家长的旁观者、他者的身份,以此形成一种从"我"到"我们"的身份认同,进而增强家校协同育人合力的整体效应。

我校在探索家校共育"智能+"模式当中,通过开设线上线下家长课堂,帮助家长们进行家庭教育,了解家庭教育相关的专业知识,让家长学会家庭教育的方法,为后期的家庭教育作好铺垫。此举帮助学生开阔视野、了解社会起到了积极的推动作用。充分调动家长的参与度,提升学校民主建设和依法治校水平,为家校共育保驾护航。通过线上线下的沟通,让老师和家长进行互动,让学校和家庭能够全面了解学生的学习状态,通过双向互动,共促孩子健康成长。通过利用微信群、公众号、班级优化大师等沟通工具,科任老师与家长能够及时地了解孩子的学习生活情况。在大数下对学生学习过程中的数据进行搜集及分析,了解学生对于知识、技能的掌握情况,从而可以为学生及教师们提供精准有效的分析数据。对于学生、家长而言,系统自动分析的数据与清晰醒目的图示让其可以发现优势,找到不足,进而高效地提升自己的各方面的品质;对于教师而言,则及时与家长沟通,了解学生们的整体情况,从而有针对性地进行引导。

（撰稿者:深圳市坪山区外国语文源学校　向术溯　肖如艳）

模式 09

童梦联盟：基于生态共融体系的家校共育模式

　　童梦联盟是将生态学的基本理论运用到家校共育实践中，形成了基于生态共融体系的家校共育模式，以"生态育人，梦想家校"为家校协同育人理念，构建了"联盟课堂""联盟会谈""联盟1＋X"生态共融的家校共育模式，实现尊重生命、科学育人、和谐成长、持续发展的家校共育新样态，为学生的终身发展奠基。

深圳市坪山区马峦小学开办于 2018 年 9 月,位于坪山区马峦街道马峦社区,地处马峦北路以东,南坪三期以北,依马峦山,傍大山陂,自然生态环境优美,为区属公办全日制小学,教育部教育信息化"双区"深圳智慧教育示范校、广东省绿色学校、深圳市首批义务教育阶段学校"减负提质"实验校、深圳市美育特色学校、深圳市教育改革创新大奖"最受关注新锐学校"、深圳市"基于教学改革,融合信息技术的新型教与学模式"实验学校、深圳市"家校共育典范学校"、深圳市"儿童友好学校"。学校以"生态育人,成就梦想"为办学理念,依托良好的自然生态环境,以及蒸蒸日上的创新坪山发展态势,集师生智慧,以打造"森林中的童梦学园"为办学愿景,秉持"梦想从这里启航"校训,"卓越、精致、创新、追梦"校风,"乐教、善导、赋能、筑梦"教风,"乐学、善思、灵动、逐梦"学风,坚持构建以国家课程为核心、区域地方课程为指引、"童梦校本课程"为特色的三级课程体系,形成人文园、科创园、智慧园、艺术园、健美园五大课程板块,发展体育、艺术、阅读、科技四大课程特色,为学生德智体美劳全面发展提供了坚实保障,致力培养有梦想、有能力、有作为、有创造的好少年。

马峦小学自 2018 年 10 月启动"童梦联盟",依托青山绿水的地理环境优势,把生态学的基本理论运用到家校共育实践中。学校教师在家校共育实践中探索,合作完成深圳市级课题"家校共育机制研究",形成了基于生态共融体系的家校共育模式,以"生态育人,梦想家校"为家校协同育人理念,构建了"联盟课堂""联盟会谈""联盟1+X"生态共融的家校共育模式,创设良好的育人和成长环境,为学生的终身发展奠基。

一 童梦联盟的理念及意义

从一定程度上说,教育的本质是影响活动,通过一系列隐性的或显性的影响唤起生命梦想,进而成就人生梦想。小学教育就是唤起儿童梦想,并为儿童实现梦想奠定基础。因此,"童梦"从个体层面上来说,就是儿童梦、人生梦、未来梦;从社会层面上来说,是指家庭梦、中国梦、复兴梦。

童梦联盟以学生为主体,贯彻落实《中华人民共和国家庭教育促进法》《中国儿童发展纲要(2021—2030年)》的重要精神,将学生、教师、家长、专家、学者等育人群体的力量团结起来组成联盟,秉承"生态育人,梦想家校"的协同育人理念,构建全景式的家校生态共融体系。

"生态育人"内涵包括四个层面:尊重生命、科学育人、和谐成长、持续发展。尊重生命,即是尊重学生天性,尊重生命发展规律;科学育人,即是遵循教育规律,聚焦学生核心素养;和谐成长,即是重视学生身心和谐,铸造健全人格;持续发展,即是着眼终身持续发展,培养创新人才。生态共融,即是秉承生态育人理念,将自然、学校、家庭,以及社会的各个方面有机融合。

童梦联盟基于生态共融,为儿童构建追梦、筑梦的童梦学园,在实践探索的过程中得到家庭和社会的广泛支持与配合,对于解决目前教师、家长面对的一般和特殊教育问题有着重要的意义和价值。

(一)学生层面

童梦联盟在学生的成长和发展中具有深远的意义和作用。马克思曾说:"人是社会关系的总和。"学生不是孤立存在于学校或者家庭,学校、家庭和社会是孩子学习的三个重要环境,通过童梦联盟,可以促使三者形成良性互动、形成生态共融。

学校侧重于显性教育课程,提供专业的教育教学资源和指导;家庭可以为孩子提供良好的学习氛围和学习资源,潜移默化地培养学生的品德与价值观;童梦联盟对社会资源的引入,则让学生在社会体验中成长,认识到生命的价值和意义。

(二)家长层面

童梦联盟能够提高家长对孩子的关注度和理解程度。通过与学校和社区的合作,家长可以更全面地了解孩子在学校和社区中的表现和需求,从而更好地关注和关心孩子的成长。同时,家长也可以通过参与学校和社区的活动,与孩子一起学习和成长,增强亲子关系。

童梦联盟能够提高家长的教育素质和教育水平。通过与学校和社区的专业人员合作，家长可以获得更多的教育知识和经验，了解更多的教育方法和策略，从而提高自己的教育素质和教育水平。这有助于家长更好地指导和支持孩子的成长，为孩子的全面发展提供更好的支持。

童梦联盟有助于提升家长的教育能力和责任感。通过参与孩子的教育过程，家长可以更深入地了解孩子的需求和特点，从而更好地指导孩子的学习和成长。同时，家长也可以通过与学校和社区的合作，承担更多的教育责任，增强自己的教育能力和责任感。

（三）教师层面

童梦联盟能够提高教师对孩子的了解。通过与家长和社区的合作，教师可以更全面地了解孩子的学习背景、家庭情况和社区环境，从而更好地理解孩子的学习需求和问题，为孩子提供更个性化的教学指导和支持。

童梦联盟能够促进教师和家长之间的沟通与合作。通过与家长和社区的合作，教师可以更密切地与家长沟通和合作，共同探讨孩子的学习问题和方法，形成教育合力。同时，教师也可以通过与家长和社区的合作，获得更多的教育资源和支持，为孩子提供更好的教育服务。

童梦联盟有助于提升教师的教学水平和教育质量。通过与家长和社区的合作，教师可以更深入地了解孩子的需求和特点，从而更好地制定教学章程和教学方法。同时，教师也可以通过与家长和社区的合作，获得更多的教育资源和支持，提高自己的教学水平和教育质量。

（四）学校层面

童梦联盟能够提高学校的教育质量和效果。通过与家长和社区的合作，学校可以更全面地了解孩子的需求和特点，从而更好地制定教育计划和教学方法。同时，学校也可以通过与家长和社区的合作，获得更多的教育资源和支持，提高自身的教育质量和水平。

童梦联盟能够增强学校的社区融入度和影响力。通过与社区的合作，学校可以更好地融入社区，提高自己的社区融入度和影响水平。同时，学校也可以通过与社区的合作，获得更多的公共资源和支持，为孩子提供更好的教育服务。

童梦联盟有助于提升学校的品牌形象和社会认可度。通过与家长和社区的合作,学校可以树立起更加良好的品牌形象并提高社会认可度。同时,学校也可以通过与家长和社区的合作,获得更多社会资源和支持,为孩子的成长和发展提供更好的保障和支持。

(五) 社会层面

童梦联盟可以充分发挥各部分的优势,形成互补,为学生提供更广阔的发展空间,从而推动社会进步。童梦联盟可以促进社会资源的共享和优化。学校可以借助社会的力量来提升教育质量,社会也可以通过学校的资源来推动一些社会问题的解决,有助于构建和谐社会。通过童梦联盟的协同作用,可以促进人与人之间的相互了解和信任,增强社会凝聚力,推动社会和谐发展。

二　童梦联盟的实践探索

童梦联盟以尊重生命、科学育人、和谐成长、持续发展为原则,以培养学生核心素养为导向,依据"五彩"童梦德育课程体系的理论基础,践行生态育人,激活"童梦联盟"的德育功能,家长进课堂协同育人,发挥"童梦联盟"的共育功能。

(一) 课程育人:"五彩"童梦德育课程体系的理论基础

《中小学德育工作指南》指出:中小学德育内容包括理想信念教育、社会主义核心价值观教育、中华优秀传统文化教育、生态文明教育和心理健康教育。按照德育工作指南要求,我校从政治教育、思想教育、道德教育、法纪教育和心理教育等五个方面整体构建德育内容体系。基于学校德育理念,我校着力构建"五彩"童梦德育课程体系。"五彩"泛指颜色,分别为红色、橙色、绿色、蓝色和紫色。红色寓意激情、斗志、革命等,对应社会主义核心价值观教育;橙色是一种富足、快乐而幸福的颜色,对应心理健康教育;绿色代表生命、自然、环保等,对应生态文明教育;蓝色是永恒的象征,对应中华优秀传统文化教育;紫色是高贵的象征,对应理想信念教育。因此,"五彩"童梦德育课程体系分别对应五种教育德育系列:红色课程,社会主义核心价值观教育系列;橙色课程,心理健康教育系列;绿色课程,生态文明教育系列;蓝色课程,中华优秀传统文化教育系列;紫色课程,理想信念教育系列。(见图9-1)

图 9-1　深圳市坪山区马峦小学"五彩"童梦德育课程结构图

(二) 生态育人:激活"童梦联盟"的德育功能图

我校以学科内的整合,学科间的整合为基础,以跨学科整合为目标,采取"主题教学"模式、"学科间互补"模式,通过主题整合,彰显我校的生态教育特色,推进学校"马峦山自然生态"主题课程建设。

我校立足马峦山自然生态资源,采取课程统整方式,进行"童梦马峦山"项目式学习。课程融合了语文、数学、科学、音乐、美术、体育、综合活动和社会等八大学科,旨在培养学生的核心素养。在马峦山生态课程中,突破了传统教室内学习的局限,学生接触到真实的自然和社会。在人与自然、人与人、人与社会的良性互动中,学生学会换位思考、转变角色,学会处理综合问题,增强处理复杂关系的能力,达到生态育人的德育目标。(见图 9-2)

(三) 协同育人:发挥"童梦联盟"的共育功能

为了拓宽孩子的视野,增长孩子的见识,更好地为学生提供优质高效的教育资源,学校邀请热心教育事业的家长朋友走进课堂,发挥职业优势,为孩子们讲述社会大百

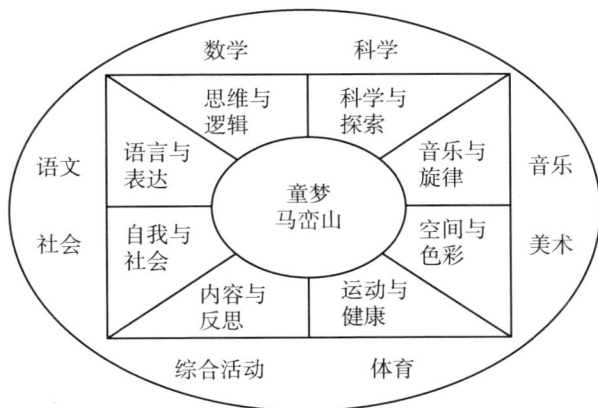

图 9-2 学校马峦山自然生态特色课程概念设计图

科,形成别具特色的家长讲堂新局面,完善社会、家庭、学校三位一体的教育体系,促进学生全面发展。"童梦联盟"课程设置内容如表 9-1。

表 9-1 马峦小学"童梦联盟"课程设置表

年级	课程内容	课程目标	实施方法
一年级	生命成长	每个家长都在从事着不同的职业,其中不乏行业的精英、道德的模范,家长利用自身的优势走进孩子的课堂,现身说法,做学生榜样,促学生成长。	课堂讲授 观摩学习 感悟引领
二年级	传统习俗	各美其美,聆听窗外之音,美美与共,感受多彩课堂。学校融合"传统文化进校园"精神理念,特邀身怀绝技的家长和身边资源走进学校,从变脸到皮影,从绘梦到剪纸,从学礼仪到"武""舞"民族风,荟萃传统之美,演绎民族之魂。	课堂讲授 观摩学习 感悟引领
三年级	故事浸润	教育改变人生,故事启迪灵魂,培养有故事的孩子,塑造有故事的老师,成就有故事的家长,开办有故事的学校。以故事为教育的切入点,邀请家长用自身感悟,以故事形式引领学生成长。	课堂讲授 观摩学习 感悟引领
四年级	科学探索	以科学探索为主题,邀请家长走进教室,带着孩子们开启科学探索之路,引导孩子们像科学家一样思考,呵护每一个孩子的科学梦。	课堂讲授 观摩学习 感悟引领

年级	课程内容	课程目标	实施方法
五年级	理想信念	优选家长中的成功代表,讲理想谈梦想,结合自己的奋斗史,用事实说话,从小处入手,让学生明白学习是自己的事,从小树立远大理想,并持之以恒、坚持不懈,总会有梦想成真的那一天。	课堂讲授 观摩学习 感悟引领
六年级	感恩教育	邀请家长讲述感恩经历,从知恩、感恩到报恩、施恩,以灵魂唤醒灵魂,对学生进行以德报德的品性教育。	课堂讲授 观摩学习 感悟引领

小学阶段是健全人格形成的关键时期,只有家庭、学校、社会三位一体,才能成就每一个孩子都成为最好的自己。学校大力倡导家校共育,充分利用优秀家长资源,每学期开展家长大讲堂系列活动,发挥自身职业优势,为孩子们带来别具特色的全新课堂。

三 童梦联盟的典型案例

我校秉承"生态育人,梦想家校"的家校协同育人理念,积极探索动态协作的校家社三结合的生态共融体系,逐渐形成了"联盟课堂""联盟会谈""联盟活动"三大协同育人方式。

(一) 童梦联盟的目标

童梦联盟的目标是实现家庭、学校和社会的协同教育,共同促进孩子的全面发展和成长。通过加强家庭和学校之间的沟通与合作,以及社区资源的整合与利用,形成教育合力,为孩子提供更加全面、丰富和个性化的教育支持。同时,童梦联盟还可以促进学校与社区之间的互动与交流,加强学校与社会的联系,提高教育的质量和水平。

(二) 童梦联盟的内容

聚焦"联盟课堂"、组织"联盟会谈"、开展"联盟活动",构建动态协作的信息化融合、多层面融合、大场景融合的协同育人方式。

（三）童梦联盟的实施过程

我校在信息化融合协同育人的基础上打造联盟课堂，在多层面融合协同育人的氛围中组织联盟会谈，在大场景融合协同育人的赋能下开展联盟活动。

1. 联盟课堂——信息化融合协同育人

联盟课堂融合家长学习与家长授课的双向模式。在家长学习方面，充分利用现代信息化手段，通过线上、线下相结合的方式，保障家长获取优质家庭教育课程，实时了解学生在校情况，有的放矢地改进家庭教育方式；同时，邀请家长走进学生课堂开课，拓宽学生视野，给学生带来新鲜的课堂体验。

（1）"家校成长课堂"线上学校。"家校成长课堂"是一所线上的家长学校，有着丰富的线上课程资源，如专家直播课、录播课，主题教育课，读书推荐与分享，校外综合实践等板块，为家长在各个时期面临的各种困境提供帮助，跟踪教育热点、难点问题，持续地为家庭教育赋能。

（2）童梦电视台"父母课堂"。"父母课堂"采用线上、线下相结合的方式，借每次全校家长会的良机，通过"童梦电视台"向各班级直播专家家庭教育讲座，专家现场答疑解惑，班主任组织家长分享教育心得，共同讨论教育方式方法，促成学校和家庭的携手育人。

（3）"童梦智慧家校系统"。"童梦智慧家校系统"是一个教师对学生进行实时评价和反馈的互动系统，以五育并举和培养核心素养为导向，通过"学生发展""行为点评""班级量化""校园活动""校外表现""学业成绩""期末评语""荣誉档案""问卷测评"等模块，将学生在校园的表现实时反馈给家长，同时形成个人成长档案。其中，"学生发展"模块是学生的成长记录，此模块与其他所有模块相连接，学生毕业时能够导出在校六年的行为表现和学习情况，家长也能够实时查看学生在德智体美劳和个性发展方面的进步，以各类型的统计表的形式分析汇总，有学期报告、学年报告，内容翔实。"童梦智慧家校系统"将过程性评价与综合评价有机结合，促进学生全面发展。

2. 联盟会谈——多层面融合协同育人

联盟会谈从五个层面增进家校沟通，分别是学校、班级、社会、家庭和个体。在学校层面，设立家长委员会，收集家长的意见和建议，畅通家校沟通渠道；在班级层面，定期召开班级家长会，班主任及时了解家长的家庭教育需求；在社会层面，学校联合社会各方面力量，重点解决学生与家长的疑难问题；在家庭层面，建立全员家访工作机制，教师到家庭中开展家庭教育指导;在个体层面,教师与家长分别进行一对一谈话,找出问题症结,有效解决问题。

（1）家长委员会。家长委员会是由学校组织家长,按照一定的民主程序,本着公正、公平、公开的原则,在自愿的基础上,选举出能代表全体家长意愿的在校学生家长组成。家长委员会成员具有正确的教育观念,掌握科学的教育方法,热心学校教育工作,富有奉献精神,有一定的组织管理和协调能力,善于听取意见、办事公道、责任心强,能赢得广大家长的信赖,充分发挥家长委员会的桥梁纽带作用。我校建立了两级家长委员会制度,即班级家长委员会和校级家长委员会。班级和学校定期召开家长委员会会议,并以学年为周期进行换届。两级家委会分别参与班级和校级的事务管理,上传下达,畅通了家长与学校的沟通渠道。

（2）班级家长会。我校每学期期中召开班级家长会,不定期召开小型家长会。班主任和任课教师在会上总结学生的在校情况,分析突出的学习和行为习惯问题,以"减负提质"和培养核心素养为目标,给出整体的解决策略。班级家长会不仅是一个分析总结会,也是一个教育方法分享会。同年龄层的学生处于同一身心发展阶段,呈现出类似的特点,家长们面对面沟通探讨有效的教育方法,分享教育心得,对家庭教育有很大的促进作用。

（3）家校联席会。学生的教育有其必然的社会属性,学校教育和社会影响相辅相成。在一些学生或家庭的疑难问题上,学校将联合社区、妇联、派出所、领域专家等外部力量,共同召开校家社三位一体联席会,充分地研讨、分析和解决问题,调动社会力量为学校和家庭教育提供切实可行的治理方法,为家庭教育提供必要支持。家校联席会确保了家校联盟的紧密性。

（4）全员家访。家访是教师充分了解学情的必经环节。学校每学年进行一次全体学生家访,一年级在第一学期进行一次全体学生普访。教师根据实际情况增加对离异家庭学生、单亲家庭学生、外来务工随迁子女、留守儿童、表现异常学生、家庭困难学生、家庭突发变故学生等特殊群体学生的家访次数。通过全员家访,教师能够更加全面地了解学生的家庭环境,并进行实地的家庭教育指导,使家庭教育与学校教育有机结合,完善家校共育体系。

（5）一对一谈话。对于个别学生的特殊问题,教师采取分别约谈学生和家长,一对一谈话,全方位了解情况。教师与家长深度交流讨论,针对问题,研究具体措施,转变教育方式,帮助学生适应学校生活,消除家庭的不利影响。

3. 联盟活动——大场景融合协同育人

为了使家校联盟,我校引入了"联盟1+X"模式,即通过整合各方面的优秀资源,为家校联盟助力。

(1)校外研学。生活即教育,社会即学校。学校积极拓展校外教育空间,把各类社会资源作为强化实践育人的重要途径。为着力培养学生社会责任感、创新精神和实践能力[1],学校联合革命教育基地、禁毒基地、垃圾分类基地、博物馆、艺术馆等优质社会资源,鼓励家长带学生共同参加校外的主题教育活动。在活动前,家长与学生共同做好研学计划,设计研学任务单;在活动中,共同观察、体验;在活动后,总结研学收获,共同对这次研学的各方面进行评价。有家长陪同的校外研学满足了学生多样化的学习需求,培养了学生的综合素养,让家长在具体的活动中感知学生精神人格的变化和成长,增强学生与家长的联系,营造积极向上的家庭氛围。

(2)家长开放日。学校每学期举行"家长开放日"活动,鼓励家长进校园、进课堂,让家长真实感知孩子们在课堂上的表现,能帮助家长客观理性地发现孩子存在的长处与不足;家长观摩日常课堂,了解教师和课堂,体验校园生活。"家长开放日"使教师、学生、家长在真实教学场景中拉近距离,对家校联盟产生积极的促进作用。

(3)亲子活动。家长与学生的互动不止于家庭生活,学校有组织、有计划的亲子活动,可以有效联结家庭教育和学校教育。亲子活动有利于改善学生与家长的互动模式、交流方式,加强亲子间的感情,促进孩子的发展。学校将亲子活动融入校园活动中,以低年段为主,家长与学生共同参与,如开展母亲节"百米长卷绘画"、端午节巧手包粽子、中秋节小小美食家——传统月饼制作等多种多样的亲子活动。通过活动,不仅能够增进亲子感情,也能让家长们在互相沟通、观察中,认识到自己教育方式的缺陷,从而学习他人优质的教育方法,成长为成熟、理智的父母,培养积极、乐观的孩子。

(4)心理辅导。童梦联盟的出发点是给予有需要的家庭和学生更多的关爱与帮助。小学阶段的学生由于心理发展不成熟、缺乏生活阅历,面对日益繁重的学业压力、成长烦恼以及人际交往方面的问题,容易出现心理问题。为了对学生进行普遍的心理健康教育,及时排解学生负面情绪,我校聘请了专职心理教师,每周1节心理课,保障学生长期维持心理健康状态和健康成长;学校配备了专业的心理咨询室,保证学生在

---

① 教育部,中央宣传部,中央网络办,中央文明办等.教育部等十三部门关于健全学校家庭教育社会协同育人机制的意见[EB/OL].(2023-01-17)[2024-10-18]. http://www.moe.gov.cn/srcsite/A06/s3325/202301/t20230119_1039746.html.

校期间能够得到随时随地的心理咨询,缓解心理压力,及时疏导学生不良情绪,并在出现危机问题时,及时干预。对于特殊学生,学校配备了心理资源教室,惠及更多特殊需求的孩子,能够在常规课堂随班就读之外,个性化问诊,定制心理辅导课程,进行特殊教育教学康复。心理资源教室融合了特殊家庭、班级教室和资源教室合力,凝聚了教师、父母、学生三方共力,不遗余力地为特殊学生守护一片蓝天。

（5）家长义工。家长义工组织是家校联盟的重要力量,在文明校园创建中发挥着积极作用。我校建立了三级义工体系:校级义工、班级义工和活动义工。校级义工负责每天早晚班级义工的组织、分工、岗位安排、培训以及沟通联络等工作;班级义工由每班家长组成,每周轮换,由班级家委负责安排到岗时间;活动义工采取自愿报名,辅助学校的大型活动,例如艺术节、体育节、科技节、全校学生体检等。家长义工活动有着深远的意义,它体现出无私奉献的伟大精神,言传身教的榜样力量,是学校教育与社会教育的生态融合。

四　成效与影响

儿童的教育和成长不是家庭或学校单方面的责任,而是全社会共同的责任,关乎国家和世界的未来。童梦联盟是学校、家庭、社会等各方面力量的动态协作,共同承担起儿童的教育责任,协同互动,构成良性协作的育人生态。

童梦联盟对学生的影响是全面的。学生能够获得充足的学习资源,接受更全面的教育,发挥各方面的能力,包括认知、情感、社交等方面的素养;能够更深入地了解社会,培养社会责任感和公民意识,积极参与社会活动,为社会发展做出贡献;能够提高自身的心理健康水平,减轻学业压力,增强抗挫折能力,促进身心健康发展。这种基于生态共融体系的家校共育模式有助于学生全面成长,为他们的未来发展打下坚实的基础。

童梦联盟对家庭的影响是积极的。每个家庭都是社会的一个小细胞,童梦联盟将社会中对教育的各种有利信息和资源进行筛选整合,将有利于家庭教育的部分集中放大,从而促进家庭教育的优化,增加家庭教育的效果,让家庭实实在在地承担起育人责任,成为学生终生受益的港湾。

童梦联盟对学校的影响是重大的。学校的童梦联盟生态共融模式,得到了各个渠道的资源,在育人方面与社会协同,遵循五育并举的目标,达到"减负提质",为学校长远的育人奠定基础。

　　童梦联盟对社会的影响是极其深远的。首先,童梦联盟在很大程度上促进了教育公平。家庭背景和资源的差异会造成学生之间的不平等局面,而家校联盟可以通过加强学校与家庭之间的合作,缩小这种差距。联盟可以提供有针对性的支持和帮助,为来自不同背景的学生提供平等的机会和资源,实现教育的公平性。其次,童梦联盟鼓励学校、家庭与社区之间的合作共建,培养学生的社会责任感。学生通过参与社区服务、公益活动等形式,体验和学习社会责任的重要性,进而积极参与社会事务,并为社群的发展和进步做出贡献。童梦联盟在推动社会的教育进步和公共利益方面发挥重要作用。

　　童梦联盟是基于生态共融体系的家校共育模式,在"联盟课堂""联盟会谈""联盟1+X"生态共融的形式中,实现尊重生命、科学育人、和谐成长、持续发展的家校共育新样态,让儿童梦想从"梦学园"中筑梦起航。

（撰稿者:深圳市坪山区马峦小学　钟映霞　陈小关）

模式 10

成长同心圆：基于协同论的校家社融合共育模式

成长同心圆是通过联动家庭和社区乃至社会资源，为学生成长搭建发展大平台的校家社协同共育实践探索。形成了以学生发展为核心、家长为支撑、学校为联结、社区为依托的基于"协同理论"的"立体同心圆"共育体系，建立了共育管理机制，以高规格、高质量、高层次的课程为抓手，以"连心桥""家长学校""麒麟大讲堂"等多种组织形态引导汇纳共育，为培养大气的中国人发挥着深远影响。

2010 年,深圳市坪山区坪山实验学校诞生在人文自然丰富、发展潜力巨大的坪山中心区,是为满足全区人民对优质教育的需求,高标准设计、高质量建设的一所现代化九年一贯制公办学校。2022 年 8 月 29 日,坪山实验学校实现蝶变升级,一跃成为下辖三校五区的教育集团。

十余年发展,坪山实验学校在特区教育的田野上已根深叶茂,硕果满枝。学校教学质量优异,先后获评全国教育科研工作先进单位、全国优秀家长学校、广东省书香校园、深圳市最具变革力学校、深圳市中小学生探究生小课题优秀示范校等 370 项国家、省、市、区级荣誉称号。基于对学校多年办学的文化传承和梳理,对坪实新时代新使命的深入分析,发扬特区文化中的开拓创新、红色文化中的爱党爱国、海丝文化中的包容共享、客家文化中的坚韧尚学,凝练出具有国际视野、中国本色的学校理念文化体系,着力开创办学新境界。学校秉承"适性扬才,为大器人生奠基"的办学理念,以培养"麒麟少年、品质公民、大气中国人"为育人目标。校训"含仁怀义日日新",寄寓学校师生传承麒麟精神,养仁厚之爱心,修仁义之品德,保持学习热忱,日有所得,日有所成,适应未来。

学校坚持无围墙办学理念,在开好国家课程的同时,开设普及发展类课程和社团特长类课程,形成主干课、特色课、长短课相结合的优才课程套餐。充分利用周边文化聚落的资源优势,把课堂延伸到区图书馆、美术馆、展览馆等周边社区场馆。同时主动承担主导者、引领者、建设者等角色,积极联动家庭与社区力量,与万千学生家庭和周边社区携手共育,在丰富多彩的家校共育实践活动探索中创建了"成长同心圆:基于协同论的校家社融合共育模式",形成校家社同心共育、协同育人的合作机制,从而助力学生快乐学习、阳光成长。

一 成长同心圆的理念与意义

成长同心圆,是基于协同论的一种校家社共育模式。曲蓉、王瑾指出,家校协同德育,是家庭与学校围绕青少年道德发展而结成的具有共同价值目标的德育形式,旨在通过家校双方的优势互补、同频共振,打破家校之间在青少年德育中面临的现实壁垒,实现立德树人的价值目标。培养青少年的健全人格,打造家校协同德育共同体,从几方面入手:需要家校同向而行、共同发力,加强公益性家庭指导,赋予学校德育"双重"使命;整合家校德育资源,全面增强和提升家校的德育能力和德育水平;家校共同联合,建立和完善家校协同德育平台,构建"共同善"的德育共同体。① 同心圆模型是我校基于协同论的校家社共育模式,即以学生发展为核心、学校为联结、家长为支撑、社区为依托,联动各方教育力量协作。以下是这一模式的具体阐述:一是以学校为联结:学校是家校共育的合作方,也是联结家庭、社区等各方共同教育力量的纽带,更应主动发挥积极的引导作用。二是以家长为支撑:家庭是孩子的第一所学校,父母是孩子最好的老师。家长在活动的前期铺垫、中期支持和后续追踪等环节中的影响都非常重要。三是以社区为依托:社区教育是社会教育的具体化。学校周边社区和文化聚落资源非常丰富,充分挖掘社区教育资源、积极开展学校—社区之间的合作、借力社区的依托,可以更好地促进校家社三方教育的有机结合。在推动家校协同育人的合作中,同心圆校家社共育模式具有积极意义。

第一,促进学生身心健康成长。成长同心圆以学生的发展为核心,作为家校合作共同体的关注对象,学生的能动性进一步得到充分发挥,心理感受更加受到重视,将获得更多成长关怀和资源保障,在校家社的互动中获得更多的关注。作为评价合作共育成功与否的重要标准,也将获得更多表达自我的话语权。

第二,提升家长教育水平。现代家长常常因疲于应对工作或缺少与子女有效沟通的方法而倍感家庭教育的不易,成长同心圆则为家长有效参与子女教育提供了更多可能性。一方面,家长在与学校相互协作的过程中汲取育人经验,通过与教师和其他家长的交流,修正教育理念、提升育人策略,进而提升家风;另一方面,家长通过与孩子共同参与活动时的言传身教和榜样示范,获得更多教育契机,改善亲子关系,使家庭教育与学校教育形成合力,让孩子在家校协作育人同心圆的托举中健康成长。

第三,有利于学校可持续发展。2021 年出台的《中华人民共和国家庭教育促进法》指出,学校应将家庭教育纳入学校教学计划,打造家长课程,引领家长育人能力的

---

① 曲蓉,王瑾. 家校协同打造德育共同体的重要意义与可行路径[J]. 教育评论,2022(12):104—112.

专业化。作为校家社协同共育的主阵地和教育主体,学校整合社区内教育资源,主动建立校社同心圆,在育人机制中获得来自家长和社会资源的支持,不但可以极大地优化学校教学环境、提升教学质量,更有利于师生的共同成长和学校自身的可持续发展。

二 成长同心圆的实践探索

我校为提质校家社共育成长同心圆,主动帮助家长树立正确的家庭教育观、整合社会资源,主动承担主导者、引领者、建设者等角色,与万千家庭和周边社区携手共育。以下为具体阐述。

(一)建立共育体系,蓄势同心圆

我校高度重视家校共育机制,建立了校长负责制的校家社融合共育实践模式。我校主动挖掘自身内在动力,在校家社融合共育系统中自觉承担起联结家庭和社区的中介作用。通过成立家委会、设立学生代表团、搭建特色平台,联动安全、德育、法治、团委等部门齐参与,在校领导和家长委员会的共同部署下,建构起具有我校特色的同心圆校家社共育模式。实践证明,这一健全合理有层级的校家社协同共育管理机制,能够统筹协同共育的开展,保障我校同心圆共育模式的有效运行。

(二)校家协作,聚力同心圆

将家长视作教育的合作伙伴和同事,真诚地与家长沟通、形成教育合力,我校根据学生发展需求,着力打造了"连心桥"和"家长学校"项目。

"连心桥"项目包括两大部分:一是在重要时间节点,提供《致家长的一封信》,帮助家长了解不同时期孩子的心理状态特点,掌握亲子相处技巧,加深对学校心理工作的了解,明白学校心理动态筛查的方式与意义,宣传心理热线,提供求助渠道。二是持续开展动态心理筛查工作,结合问卷调查、班主任了解、心理委员观察、心理教师访谈等方式,筛选出重点关注学生,实施校领导包干责任制与中层领导关爱制,对于存在重大心理问题的学生,开展家校合作帮扶策略,近两年已召开家校联席会议46次(为保护学生隐私,资料不公开)。

"家长学校"项目以云端课堂为主要形式,由我校心理教师团队定期录制家庭教育微视频,对亲子沟通方面的问题进行原因分析和方法指导,帮助家长调整家庭教育方式、改善亲子关系、营造温馨和谐的家庭环境,从而减少因家庭原因产生的心理健康问题。截取该项目部分主题内容信息见表 10-1。

表 10-1 坪山实验学校"家长学校"项目信息表(部分)

序号	主题	时间	主要内容
1	"怎么谈成绩"	2021 年 1 月	高年级学生学业压力逐渐增大,帮助家长了解对于成绩,孩子是如何看待的、怎么与孩子谈成绩最容易被接受。
2	"有效沟通,助力成长"	2021 年 1 月	帮助家长了解考试结束后如何与初中学生进行有效沟通,以及如何做好家庭中的手机管理工作。
3	"与孩子从'心'出发"	2021 年 5 月	家长是孩子身心健康发展的第一人,通过案例等让家长高度关注孩子的身心健康,并知晓家庭教育中的要点,做智慧型父母。
4	"当开学遇到网课"	2022 年 3 月	新的学习形式下,如何助力孩子的学习与心理健康发展。
5	"与孩子情绪的相处之道"	2022 年 4 月	情绪对于孩子的大脑功能、学习效果、环境适应方面产生影响,帮助家长了解孩子的情绪发展特点,以及如何更正确地相处。
6	"我要怎么陪伴你,我的孩子"	2022 年 5 月	帮助家长了解小学各阶段的心理发展特点,及时地为孩子提供帮助。
7	"心理安全时刻想"	2022 年 6 月	帮助家长了解学生不同阶段的人格发展任务,以及可能会出现的心理风险,向家长介绍如何识别孩子的心理危机信号。
8	"新学期,'心'陪伴"	2022 年 8 月	开学初期,小学生可能会出现不习惯开学作息等情况,需要家长陪伴孩子一起调整状态。
9	"新学期,'心'准备"	2022 年 8 月	从假期到开学,初中学生难免出现不适应的情况,需要家长采用适当的方式进行引导。
10	"做孩子的知'心'人"	2023 年 4 月	通过《中国国民心理健康发展报告》数据,让家长对学生的心理健康问题重视,并了解亲子沟通中的误区,学习如何做孩子的知"心"人。
11	"我说的话,你为什么不听?"	2023 年 11 月	分析亲子沟通无效原因,帮助家长与孩子建立关系,让父母说出的话更有效,让孩子执行度更高。

序号	主题	时间	主要内容
12	"孩子写作业不专心？别怕，慢慢来"	2023 年 11 月	进入初中，部分孩子出现写作业不专心的现象，要想解决这一问题，需要从现象背后的原因入手，抽丝剥茧、逐步干预。
13	"孩子打起来了，我该怎么做？"	2023 年 11 月	在二娃家庭中，孩子们的矛盾和冲突时常会有，如何智慧地应对是家长的大难题。本课重点与家长探讨如何帮助孩子们在冲突中学会有效思考和解决问题。
14	"4 个心理学效应让你与孩子关系更好"	2023 年 11 月	通过四个心理学效应，让家长知道亲子关系的重要性，并了解如何增进亲子关系，使得亲子关系更融洽。
15	"家有社恐娃"	2023 年 11 月	进入小学，部分学生出现了"社恐"的现象，本课旨在帮助家长知道"社恐"的原因，并了解相应对策。

（三）校社协同，赋能同心圆

因社区教育具有文化建设、社区凝聚、资源整合等方面的独特优势，我校秉持着优势互补的原则，积极探索与社区教育的互补形式，力图融合不同场域的教育优势，为校社同心圆的进一步发展增势赋能。如我校的环保教育、国防教育和法治教育等，就是校社协同的典范。

以法治教育为例，我校加强与社会、学生家庭禁毒教育的合作，通过社会、家长、学校开展法治教育宣传，组织学生参与社会法治教育活动，形成学校为主、家庭合作的在校生法治教育社会化体系。（见表 10 - 2）

表 10 - 2　坪山实验学校校社协同法治教育列表（部分）

序号	法治教育内容	开展地点	校社协同教育融合点
1	参观禁毒教育基地	校外基地	依托社区教育基地
2	"6·26"中小学禁毒宣传绘画亲子作品大赛	社区推广	联动社区力量
3	组织我校学生开展"宪法小卫士"在线学习活动	网络	依托家长助力、社会资源

序号	法治教育内容	开展地点	校社协同教育融合点
4	"依法治校　文明校园"	大讲堂	依托家长助力、社会资源
5	法治宣传、海报张贴	学校	家长协助，配合社区主题
6	禁毒家长志愿者活动（禁毒情景剧表演、禁毒知识宣传）	学校大讲堂	依托家长助力、社会资源
7	法治安全网校园宣传活动——"药品安全与禁毒知识"主题讲座	学校大讲堂	依托社区讲师、联动社区力量
8	校园欺凌法治课——法治副校长彭依董进校做法治讲座	学校大讲堂	依托社区讲师、联动社区力量

（四）校家社融合共育，打造立体同心圆

我校成长同心圆的共育活动不胜枚举。实践发现，有效的共育活动，不仅有赖于共育管理机制的筹划，更需要高效完备的运行机制。以"全面发展，涨知识"为发展目标的麒麟大讲堂即鲜明地体现了这一特点：它邀请各领域尖端人才为学校麒麟学子传授知识、组织学生拓展学习活动，也邀约学校教师、家长代表等共参盛会、培育力量，更依托家长义工协助会务保障，开展麒麟家校共育大讲堂。（见表10-3）

表10-3　坪山实验学校麒麟家校共育大讲堂社会名家讲座信息表

期数信息	讲座题目	主讲人	主要内容	校外参会人员及后勤保障
第一届第一期	《滨海客家的深圳故事》	杨宏海深圳市特区文化研究中心主任、研究员	杨宏海教授以六个生动的"滨海客家的深圳故事"，为同学们讲述了客家人从清代到改革开放所走过的艰苦奋斗、自力更生的历程，赞扬客家人在民族危亡时挺身而出、敢为人先的精神。	校家委义工团队
第一届第二期	《我为祖国献芯片》	秦宏志国际芯片领头企业负责人、总工程师	秦宏志总工程师分析国产手机的市场份额，特别讲解手机主流芯片的发展现状，增强了同学们的民族自信心，增强了民族自豪感。	校家委义工团队

期数信息	讲座题目	主讲人	主要内容	校外参会人员及后勤保障
第二届第一期	《锂离子电池的科普》	郭磊 博士，毕业于英国剑桥大学材料系	郭磊博士的锂电池科普课程在同学们内心播下了一颗科学种子。少年强则国强，期许坪实学子未来能为祖国发展贡献自己的一份力量。	校家委义工团队
第二届第二期	《生活中的化学》	王吕阳 深圳技术大学助理教授	王吕阳博士以新冠疫情中的生活实例，解析现象背后隐藏的化学本质，给八、九年级的学生送上了有趣的一课。妙趣横生的课堂激发了学习热情，也引发了学生的思考。	校家委义工团队
第三届第一期	《中国芯坪山造！》	秦宏志 国际芯片领头企业负责人、总工程师	通过本次"中国芯　坪山造！"的主题讲座，学生们大致了解了芯片的制造过程，激发了对芯片研发的兴趣，不少学生也因此树立了要加入芯片制造行业的理想。	校家委义工团队
第三届第二期	《文学的力量》	王涘海 国家一级作家、中国作家协会会员、湖南工商大学硕士生导师	王涘海先生的"文学的力量"主题演讲，引领同学们欣赏文学的魅力，让学生感受文学蕴藏的意想不到的力量，令人久久回味。	校家委义工团队
第三届第三期	《军哥的人生有问题》	李学军 中国戏剧家协会会员，深圳军哥剧说文化传播有限公司董事长，语言的力量工作室主人	李学军先生开展"军哥的人生有问题"演讲，讲述了自己从小到大的求学经历。抑扬顿挫的语调、扣人心弦的故事、跌宕起伏的情节，无不深深激励着在场的每一名同学。他以自身的人生故事为学生揭示人生真谛，启发成长方向。	校家委义工团队
第三届第四期	《"百首名曲"名家、名师进校园》	华敏 广东省音乐家协会理事，深圳市钢琴学会副会长，深圳市音乐家协会第五、六届副主席	华敏教授以"文化传播力量"为主题展开本次演讲，带领同学们接受音乐的洗礼，激发同学们内心深处对健康向上、积极进取的文化追求。在与同学们热烈的互动交流中，老师们鼓励同学们传颂红色歌曲，传承红色精神，学生们受益良多。	校家委义工团队

期数信息	讲座题目	主讲人	主要内容	校外参会人员及后勤保障
第三届第五期	《我们的地球村会变得越来越暖吗》	刘清侠深圳技术大学特聘教授,聚龙学院院长,加拿大工程院院士,加拿大清洁煤碳及矿物加工研究中心创始人兼主任	全球变暖对我们生活的影响正在发生,而且比预料地更快。全球变暖不止是科学家的事情,它和我们在场的每一个人、和我们要去的无穷远方、和我们要遇见的无数人都有关。刘清侠教授带领学生了解全球变暖、碳中和等理念,培养了学生的全球视角和科学思维。	校家委义工团队
第四届第一期	《文学之道——变与常》	王十月中国作家协会全国委员会委员、广东省作家协会副主席、《作品》杂志社总编辑	本次讲座,同学们受益匪浅,不仅学到了许多文学创作方法,还提高了自身文学修养。同学们仔细琢磨"变与常"的文学之道,相信在不久的将来,也能像王十月老师一样,行云流水般写出一篇篇充满文学之美的文章。	校家委义工团队
第四届第二期	《用灯光上网》	朱斌斌深圳华芯科技有限公司	通过本次"用灯光上网"的主题讲座,学生们对可见光通信有了大致的了解。讲座激发了学生的科研兴趣,不少学生树立了制造可见光通信芯片、为祖国添砖加瓦的目标。期待在不久的将来,新科技的普及会为我们的生活增添一抹亮丽的色彩。	校家委义工团队
第五届第一期	《无毒青春,健康生活》	李俊飞广东省禁毒预防教育宣讲团宣讲员、深圳市普法工程公益讲师团讲师	少年强则国家强,李俊飞老师在我校东校区四篆厅开展了一场精彩呈又富有教育意义的禁毒宣传大讲堂活动,帮助学生进一步增强了对毒品危害的认识,对积极营造自发自律、自我管理、自觉抵制毒品侵害的良好校园氛围影响深远。	校家委义工团队
第五届第二期	《筑地下长城保中华久安》	胡栋明中国体验式培训研究院认证教练、拓展训练咨询专家、军队管理执行力拓展训练专家、体验式培训引导师	通过本次活动,帮助学生深入了解了人民防空的知识,积累防空紧急疏散的经验和技能,认识防患于未然的重要性,进一步增强了师生的国防观念和忧患意识。	校家委义工团队

期数信息	讲座题目	主讲人	主要内容	校外参会人员及后勤保障
第五届第三期	《做一名合格的中国人》	钟永江 主要从事教育大数据研究、智慧教育、未来学校建设与规划信息化教学资源的建设与应用、数字化学习环境的建设与应用	通过本次活动，学生们对"合格中国人"的标准与"怎么做合格中国人"有了进一步的把握和认识，将助力他们成长为德智体美劳全面发展的社会主义建设者和接班人。	校家委义工团队

由讲座信息可见，在校家社协同育人过程中，我校始终以高规格、高质量、高层次的课程为抓手，联动家庭和社区乃至社会的资源，为学生的成长搭建发展大平台，这正是我校"培养麒麟少年、品质公民、大气中国人"育人目标在校家社协作中的具体体现，也是家校互信、校社互助的良好基石，更是搭建校家社协同育人立体同心圆模式的有效探索和宝贵经验。

三　成长同心圆的典型案例

成长同心圆校家社共育模式下，相关活动案例硕果累累，下面我们以环保宣导家校共育主题活动为例，来展现成长同心圆在家校协同育人过程中的实施与运用。

早在 2019 年，彼时《深圳市生活垃圾分类管理条例》尚在孕育中，垃圾分类、资源（可回收物）回收理念已经萌芽但未铺开，普通民众还没有垃圾分类投放的意识；而坪山区作为深圳东部发展的新区，人民生活水平日益提升，人们对生活环境品质的需求不断增加，时代的发展对学生文明素养提出了更高要求——不仅仅是"垃圾不落地"的卫生理念，更是"垃圾分类"与"环保宣导"的综合素质发展需要。活动目标是：以环保宣导为主题的校家社融合共育活动，以学生的综合素养全面发展为核心，围绕学生成长的核心需求，为打造一个学校组织、家长联动、依托社区的协作同心圆，"三圆"同心协力，同频共振，共同开启环保理念的播撒之旅。

这场成长同心圆之基于协同论的校家社融合共育模式指导下的活动，大致分为三

阶段,以下是详细介绍:

第一阶段:师生联动。在学校,班主任通过主题班会课、社团专题课与学科教育渗透等途径,向学生宣讲环保知识、倡导环保理念。丰富的课件、生动的视频、科学的讲解,环保理念像种子一样渐渐扎根于学生心中。

当学生看到垃圾围城的困境、看到深圳市巨大的日均垃圾产量多到用十米长的卡车承载都要从坪山排队到市民中心的换算,他们惊呆了;当学生了解到日常的"垃圾分类"就可以节约大量社会资源时,他们眼中闪闪发光,开始计划着回家就要从自己家开始施行垃圾分类举措;当"资源回收"口号一经提出,这群生长条件优渥的深圳孩子从疑惑到激动:原来垃圾是放错地方的资源,只要放对了地方、垃圾就可以变成资源!

第二阶段:家校联动。学校德育处通过家长讲堂、致家长的一封信、综合实践作业选项要求、家长义工协助等多种形式,吸引和鼓励家长参与到环保行动中来。即便是在疫情期间,线上教学的家庭劳动教育活动项目中,也总有相应的环保小活动,如:"变废为宝"的亲子手工 DIY 活动、家庭垃圾分类挑战活动、创意分类垃圾桶图标设计活动、节水小妙招、厨余酵素大制作,等等。

家校联动以班主任为纽带,充分发挥家长的主体作用,在必选活动的创意表现中,表扬家庭垃圾分类做得优秀的家庭,由原来"通过孩子传递影响家长"到现在"家长主动在家校联动中积极表现给孩子做示范",家长的积极性很高。

第三阶段:校家社区三联动。前期的家校良好共建,让收获了环保知识和理念的学生与家长们不再仅仅满足于自我成长——青年一代的学生追求的是学以致用、是用知识的力量建设更加美好的家园!

于是,在老师的指导、家长的支持和协助、社区的鼓励与配合下,一系列浩大而持续的"环保宣导"活动开始了。在这个活动中,老师发起和制订方案,家长承担组织并履行一定的职责,社区提供相应的平台和活动场所,学校组织入社区商户进行环保宣导。

活动成效明显:多名积极参与环保活动的小讲师,现已成为深圳市"蒲公英小讲师",继续在新的平台展翅高飞;陪伴的家长在活动中也收获成长,转而成为深圳义工联的中坚力量,他们身穿红马甲,活跃在坪山大大小小的义工服务岗位上;首位将成长同心圆之基于协同论的家校共育模式应用到环保宣导实践中的班主任谭喜梅老师,不仅收获了工作上的荣誉,更获得了家长的认可、学生的喜爱、同事的肯定,2022 年与学生、家长一道成为了蒲公英环保志愿者代表、登陆"深圳粤 TV"荧屏;坪山实验学校也因此项探索，获得了 2022 年深圳市优秀环保示范单位。成长同心圆的内涵得以不断充实更新，其形式在不同应用场景中得以不断巧化善用，而基于协同论的家校共育模式也在后续的实践中不断改进、不断完善、不断创新，在旋转中不断上升、腾飞、升华，为我校的家校共育模式探究，开拓了一片新的领域。

四　成长同心圆的实践成效

十年树木，百年树人。在坪山实验校园围墙内外，同心圆校家社融合共育模式沉默而坚定地发挥着它的深远影响。润物无声的时光里，实践成效也逐步突显，具体如下。

第一，学生获得成长。在校家社三方合力的同心圆协作育人模式的引领和支撑下，家校合作亲密无间，沟通协作都畅通无碍在各项家校共育主题活动中，学生的表达沟通能力、处理问题的组织能力都得到很大增强，他们的爱心、自信心与责任感都得到显著增强，他们变得更加勇敢、自信、有活力且充满毅力。延展到各级各类学生竞赛、展演、学业测评中，获得的奖项不计其数，坪实学子的风采也更令人印象深刻。

第二，家长受到启发。通过参与成长同心圆的各项活动，许多家庭亲子关系得以改善，家庭氛围更加和谐，家校沟通更加顺畅，教育合力更加凸显。外在表现包括但不限于：家长义工人数激增，校园活动更受支持，家校沟通障碍大幅减少，对学校和教师的评价更加友善，更加趋同正确的教育理念。

第三，教师提升经验。在同心圆校家社共育实践活动中，大量从事一线德育工作的教师荣获各级各类德育先锋、优秀班主任、优秀少先队辅导员等荣誉称号，在日常班级管理和德育事务中获得深厚心得与宝贵经验，家校沟通更加顺畅和谐，互动更加活泼友善，教师成长更迅速。

第四，学校育人影响深远。作为坪山地区强校、名校，坪山实验学校拥有太多光芒闪耀的奖项和荣誉，以"适性扬才，为大器人生奠基"为办学理念的她，坚持家校携手共筑成长同心圆，坚持学生的长远发展为核心，以最美的托举姿态赢得每一位坪实学子和他们身后万千家庭的赞誉与信赖。

（撰稿者：深圳市坪山区坪山实验学校　左远桥　谭喜梅）

模式 11

亲子潮联盟：基于无围墙育人理念的家校共育模式

亲子潮联盟是倡导"无围墙"的家校合作共育模式，开放办学，形成传统文化（Culture）、科技探索（High-tech）、职业体验（Act）、自然体验（Outdoor）的"CHAO"探究模式，依托"项目式""实践式"等基本形式，以"亲子潮联盟"的组织形态改变活动中的教师家长角色，打破师生关系心灵围墙、打破教育地域围墙、打破家庭与社会资源围墙，实现家庭、学校、社会"三结合"育人。

深圳市坪山区科悦实验小学是区委区政府高标准、高起点、高投入建设的学校。学校设有北斗图书馆、星辰多功能报告厅、天和体育馆、禾梦农场、舞蹈教室、音乐教室、科学实验室、电脑室、智慧教室等丰富的多功能场所,为学生提供寓教于乐的学习实践空间。学校结合绿色生态和科技时尚发展理念,注重生态环境建设,校园内四季常绿,是一所环境幽美、与时俱进的现代化学校。自办校以来,学校各位同仁风雨兼程,勠力同心,全面贯彻党的教育方针,努力促进学生的全面发展,办学质量不断提升。

学校秉承"给予儿童眺望未来的力量"的办学理念,以"做时代的弄潮儿"为育人目标,把培养"立潮头,敢争先;有志气,爱拼搏;会学习,能创新"的少年儿童作为教育价值追求。学校全面发展素质教育,推进"潮教育"实验,努力打造"科技范+艺术酷+书香气+体育炫+劳动强"全面素质教育特色,守护童心,鼓励创新,全力培养儿童健康力、表达力、审美力和创造力,实现儿童全面发展。

科悦实验小学提倡"教育无围墙",通过充分发挥家长的力量,打开教育的边界,让家庭、社会都成为教育的场所。潮学校、潮家庭、潮社会都是教育的载体,在教育无围墙理念指导下,科悦实验小学已经整合家校共育资源,开展活动,如绿色校园装扮,构建潮学校;邀请热心教育事业的家长朋友走进小课堂,为孩子讲述丰富的故事,使潮学校与潮家庭实现有机融合;借助坪山碧岭现代农业科技园丰富的社会资源,为学生的"玩中做,做中学"实现有力支撑。科悦实验小学以"亲子潮联盟:基于无围墙育人理念的家校共育模式"课题研究为依托,形成打破时空界限的家校共育新样态。在无围墙教育中,孩子们可以在更加开放、自由的环境中学习,体验到自然环境、社会生活、文化传统等多方面的知识和技能。实施无围墙教育,关键在于汇聚多方教育资源,包括学校、社区、企业、家庭等多元力量,共同构建教育合力,以推动教育的全面发展。同时,也需要教育者具备开放、创新的教育理念和教学能力,引导孩子们在多样化的学习环境中探索和实践。这种教育形式注重实践与体验,倡导探究式学习,激发孩子们的自主思考与创造力,旨在培养他们具备自主学习和终身学习的能力。

一 亲子潮联盟的理念和意义

建校以来,我校以"悦己、悦人、悦世界;潮起、潮涌、潮世界"为办学立意。"潮"意味着:引领风尚、敢为人先、富有个性、思想超前。基于"潮"文化,我校确立了"潮教育"之哲学,即追求"个性的主体教育""儿童立场的完整教育""引领时代的特色教育",积极推进"潮教育"实验,实现儿童全面发展。

2021年"双减"政策出台,国家颁布了《中华人民共和国家庭教育促进法》,家校共育面临着新的挑战,比如家校双方存在着合作意识比较淡薄、家校合作内容比较狭隘、方式也比较单一、家校双方的权责界限不够分明,等等。那么,在新的教育背景下,家校共育要怎么做? 学校究竟该如何指导家庭教育? 也是我校一直在思考的问题。著名教育家苏霍姆林斯基曾指出,家庭教育与学校教育的高度一致是教育取得成效的关键所在。如若两者间缺乏这种协调,学校的教学和教育工作便会如纸屋般脆弱,随时可能坍塌。由此可见,家校共同育人的重要性不言而喻。

为了促进家庭学校社会协同育人,贯彻落实《中华人民共和国家庭教育促进法》《中国儿童发展纲要(2021—2030年)》的重要精神,我们应为家长提供专业的家庭教育指导,增进亲子间的互动与交流,构建平等且和谐的亲子关系,以促进家庭教育的质量提升,我校基于"潮教育"这一理念,提出创新家校合作共育模式——"亲子潮联盟",充分调动家庭、学校、社会三方的教育力量,全面提升育人成效,进一步落实立德树人根本任务。亲子潮联盟,倡导"无围墙"的家校合作共育模式,在开展的过程中,我校积极开放办学,努力突破学校教育时空,利用校内外资源,通过"项目式""实践式"等基本形式,旨在打破师生关系心灵围墙、打破教育地域围墙、打破家庭与社会资源围墙,对实现家庭、学校、社会"三结合"育人具有深远的实践意义。

(一)潮·学校视角:开放办学,突破时空围墙

开放办学,突破学校教育时空。利用校外资源,通过"项目式""实践式"等基本形式,实现学校、家庭、社会"三结合"育人。亲子潮联盟形成具有"无围墙"特质的学习方式、教学方式、管理方式。所谓"无围墙",不是真的没有围墙,而是指打破了"围墙"的界限,在有限空间进行无限学习,同时也是打破了师生关系的心灵围墙、打破了教育的地域围墙、打破了家庭与社会的资源围墙。我校以"过程哲学""生活教育"和"多元智

能"为理论依据,形成"弄潮儿课程"体系、"无围墙课程"框架,开展"悦己、悦人、悦世界"的各种互动类课程,旨在促进学生的全面发展,促进学生综合素质的培养,构建和完善本校的"无围墙"育人体系,实现立体化、多层次、科学化的育人长效机制。家校应携手并进,通过多样化的沟通方式加强合作,使家庭教育与学校教育紧密融合,形成完整统一的教育体系。

(二)潮·家庭视角:推进家长讲堂,携手同心共育

党的二十大报告提出,"健全学校家庭社会育人机制","加强家庭、家教、家风建设",其中"健全"和"加强"就进一步确立了家庭教育在我国教育体系中的重要地位。我校开展了"鹅妈妈讲故事"家长课堂、研学旅行等亲子活动,亲子活动以家庭为单位,可以增进亲子之间的情感交流。当下,家校共育的方式主要有家长会、学校开放日、家访,这几种形式都是由学校主导的向家长展示教育教学效果、教学环境的活动,弊端在于家长群体的功能和作用没有得到良好的发挥。

为了补长学校教育资源的短板,我们致力于拓宽孩子的视野,丰富他们的知识与阅历,以促进其全面发展,更好地为学生提供优质高效的教育资源,学校邀请热心教育事业的家长朋友自发构建课堂,利用职业专长,向孩子们传授广泛的社会知识,以此打造独具一格的家长讲堂,从而进一步健全由社会、家庭和学校共同构成的教育体系。在亲子活动体验中,树立正确的家庭教育理念,促进家长从爱、陪伴、信任、欣赏、接纳、共情等不同角度做智慧型父母,建立良好的亲子关系。家校共育非一朝一夕,但只要家校携手正确引导,坚持不懈,就一定能产生积极的效果。让我们一同期待家校共育,同心同行,"育"见美好未来。

(三)潮·社会视角:整合区域资源,眺望美好未来

习近平总书记强调,教育事业的成功与否涉及家庭、学校、政府,以及社会的共同参与和责任担当。这意味着在推动教育事业发展的过程中,需要各方齐心协力,共同为青少年的成长和发展创造有利条件。通过加强家庭教育指导、提升学校教育质量、加大政府支持力度以及增强社会参与等方式,可以形成全社会共同关注和支持教育的良好氛围,从而推动教育事业不断向前发展。亲子潮联盟的家校合作共育模式是学校教育、家庭教育与社会教育的资源整合、相互配合、通力协作的模式;是贯彻落实《中华人民共和国家庭教育促进法》《中国儿童发展纲要(2021—2030年)》的文件精神,真正实现学校教育、家庭教育、社会教育的相互配合。家庭、学校和社会应各自发挥独特的教育优势，共同努力，以实现家长对教育的满意与期待。真正的"无围墙"教育，本质是离不开社会这个大环境的积极推动，想要给予儿童眺望未来的力量，我们可以充分调动当地的教育资源，如走进马峦山郊野公园，参与手作步道；走近碧岭农业科技园，挖掘孩子们的"禾梦"探索；利用各类专题场馆，拓展课外知识面；依托各大图书馆，补充阅读储备；走进别样公园，亲近自然；走出深圳，用脚步丈量世界；走进社区，体会公益的力量。让我们的孩子在参观学习中、旅行中、研学中、亲近自然中、献身公益、服务社会中，开拓孩子们的眼界，获得孩子们眺望未来的力量。

二　亲子潮联盟的实践探索

家校共育代表了学校和家庭之间的一种新型合作模式，它通过创新的方式，加强了家校之间的联系。通过深耕家庭教育这一领域，我们能够适时地对学生进行有针对性的培养，从而实现学校教育与家庭教育的和谐共生。同时，这种模式也充分利用了优秀家长的资源，使他们在推动学校发展、促进学生道德素养的形成等方面发挥了积极作用；提高班主任的合作和育人水平，为学校提供有力支持，形成家校合作的教育合力。

（一）突破围墙的家校合力建设

记者李萍在《无围墙的学校无边界的校园》文章中报道了河北省邢台市南陈村小学利用网络课堂补齐专职教师缺口。郑跃云在《迈向"无围墙"校园》中提出，深圳市福新小学将教学习惯、教学方法、教学方式的改变，作为向"无围墙"学校迈进的关键点，期望通过信息技术手段转变教与学方式，构建以发展学生思维为主的高效自主课堂，培养适应未来信息社会生存与发展的公民。台湾教师李崇建、甘耀明的著作《没有围墙的学校：体制外的学习天空》（首都师范大学出版社，2010 年）、美国学者戴安娜（Diana）的著作《没有围墙的学校》等，均以教育案例或教育叙事为载体，展现了对"无界学校"教育理念的深刻理解和积极探索，旨在通过实际经验分享，进一步推动该理念的发展与实践。

对于"无围墙探究"的概念，归纳起来可以从两个角度来理解：一是开放办学，突破学校教育时空，利用校外资源，通过"项目式""实践式"等基本形式，实现学校、家庭、社会"三结合"育人;二是打破现实和虚拟的界限,通过"物联网＋教育"实现真实场景教育与虚拟在线教育的结合。我们的无围墙探究,是指第一种,打破界限,充分发挥家长的力量。

如聘请家长组成一批"无围墙探索"导师,统筹社会人士等力量,则要全面整合课堂、校园、社团、家庭、社会等多方资源,以推动教育向更加开放和可持续发展的方向迈进,使教育更具有包容性、个性化、延展性,使教育在这个时代为学生们发展提供无限可能,全面提高学生的综合素养,提升坪山教育教学质量。

(二)"无围墙"下的家校共育操作原则

当前,德智体美劳全面培养的教育体系正逐渐完善,打破学校围墙对学习的束缚,实现全方位、全域化的育人,已成为教育变革的重要方向。为此,开发"无围墙"课程,已成为学校面临的关键任务。在梳理国内现有的"无围墙学校"课程研究和实践经验时,我们发现这一概念主要在以下三个层面得以体现:首先,实现"学校与社区的融合",即学校与社区共享资源,如图书馆、体育馆等,使学校成为社区的文化交流中心;其次,实现"外部资源的引入",即利用网络资源、直播课程、客座教师等校外资源,丰富课堂教学内容;最后,实现"学生的实践拓展",即组织学生走出校园,参与各种实践活动,如走进大学、体验农村生活、开展研学旅行、参观博物馆和企业等。

我们所提倡的家校共育新样态从空间结构上来说,发生在学校、家庭、社区不同的地方;授课的时间设置也是特别灵活,既可以是家长进入校园,也可以发生在家庭、学校、公共设施点,随时随地都可发生。传统模式上的授课主体是以教师为主导,家长辅助于活动中的,而新样态下的授受主体非常多元化,发生在校外时,学校只起到引导的作用,活动的主体人群就是家长本身。这也使教学的内容目标有所差异,突破了传统的教学内容,有了更具体的、更切合家长职业和性格特征的家庭教育目标内容。(见图11-1)

(三)打破时空界限的家校共育新样态

"潮"联盟课程体系之下的家校共育模式,将打破时间、空间的界限,突破围墙框架,各自凸显育人价值,实现家庭、学校育人的一致性。而无围墙的模式设置,并不意味着各自融合,没有边界,而是由学校主导、指导,可以将这段话换一种方式描述为:构建学校、家庭、社会三位一体的协同育人模式,以全面推动育人工作的深入开展,在学

传统的家校共育样态　　　无围墙下的家校共育样态

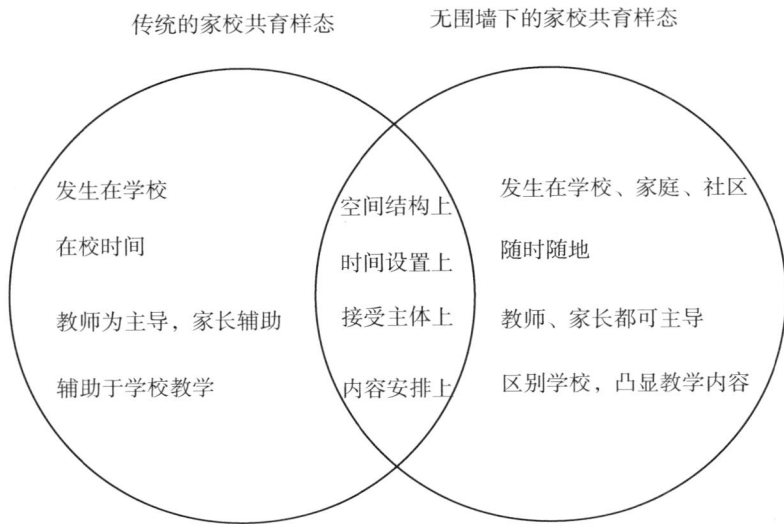

发生在学校

在校时间

教师为主导，家长辅助

辅助于学校教学

空间结构上

时间设置上

接受主体上

内容安排上

发生在学校、家庭、社区

随时随地

教师、家长都可主导

区别学校，凸显教学内容

图 11-1　传统的家校共育样态与无围墙下的家校共育样态对比图

校的统一指导下进行，是不同的教育主题和教育样态，但终会回归到同样的教育目标上来。

1. 潮·学校样态。为拓宽家庭教育指导的途径，我们设立了家庭教育指导服务站和家长学校，旨在提供更多元化的教育指导服务。密切学校和家庭的沟通与联系，整合家校共育资源，深化家、校、社联动，实现教育的融合共通。家访工作的质量有待进一步提高。依据学生的年龄特点，进一步细化家访工作，进一步发挥家委会的作用，积极挖掘家长资源，更好地为广大学生和学校服务。将家长资源与学校德育工作进行整合，让家长参与学校的教育教学管理，同时利用学校教育资源为家长提供家庭教育指导；深入挖掘家长中蕴含的教育资源，建立起家长教育资源库，以丰富学校德育活动的内涵。同时，为家长提供专业的家庭教育指导，助力他们更好地履行教育职责。

此外，家校共育的探索也有传统的实施模式：家校共育专家进入校园开展讲座、定期进行家校共育专题模式的学习、家校合力开展个性化班级活动。

2. 潮·家庭样态。为了增强学校教育资源的多样性，学校积极邀请热心教育事业的家长参与课堂建设，利用他们的职业优势，根据孩子的年龄特征，设计了一系列涵盖生命成长、传统习俗、故事分享、科学探究、理想信念和感恩孝亲等多元内容的课程。这种家长自发构建的讲堂模式，不仅为孩子们打开了一扇认识社会大百科的窗户，拓宽了他们的视野和见识,还进一步完善了社会、家庭、学校三者紧密结合的教育体系,为孩子们提供了更加优质高效的教育资源。

3. 潮·社会样态。实践出真知,生活即教育,社会即学校。"潮·社会样态"将以学校为指引,将课堂延伸到社会中去,家校合力挖掘可操作的社会资源,学校在此过程中作为一个链接和纽带,指导学生走进社区、禁毒体验馆、垃圾分类体验馆、各大小企业等地,家长转换为临时的"老师"形象,指引学生在社会中开展相应的体验课程。

三 亲子潮联盟的典型案例

(一)"无围墙"亲子潮联盟的目标

1. 促进儿童全面发展

在德育方面,致力于塑造儿童高尚的道德品质,引导他们建立积极向上的价值观和人生观;在智育方面,注重提升儿童的学习效能,着重培养他们的创新思维和实践能力;在体育方面,加强儿童的身体锻炼,以提高他们的身体素质,确保他们身心健康发展;在美育方面,引导儿童欣赏美、创造美,培养他们的审美情趣和艺术修养;在劳育方面,培养儿童的动手能力,形成正确的劳动观。

2. 建立和谐的教育环境

"亲子潮联盟"可通过一系列主题活动加强家、校、社会的联动,引导家长为孩子创造一个温馨和谐、民主的家庭环境,让孩子感受到关爱和支持;引导教师为学生营造一个积极向上、团结和谐的学校氛围,关注学生的个性差异和成长需求;呼吁政府和社会各界共同努力为儿童提供安全、健康、文明的社会环境,防止不良因素对儿童的影响。

3. 增加教育效果

家、校、社三者合作,可优化教育方法和手段,提高教学质量,增加教育效果;积极整合家庭与社会资源,以实现教育资源的优化配置,从而提升教育的实效性;同时,关注学生的个性特质和兴趣爱好,为他们提供丰富多样的教育机会和展示平台,以促进学生的个性化发展。

4. 培养儿童的社会责任感

活动育人,引导儿童了解社会现象和问题,培养他们的公民意识和责任感;组织儿童积极参与社会实践活动,使他们能够深入了解社会的发展和变迁,并在此过程中锻炼实践能力;同时,通过家庭和社会的共同教育,引导儿童认识并传承本地区的文化传统,使他们成为文化传承的积极践行者和守护者。

(二)"无围墙"亲子潮联盟内容

"无围墙"亲子潮联盟是一种深度亲子互动的形式,面向全体学生家庭,由学校牵头组织,进行各种主题的活动,旨在培养孩子的组织、协调和沟通能力,增强孩子的领导力,增强家长的家庭教育能力,家校共同践行"为领袖人才奠基"的教育使命。

倡导"无围墙"的家校合作共育模式,是开放办学,形成传统文化(Culture)、科技探索(High-tech)、职业体验(Act)、自然体验(Outdoor)的"CHAO"探究模式,依托"项目式""实践式"等基本形式,以"亲子潮联盟"的组织形态改变活动中的教师家长角色,打破师生关系心灵围墙、打破教育地域围墙、打破家庭与社会资源围墙,实现家庭、学校、社会"三结合"育人。

1. 传统文化(Culture):各美其美,聆听窗外之音,美美与共,感受多彩课堂。学校融合"传统文化进校园"精神理念,特邀身怀绝技的家长,利用好身边资源,从变脸到皮影,从绘梦到剪纸,从学礼仪到"武""舞"民族风,从七彩油纸伞到投壶游戏,从香囊制作到创意书签,荟萃传统之美,演绎民族之魂。利用各类专题场馆,拓展课外知识面。坪山"六馆一城"将全球知名的文化艺术、体育竞技、科技文化、影视制作等多元素融为一体,从而实现了坪山文化的多元性,是非常好的教育资源,学生在感受语言、文化、宗教和传统的过程中,学会尊重和理解他人,这是对学校资源的一种补充和拓展。

2. 科技探索(High-tech):以科学探索为主题,邀请家长,带着孩子们开启科学探索之路,引导孩子们像科学家一样思考,呵护每一个孩子的科学梦。依托坪山各大企业、图书馆、城市书房、博物馆,家长带领学生前往阅读、体验,是很好的校外知识学习储备的增进和建构,便于孩子形成良好的科技意识。

3. 职业体验(Act):代入社会角色,形成职业规划。对学生职业的规划在学校内部无法完全进行个性化指导,但在家庭交流中有很大的便利。每个学生家长都在从事着不同的职业,其中不乏行业的精英、道德的模范,家长利用自身的优势,现身说法,做学生榜样,促学生成长。走进爸爸妈妈的单位,进行职业认识;走进身边的各种职业,通过访谈、体验的方式,形成初步的职业感受;倾情公益,在垃圾分类体验、交通指引宣导中,逐步站在社区的角度思考社会各类职业,同时形成热心公益、奉献自我的意识。

4. 自然体验(Outdoor):亲近自然,用脚步丈量世界。我们要让孩子看到更为广阔的天空,学校的开展模式是每学期的"研学实践"活动。家校围墙打开,对孩子丈量世界的操作性会变得更加有深度。走进深圳,探索自然;走出深圳,认识四川的熊猫、贵州的黄果树瀑布等;走出中国,去看看澳大利亚的袋鼠、法国巴黎的埃菲尔铁塔等。旅行的意义在于享受乐趣,寻找内心的平静;感知迷茫的世界,顺其自然却又无所畏惧未知的世界,给予孩子们眺望未来的力量。活动内容见表 11-1。

表 11-1 亲子潮联盟内容汇总表

模式	主题	活动名称	活动内容	活动形式
传统文化 Culture	传统文化	春日诗歌会	创意签到、古人投壶、七彩油纸伞、露营茶歇、古诗谜语会、国学礼仪小讲堂	班级活动
	节日活动	了不起的妈妈	创意签到、绘本故事、亲子游戏、妈妈的样子、送给妈妈的礼物	家庭座谈
	非遗体验	活字印刷	创意签到、印刷小课堂、活字印刷体验、漆面扇制作	主题点探究
	文化探索	疯狂原始人	创意签到、认识原始人、角色扮演、石头画、学习狩猎技巧、甲骨文	公园尝试
	节日活动	太厉害了"爸"	创意签到、出类"爸"萃、父爱如"衫"、露营茶歇	家庭合作
	节日活动	跟着古人过端午	点朱砂签到、投壶游戏、制作香囊、露营茶歇、端午绘画分享会	班级活动
科技探索 High-tech	科技探索	哇,有机器人!	创意签到、机器人课堂、机器人拼贴画、露营茶歇、机器人 DIY、小小机器战士	博物馆学习
职业体验 Act	职业体验	中医院的小小中医师	创意签到、热身游戏、国粹中医、传统文化孝道、中草药课堂、制作中药驱蚊包、中草药相框	主题店探究
	职业体验	小小消防员	创意签到、集结换装、消防局参观、消防知识、消防体验	主题店探究
	心理教育	我的情绪小怪兽	创意签到、破冰热身、绘本小剧场、家长沙龙	班级活动

模式	主题	活动名称	活动内容	活动形式
自然体验 Outdoor	自然体验	森林音乐会	创意签到、森林探险、琵琶物语、贝壳风铃、森林摇铃、露营茶歇	户外探究
	自然探索	植物大调查	创意签到、热身游戏、花盆DIY种多肉、棉签画油菜花、露营茶歇	家庭合作
	自然美育	寻找失踪的风家族	创意签到、大风吹、制作风筝、石英砂肌理画、露营茶歇	户外探究
	自然教育	森林里的春天探索队	创意签到、收集干花、植物拓印、神奇的种子、露营茶歇、草坪运动会	草坪探索
	自然教育	童心守护地球	创意签到、绘本赏析、介绍地球日、为地球充"植"DIY-地球的真相	自主探索
	户外体能	超级飞侠环游世界	创意签到、巴西站足球游戏、加拿大枫叶画、澳大利亚袋鼠跳、土耳其热气球	主题点探究
	主题派对	哦吼！恐龙来啦	创意签到、绘本故事、拯救恐龙蛋、DIY恐龙帽变身恐龙、恐龙大战分享会	校内探究

（三）"无围墙"亲子潮联盟的实施过程

亲子潮联盟是一个基于亲缘关系的活动平台，由教师主导并组织家长和学生共同参与，旨在促进家庭间的互动与交流，了解亲子活动的特点、类型和策略，可以提升活动的针对性和有效性，让活动能够顺利实施与开展。

1. 亲子活动的特点

第一，多元主体性。亲子活动涉及教师、家长和学生三方主体，各自角色明确且互补，共同推动活动达到预期目标。教师作为专家，在亲子活动中扮演多重角色：作为设计者，教师需依据兴趣、孩子年龄及家长情况，科学规划每次活动的主题、内容与形式，确保个性化与多样化；作为组织者，教师需观察活动进展，及时与家长沟通，灵活调整与指导，确保活动顺利进行；作为反思者，教师需对活动进行深入反思，以优化后续亲子活动或日常工作，推动自身专业成长。家长在亲子活动中扮演关键角色，其参与意识、方式与程度直接影响活动效果：作为支持者，家长应积极参与，提前了解活动要求，并做好相应准备；作为参与者，家长应全身心投入，与孩子共同体验活动乐趣；作为合作者,家长需与教师、孩子紧密合作,共同成长,避免指挥或替代孩子。学生是亲子活动的核心,活动开展应围绕其发展进行:学生不仅是参与者,更是成长者,通过活动增强能力,丰富体验。三方主体在亲子活动中相互协作,共同推动活动的顺利开展,实现学生的全面发展。

第二,多向互动性。亲子活动的多元主体特性,决定了其互动的多层次性。在亲子互动中,家长得以窥见孩子在学校的真实状态,发现孩子与同龄伙伴之间的差异,而学生则在与家长的共同游戏中获得独特的体验。此外,家长间的交流也为他们提供了分享育儿心得、增进彼此关系的契机。同时,教师与家长间的互动,通过亲子活动这一桥梁,加深了彼此的了解,有助于形成教育共识。亲子活动实际上是一个多元主体的交流平台,通过不同主体间的多元互动,实现相互理解、沟通,进而促进各方关系的和谐发展。

第三,全面教育性。亲子活动是学校教育教学活动的关键延伸,同时也是实现家校共育的有效工具。因此,无论是活动的内容还是形式,都应以学生的全面发展为核心目标。这些活动不仅可以帮助学生增强认知能力,还能够促进他们在社会交往方面的成长。

2. 亲子活动的策略

一是选点要新。亲子活动的成功关键在于吸引家长全力支持与孩子全身心投入,因此,精心选择活动主题至关重要。在挑选主题时,可以借鉴过去成功的亲子活动案例,并结合实际情况进行创新。选择具有创新性的主题尤为关键,如结合国庆活动,将革命传统教育融入亲子互动中;而在校庆之际,邀请家长与孩子共同设计学校吉祥物,不仅能深化其对学校文化理念的理解,更能增强学生的归属感。这样,我们既能传承经典,又能注入新的活力,使亲子活动更具吸引力与意义。

二是设计要细。为了确保亲子活动的质量,精心策划一个详尽的方案至关重要。一个完整的亲子活动方案,通常涵盖活动名称、目标、时间、地点、参与人员、准备事项、内容以及流程等关键要素。其中,活动内容和流程的设计尤为核心,需要明确指示所有参与者应执行的任务、操作的方式以及时间节点,确保活动能够有序、高效地进行。通过这样的方案设计,可以让每位参与者都清晰地了解活动的要求和流程,从而增加活动的整体效果。

三是实施要易。亲子活动的实施应当依据活动类型和主题,坚持"易懂易行"的原则,以增强活动的可操作性。所谓"易懂",即活动的内容不仅要让家长易于理解,更要确保孩子能够明了其中的意义,因此,活动的设计应紧密结合孩子的年龄特征和学习特点。而"易行"则要求活动的目标设置应符合学生的现有发展水平,避免目标设置过高或过低,以免给家长和学生带来过大的压力或失去兴趣。这样,我们才能确保亲子活动既具有教育意义,又易于参与,真正达到活动的预期效果。亲子潮联盟具体操作如图 11-2。

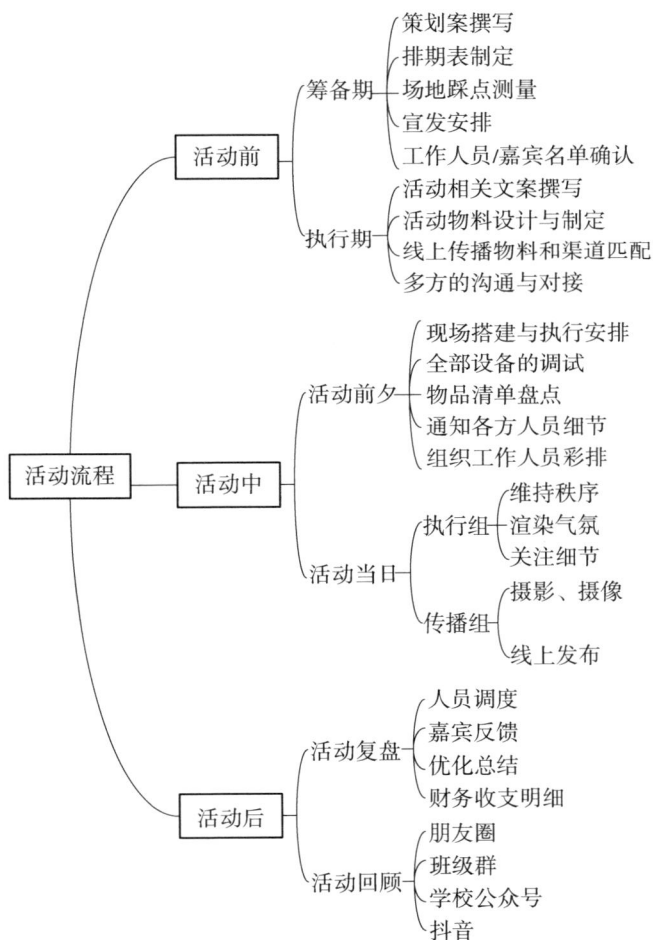

图 11-2 亲子潮联盟操作图示

(四) 活动效果

1. 落实"家长为重要主体"的活动理念

开展亲子活动时,教师树立"家长为重要主体"的活动理念,将家长也纳入活动实施的重要对象,充分利用有限的活动机会,向家长传递科学的教育知识和方法,以更高效地给予学生发展指导,并将活动影响延伸至家庭。

在亲子活动开始前,教师向家长介绍本次活动的主题与价值、该年龄段学生的身心发展特点等,帮助家长更好地理解活动对儿童的发展意义。

亲子活动过程中,教师示范游戏的玩法和与学生互动的技巧,让家长知晓每个环节的意义,明确家长在活动中的角色与任务,做好集体与个别化指导,及时纠正个别家长的操作误区。亲子活动结束后,教师做好点评和总结,向家长介绍适宜家庭延伸的活动,解答家长的育儿疑问,等等。

2. 落实"可操作"的活动目标

活动目标是教育活动的灵魂,是检验活动效果的标尺。常规教育活动的目标制定多以学生为主体,亲子活动新增面向家长的活动目标。

家长活动目标基于学生所处年龄段的身心发展水平,结合家长原有经验、育儿能力以及学习能力来制定。

具体目标可从知识和技能两个层面出发:在知识层面,家长需了解该年龄段学生某一能力的发展特征;在技能层面,家长需掌握锻炼学生某一能力的几种方法、能在活动中观察并大致评估学生某一能力的发展水平、学会在家庭中开展促进学生某一能力发展的活动。

部分教师在活动开展过程中习惯关注活动氛围的好坏,往往忽略了活动目标的达成度。能否明确具体的活动目标,直接影响着活动的方向和效果,因而要考虑目标的"可操作性",切忌大而空。

3. 设计"领域融合"的活动内容

在设计亲子活动课时,常出现活动脱离学生年龄发展需要、活动内容单一、环节随意拼凑、忽视学生个体差异等问题。如何设计科学适宜、丰富有效的亲子活动,也是诸多一线教师亟待突破的难点。(1)以学生日常生活为切入点。亲子活动内容贴合学生的日常生活,有助于学生熟悉日常事物,习得生活技能和增强适应力。具体可从生活环节,生活材料,生活场景三个方面入手。(2)以促进多领域融合为着力点。教师以某一领域能力发展为主体展开,促进多领域融合,从而取得丰富高效的活动效果。如:以精细动作领域为主,融入认知领域、语言领域、大动作领域、艺术领域、社会领域。(3)以考虑学生个体差异为关键点。在设计亲子活动时,我们充分考虑到学生之间的个体差异,并在各个环节中设置了不同难度的活动,以满足不同学生的需求,从而使家长能在有限的时间内找到适合自己孩子能力水平的活动。

4. 实施"三方互动"的活动过程

亲子活动的实施过程,实际上是一个由教师、学生和家长共同参与的三方互动过程,而非仅限于教师和学生之间的双方互动。教师在活动中要充分发挥师生互动的示范性、提升亲子互动的参与度、强化家长指导的支持价值。(1)指向家庭育儿示范的师生互动。师生互动并不是简单的一问一答,教师要全面观察各个学生在游戏中的表现,适时引导并能根据其实际水平及时调整活动难度。同时,规范的言语引导和有效的互动办法更为家长提供了亲身示范,激发家长模仿和学习的积极性。(2)高参与度的亲子互动。亲子活动离不开亲子之间的互动。实施过程中,教师应创设具有趣味性的互动环节,充分调动家长的参与性,在每个活动环节中考虑该如何帮助家长充分融入。部分家长参与性低,往往是因为未能明确角色任务、缺少互动方法或临场应变能力不足。因此,教师在亲子互动开始前,可提供互动示范或常见问题的应对策略。(3)有支持力的家长指导。在亲子活动中,家长也是学习者的角色,要学习科学的育儿方法、积累亲子互动技巧、优化自身的教育理念,做到保中带教、教养结合。

因而,教师要提供有支持力的家长指导,加强集体指导、个别化指导和家庭延伸指导。集体指导主要面向全体家长,包括活动价值、活动玩法和互动技巧的介绍。个别化指导面向个别家庭,教师在巡视过程中,对家长的不当态度(如过于着急)、错误行为(如过度包办)等及时加以纠正和指导。家庭延伸指导主要是活动结束以后,教师可拓展家庭游戏、与个别学生的家长进行单独交流、为家长答疑解惑。

5. 延伸"具体可行"的家庭活动

家庭延伸活动有利于整合家庭教育资源,促进家庭教育水平提高,让短暂的活动实现效益最大化。目前,部分教师在开展家庭活动延伸时,常出现形式化、表面化、单一化、抽象化等问题。延伸"具体可行"的家庭活动需思考以下三个问题:

一是能用日常用品替代活动材料。亲子活动中使用的教具专业化程度较高,生活中并不常见,家长在家庭中直接复制延伸活动较为困难。为使教育更为生活化、经济化,教师可向家长推荐活动教具的日常替代品,比如可用折叠晾衣架替代悬挂挂件、鞋带代替穿珠绳、纸板钻孔代替不同大小的扣子、奶粉罐代替障碍桩等。全面发挥日常用品的教育价值,增强家长的生活教育意识和育儿能力,真正做到"寓教育于生活"。

二是通过其他家庭游戏发展某项能力。学生是"发展中的人",几节亲子活动中玩的游戏远不能满足学生的发展需要。教师可就某一年龄段学生某个核心能力的发挥提供更多的家庭游戏思路。

三是增强学生的其他核心能力。学生是"完整的人",成人应提供丰富的机会和条件,促进其认知、言语、动作、社会、艺术等多领域的全面发展。单次亲子活动能达到的教育效果有限,且有时会侧重于个别领域的能力发展。对此,关于学生其他能力的发挥可建议家长在家庭延伸中继续开展。

6. 无围墙亲子活动的意义

第一,促进亲子关系的健康发展。家庭中的亲子关系,对孩子的终身发展具有深远的影响。它直接关系到孩子的心理成长、行为态度、价值观形成,以及未来的成就。然而,在现代社会中,家长面临各种压力,常常受到自身问题的困扰,导致情绪不稳定,对待孩子的态度过于急躁,这使得亲子关系紧张,缺乏应有的和谐与愉悦。另外,一些家庭溺爱孩子,这种亲子关系同样是不健康的。因此,在孩子的成长过程中,建立健康的亲子关系显得尤为关键。开展丰富多样的亲子活动不仅有助于增进亲子之间的情感交流,促进亲子关系的健康发展,同时也对幼儿自身的成长具有重要的推动和积极影响。

第二,挖掘开发出孩子的潜能。每个孩子都拥有独特的优点和不足。对于不足,我们应积极帮助其克服;而对于优点,我们应深入挖掘并鼓励其发展。作为家长,我们要时常给予孩子正面的鼓励,因为父母的认可与肯定,是孩子前进的最大动力。通过参与亲子活动,我们能够更全面地观察到孩子的优点和不足,从而能够更有针对性地进行教育引导。这样的教育方式,将激发孩子更加积极努力,不断进取,并在学习中保持持久的动力。

第三,有利于孩子身心的健康成长。现代健康理念已经超越了单纯的生理健康范畴,涵盖了心理和社会适应能力等多维度。而亲子活动作为一种寓教于乐的教育方式,不仅能够在游戏中传授知识,还能有效促进孩子的全面发展。通过参与亲子活动,孩子们可以在智力、动手能力、反应力,以及创造力等多个方面得到锻炼和提升,进而在德、智、体、美、劳等各个领域实现均衡发展。

第四,增强沟通交流能力。虽然兴趣是最好的老师,但是并不是说任由孩子的兴趣,我们可以鼓励小朋友多尝试,比如自家的孩子可能胆子比较小,那么我们可以在照顾他兴趣的前提下多用点心思,比如孩子喜欢去游乐场玩,那么就多邀请几家一起去,这样让孩子和朋友的孩子能玩到一起,多接触人的同时又能一起游玩,兼顾了兴趣同时也锻炼了人际交往。这就要求我们照顾孩子兴趣的同时兼顾自己想要孩子发展的能力。

首先,科悦实验小学通过构建基于无围墙育人理念的"亲子潮联盟"家校共育新模式,为儿童的全面成长提供了有益的指导和支持。这一模式首先在促进儿童全面发展方面发挥着积极作用,不仅注重培养儿童的道德品质、学习能力、创新思维和实践能力,还关注体育锻炼、美育和劳育等多方面的发展,为儿童打下坚实的综合素质基础。其次,通过建立和谐的教育环境,亲子潮联盟巧妙地联动家庭、学校和社会,创造出一个温馨、和谐、民主的成长空间,使孩子在关爱和支持中茁壮成长,同时呼吁社会提供安全、健康、文明的社会环境,以保护儿童免受不良因素的影响。再者,通过强化学校、家庭、社会的合作,实现了教育资源的整合,优化了教育方法和手段,提高了教学的质量和水平,更关注了学生的个性特点和兴趣爱好,为学生提供了多样化的学习机会和展示平台,从而促进了学生的个性化发展。最后,通过培养儿童的社会责任感,活动育人、社会实践和文化传承等方面的举措,使儿童更好地了解社会、培养公民意识和责任感,成为社会的积极参与者和文化传承的自觉守护者。这一创新的共育模式不仅有助于儿童全面发展,还为其未来的社会角色扮演提供了坚实的基础。这一切都反映了学校对"潮教育"的坚定信念,即通过开放、无围墙的教育理念,引领学生在成长过程中实现个性的全面发展。

我校通过"亲子潮联盟",成功打破了传统的教育模式,构建了一种全新的校家社合作模式。这种"无围墙"教育的实施,既需要教育者具备开放、创新的教育理念和教学能力,也需要整合各种教育资源,形成强大的教育合力。这种模式为学生提供了更多的学习选择,让他们在更加自由、开放的环境中体验自然环境、社会生活、文化传统等多方面的知识和技能。通过整合学校、家庭、社会等多方资源,学校实现了与家庭和社会的有机融合,创造了更为开放、自由的学习环境。这种新型的家校共育模式,不仅使学生在更加宽松的环境中学习,更激发了家长的参与热情,让他们更深度地了解孩子的需求。这种共育模式中,学校不再是孤立的教育机构,而是与家庭、社会形成了一种紧密的联盟,共同为孩子提供更全面的教育支持。

对"基于无围墙育人理念的家校共育模式"课题中的深入研究和实践,为未来教育提供了更多可能性。这不仅是对传统教育模式的有益冲击,更是为培养更具创新力、适应力的未来人才树立了榜样。在这一过程中,学校以"无围墙育人"理念为指导,以开放的姿态融入多元化的教育资源。传统教育模式往往将教育局限在固定的场所,而"无围墙"理念的引入打破了这种局限,使学习延伸到更广泛的社会生活中。这需要教育者具备更为开放、创新的理念和能力,引导学生在多样化的学习环境中实践和探索。学校为此进行了大胆的尝试和探索,取得了可喜的成果。这种成功的实践,体现了科悦实验小学对于教育的责任与担当,为学生创造了更为宽广的成长空间。在这个信息化、全球化的时代,拥抱创新,积极探索,成为引领教育发展的关键。科悦实验小学在"亲子潮联盟"课题中的研究与实践为坪山教育改革提供了有益借鉴,为构建更加开放、有活力、具有适应性的教育生态系统树立了榜样。在这个过程中,我们看到了教育的新可能,也在实践中发现了更多需要探讨和深化的问题。面对社会日新月异的发展,教育理念的更新势在必行,这是适应时代潮流的必然趋势。期待在未来的教育实践中,能够更广泛地推广这种创新的校家社共育模式,为坪山教育事业注入更多活力。

(撰稿者:深圳市坪山区科悦实验小学　李远良　陈木兰)

模式 12

周末亲子坊:基于家庭系统理念的校家社共育模式

"周末亲子坊"是以亲缘关系为主要维系基础,以"家庭系统治疗理论"为依托,以孩子与家长的互动为核心内容,以周末为活动时间,以建立和谐的亲子关系和促进孩子身心健康、开发潜能、培养个性、整体素质得到不断提高为宗旨的一种家校协同育人活动。它是一种新型家校合作模式,强调学校的专业引领和活动设计,更强调父母孩子在情感沟通的基础上实现双方的互动。

深圳市坪山区碧岭实验学校由创办于 1968 年的碧岭小学改扩建而来,2023 年 9 月正式改制为九年一贯制学校。学校地处坪山区马峦山北麓碧岭社区,风景优美,环境宜人,拥有得天独厚的自然资源和悠久的历史沉淀。

碧岭实验学校培养和沉淀了一大批有丰富经验的中青年骨干教师,随着学校改扩建工程的开展,一大批高学历、有活力、朝气蓬勃的年轻教师也加入到了碧岭实验大家庭,为学校的发展注入了新的动力,为学生的成长提供了更加优质的教育资源。

学校秉持"仁爱、包容"的办学思想,提出"让每一个生命都精彩"的育人理念。这一理念就是要让每一个生命都能得到滋养、生长、发展,鼓励每一个生命个体都能释放各自的光华,展现自己的精彩。学校将关注每一个学生的成长与发展置于教育教学工作的核心;基于生活、尊重生命、关注生长,努力为每名学生创造充满创意和活力的学习空间。

作为一所具有悠久历史的本土学校,碧岭实验学校十分重视校家社协同育人,积极构建以学校教育为主体,以家庭教育为基础,以社会教育为依托的教育格局。"周末亲子坊"便是学校近年来的主要的校家社协同育人项目之一,属于区级课题"立德树人视域下的小学家校社协同育人路径研究"的一个子项目。碧岭实验学校希望通过积极挖掘家校社协同育人的发展空间,形成家庭、社会的密切配合,形成合力,发挥教育的整体效应,推动家校共育工作迈上新台阶。

一　政策基础与意义

2023 年 1 月,教育部等十三部门发布了《关于健全学校家庭社会协同育人机制的意见》(以下简称《意见》)。《意见》指出,学校要充分发挥协同育人主导作用,加强家庭教育指导,每学期至少组织 2 次家庭教育指导活动,积极宣传科学教育理念,另外,要用好社会育人资源,积极拓展校外教育空间;《意见》还指出,家长要提高家庭教育水平。家长要强化家庭是第一个课堂,家长要对子女多陪伴多关爱,注重积极的亲子互动,并主动协同学校教育,引导子女体验社会,主动利用闲暇时间带领或支持子女开展户外活动和参观游览,积极参加多种形式的文明实践、社会劳动、志愿服务、职业体验以及文化艺术、科普体育、手工技能等实践活动,帮助子女更好亲近自然、开阔眼界、增长见识、提高素质。

在这一政策背景下,周末亲子坊诞生了。周末亲子坊作为家校社协同活动的一种形式,承担了促进家校合作、提升家长家庭教育水平、培养学生动手能力和丰富学生课余生活的重要使命。通过这样的亲子活动,学校得以将正确的教育理念渗透给家长,帮助家长更好地了解孩子的需求和特点,进而更有针对性地进行教育和引导。同时,这种活动也为学生提供了更多的课外拓展空间,促进了学生的社交能力、动手能力,并提高了对社会的认知,为孩子的全面发展提供了有益的支持和保障,具有显著的教育和实践意义。

(一)家庭层面

1. 增进亲子关系:"周末亲子坊"活动为家庭成员提供了共同参与的机会,有助于增进家庭成员之间的理解与信任,营造温馨和谐的家庭氛围,促进了亲子之间的沟通与情感交流。活动中家长可以更深入地了解孩子的兴趣和需求,建立更加紧密的亲子关系。这种活动有助于增进家庭成员之间的理解与信任,营造温馨和谐的家庭氛围;此外,亲子活动为家庭成员提供了愉悦和放松的机会,有助于缓解工作和学习压力,增进家庭成员之间的情感交流和理解。这种活动能够培养孩子的自信心和独立意识,增强家庭成员的亲近感和幸福感。

2. 增长教育亲子双方的教育智慧:通过亲子活动,家长可以学习到如何更有效地教育孩子、培养孩子的能力和品质。孩子们则能通过各种活动,培养动手能力、团队合作精神与解决问题的能力,这有助于丰富孩子的课余生活,提高他们的综合素质和水平。

(二)学校层面

"周末亲子坊"不仅促进了家校合作,加强了学校与家庭之间的联系与沟通,提升了家庭教育水平,还丰富了校园教育内容,为学生提供了更多元化的学习与体验机会,同时,也加强了师生互动,让教师更好地了解学生的家庭背景与教育情况,从而更精准地制订教育教学方案。此外,它还有助于增强学校社区的凝聚力,营造了积极向上的学校氛围,促进了学校整体发展和师生共同成长。

(三) 社会层面

家庭是社会的细胞,"周末亲子坊"不仅促进了家庭成员之间的情感交流与互动,增强了家庭的凝聚力与和谐性,还为社会营造了更加和睦的家庭关系和社区环境。这些活动不仅为家庭提供了更多的亲子交流时光,也为社会注入了更多的温情与关爱,为社会文明进步与和谐发展贡献了积极力量。

"周末亲子坊"作为一种具体的家校社协同活动,不仅是国家教育政策落地的重要举措,更是促进家庭、学校和社会多方面发展的有力抓手,是促进家庭、学校和社会协同育人的重要平台,为孩子们全面发展和社会和谐稳定发展提供了重要支持与保障。

二 "周末亲子坊"的实践探索

(一) 项目缘起与发展

1. 项目缘起:在 2022 新学年开学临近时,深圳新冠疫情突发。期待开学的家长顿时乱了阵脚,理想中的"孩子返校"变成了现实中的"投送失败";孩子们开心不过三秒,问题也接踵而至:老师和同学见不到了,关在家中没法儿出门玩耍,一日三餐怎么解决……更难的是,如何面对来自焦虑父母的各种管理与约束。亲子关系顿时变得微妙,暗流涌动,不安在升温……

面对着疫情发展的不确定性,如何保障学生的网课学习质量,同时又如何持续保障学生与家长的积极的心理状态。这是一枚硬币的两面,必须两手抓,两面硬。碧岭小学的校领导在安排部署学校网课教学任务的同时,也对学校德育处和心理组的老师提出了相关要求。经过老师们的反复研讨,一个以"居家学习也安心"为核心主题的《开学心理工作预案》逐渐清晰,而"亲子茶话会"就是其中的第一步,也是其中最重要的一环。

2. 项目发展:"亲子茶话会"一经推出便受到了家长与学生的认可,学生参与热情非常高,活动先后共开展了 12 期。在新学期开始后,学校为了丰富亲子活动的形式和内涵,改变单一的茶话会形式,在原茶话会基础上加入了亲子烹饪、手工、出游、研学、摄影、文学创作、阅读等多种形式的亲子项目,自此,"亲子茶话会"升级为"周末亲子坊"。

（二）"周末亲子坊"的目标

"周末亲子坊"作为一种家校社协同活动,旨在实现多方面的目标,涵盖家庭、学校和社会等多个层面。

1. 加强亲子关系:"周末亲子坊"旨在提供一个家庭共同参与活动的平台,促进亲子之间的沟通和情感交流,加强家庭成员之间的联系与理解。通过共同参与各种活动,家庭成员之间的情感纽带得以加强,进而加强了家庭成员之间的亲密关系。

2. 促进家庭教育水平提升:通过各种形式的亲子活动,家长可以学习如何更有效地教育和引导孩子,提升家庭教育水平。同时,家庭成员可以在活动中共同探讨教育话题,交流育儿心得,增长家庭成员的教育智慧。

3. 丰富课余生活,增强动手能力:"周末亲子坊"活动的目标之一是丰富孩子的课余生活,为他们提供多样化的学习和体验机会。通过各种亲子活动,孩子们能够开阔眼界,培养兴趣爱好,增强动手能力,促进综合素质的全面发展。

4. 促进学生的心理健康发展:通过活动中的亲子互动,鼓励学生积极表达情感,促进家庭成员之间的情感交流,帮助学生建立积极的情感体验,增强情绪管理和应对的能力。"周末亲子坊"中的茶话会形式还为学生提供一个良好的倾诉渠道,让他们在家长的陪伴和支持下,更加愿意分享内心的感受和烦恼,从而缓解心理压力,建立良好的心理健康状态。通过实现这些目标,"周末亲子坊"活动有助于增强学生的心理韧性和抗挫折能力,培养他们积极乐观的心态,促进全面健康成长。

5. 传承文化与社会价值观:"周末亲子坊"活动,也致力于传承和弘扬民族文化与社会价值观。通过举办各种传统节日庆祝活动,以及文化体验活动,家庭成员能够更深入地了解祖国的传统文化,培养对中华社会价值观的认同与理解。

（三）"周末亲子坊"的设计原则

碧岭实验学校的"周末亲子坊",是学校为促进家校共育而有计划、有目的开展的一项创造性工作,它是建立在把握和分析学生及家长的特点,制定适应的活动目标,合理设计活动的内容与形式,充分创造活动的环节并调用其他要素的基础上。其活动设计,坚持以下六项原则。

1. 适宜性原则:是根据学生的年龄特点、发展水平,联系生活,设计符合学生身心需要和全面发展的周末亲子坊的活动。在制定目标,选择内容时,学校要在全面了解和观察的基础上找到学生的最近发展区,紧密联系学生的生活,顺应学生的成长需求,设计适宜的周末亲子坊的活动。同时,适宜性的具体落实应考虑到不同年级学生之间的差异,应使周末亲子坊的活动照顾到各年级孩子的发展。

2. 全面性原则:是指周末亲子坊活动的设计要尽量兼顾学生的动作、语言、社会性、情感、认知、创造力等各方面的全面发展,考虑学生德、智、体、美、劳全面育人的原则。如:活动设计应尽量兼顾思想性、艺术性、实践性等各个方面。活动主题应广泛包含构建正确的世界观、社会价值观与人生观,继承发扬传统文化,培育爱国主义精神,培养家庭成员的创新意识、创新思维和创新能力等内容。活动方式则应包括规划春游、秋日户外活动,引导每个家庭成员感受自然,练就强健体魄,学会快乐生活。活动开展应充分挖掘和利用社会资源,融合艺术教育,坚持让每个家庭都成为艺术教育的受益者,引导家庭实践劳动,崇尚劳动、尊重劳动。

3. 互动性原则:家长与孩子之间的亲子互动,是指父母和子女间的相互交往活动,亲子互动具有血缘性、亲情性、长期性等特点。亲子之间良好互动有利于健康亲子关系的建立,有利于儿童在认知、社会性、情感、心理方面的发展。周末亲子坊的活动是以家长与孩子之间的情感交流为基础的亲子互动,通过共同活动的形式,建立起平等的活动伙伴关系。周末亲子坊的活动设计注重学生与家长的有效互动,注意家长和学生在活动中的互动体验,通过深入挖掘活动的价值,以活动内容、材料、环境为载体,考虑如何在活动中有效地促进学生与家长的沟通和交流,有效促进他们之间的互动。

4. 指导性原则:是指周末亲子坊的活动的设计要有目的、有计划、有组织地面对家长和学生开展科学的具体指导。家长的教养行为直接影响着孩子的成长和发展,所以,周末亲子坊的活动除了作用于孩子的发展外,更主要的目的是指导家长科学、有效地开展周末亲子坊的活动,帮助家长提升育儿的知识,掌握适宜的教养方法和技能,有效提升、优化亲子关系。在周末亲子坊的活动时,学校要充分体现对家长的指导,既有亲子活动现场环境布置的指导,还有活动前、中、后的语言指导。

5. 延伸性原则:是指周末亲子坊的活动设计要考虑活动能否延伸到对学生发展的至关重要的其他领域。孩子在活动中获得的经验是主动建构的过程,在活动中要引导家长通过给孩子提供对话、交流、表达、彼此分享的机会,有利于孩子经验的扩展和延伸。比如:以对话的方式进行延伸,引导家长以谈话的方式与孩子一起交流活动的感受、以帮助孩子完善已有经验。以行为习惯的改变进行延伸,引导家长注重活动后对孩子的持续性关注,帮助孩子获得更多的进步。孩子在活动中的经验获得不仅仅是认知、操作性的,在其社会性、情感、解决问题等方面也有体现。因此,延伸活动不单单是操作的,还有意识或是情感的。

6. 生活性原则:是指亲子互动设计要与学生生活密切结合,活动源于学生的生活,又为其生活服务,例如:在"家庭茶餐厅"这一期中,引导学生动手实践,走进厨房,感受烹饪的魅力,体会劳动的成就。在"秋日去野"这一期中,引导孩子和家长一起规划秋日户外活动,除了感受自然之外,也要增强出游规划能力。"周末亲子坊"活动的设计原则,就是要把学生的教养结合到一起,不能脱离学生的生活,帮助学生增强生活自理等各方面的能力。

(四)"周末亲子坊"中的角色

碧岭实验学校"周末亲子坊"带动了碧岭实验家庭亲子活动的快速升温。这种特殊的互动方式倍受广大家长和孩子们的青睐。"寓教于乐"的互动形式不仅强调了亲子双方的情感关系,更有利于孩子的社会修养、知识教育和能力素质等方面的提升。在这个过程中,学校、家长和孩子作为活动中重要参与者,分别担任着重要角色。

1. 学校

设计者:周末亲子坊的开展需要家长的参与,但也需要学校合理的设计、组织和安排,需要学校事先融通学生当下的生活需求和成长需要,选择合理的契机和主题供各个家庭开展。在每一期周末亲子坊活动前,我们会对家长进行亲子活动的宣传,如:发放家教小贴士、宣传海报等,向家长介绍亲子活动的目的、意义、活动中家长和孩子双方应承担的角色,以及需要配合和注意事项等内容。这些事前的告知能让家长对活动做到心中有数,同时学校还会要求家长积极配合和参与活动,给孩子起到一个表率的作用,因为只有家长表现出一个积极的态度参与到亲子活动中,才能给孩子创设一个和谐、自然的环境,使他们在轻松快乐的氛围中,不知不觉学会知识,训练技能,锻炼身体。

2. 家长

筹备者:在亲子活动中,家长应该做一个积极的筹备者策划者,家长要发挥主观能动性,积极策划丰富多彩的亲子活动形式。同时要注意活动背后的积极意义,不单单只是玩,也要能够起到开发孩子潜能,发展孩子综合素质的作用。家长和孩子一起策划亲子活动的开展,和孩子一起提前准备好亲子活动需要的用品、食物,等等。家长摩拳擦掌的态度,会激发孩子的积极性和探索欲,让孩子更加跃跃欲试。

观察者:在亲子活动中,家长应认识到孩子是独立的个体,首先在情感上接纳孩子,顺应孩子的发展方式,跟随孩子的发展节奏,要让孩子成为活动的主人,充分发挥孩子的想象力和创造力。在亲子活动中,家长细致观察孩子的表现,及时回应孩子的话语、笑声,积极主动地参与配合,这样活动才能获得良好的效果。家长应该成为孩子行为的观察者、情感的支持者和快乐的分享者,孩子就是要在这样的过程中获得成长、自信与快乐。所以,家长必须认可、接受孩子的年龄特点,在观察的基础上给予适宜的引导,让孩子在自主选择的空间里去体验,自发地获得知识和技能,这有助于培养孩子主动学习的习惯,塑造孩子的健全人格和独立个性。

陪伴者:有时候,家长虽然和孩子一起进行活动,但却时不时打电话、玩手机、刷视频,心不在焉,殊不知亲子活动,不仅仅是孩子的活动,还是"亲"与"子"一起的活动。家长的态度,影响着亲子活动的质量和效果,家长应该抽出时间,暂时放下工作,放下手机等电子产品,一起放松身心,心无旁骛地享受这难得的亲子时光。在孩子遇到挫折时,为孩子打气;在孩子犹豫不前时,帮孩子一把;在孩子迷茫时,为孩子支招。让孩子感到,自己并不是一个人,家长一直陪伴着自己。同时,活动中家长同样需跟孩子平等相处,不能以长者自居,要与孩子相互配合、相互商量、共同合作,以伙伴的角色跟孩子一起完成亲子活动。

3. 学生

共同筹备者:在周末亲子坊的活动中,孩子不是等待活动,而是要和家长一起共同筹备。比如:提前设计活动背景板报,一起设计活动的具体项目和流程,一起准备活动需要的物品。以"秋日去野外"为例,孩子要和家长一起商讨外出的地点、路线,计划和准备野餐需要的食品、用品,准备亲子游戏的项目和物品,等等。

参与者:孩子是亲子坊活动最重要和最核心的参与者。感情是由交流堆积而成的,任何一种感情的升华都有赖于交流。虽然亲子之情是与生俱来的,血浓于水,但是新时代家长在工作上花费了大部分的时间和精力,孩子能和家长在一起玩的时间明显降低了很多。孩子通过参与亲子坊的亲子活动,增进与父母的情感交流,在快乐的亲子游戏中与父母建立了亲密无间的关系。在浓浓的亲情中,成就孩子的健康、活泼、聪明。

(五)"周末亲子坊"的内容

在内容的设计方面,学校从理念入手,向家长渗透科学的教育理念,力争每一期活动都为家长提供清晰思路和理念指导。例如在"又是一年清明时"这一期活动中,学校写了一段"给家长的话",指导家长正确认识生命,并通过对孩子的生命教育和死亡教育引导孩子珍爱生命;在"父爱的语言"这一期中,通过引导语和活动设计,让父亲发现要打破"父爱无声",爱孩子也要学会表达,才能更好地得到孩子的理解,达到爱的最大化效果;在"期末待暑假"这一期活动中,通过引导家长平和理性地看待孩子的期末成绩,以及倡导与孩子一起对暑假进行合理的规划,向家长渗透以人为本、尊重学生的个性化和主体性等育人理念,达到良好的共育效果。(见表 12-1)

表 12-1 "周末亲子坊"(含"亲子茶话会")内容一览表

序号	主题	主要内容	具体内容	育人目标
第 1 期	"居家学习那些事儿"	讨论返校改为居家学习的适应方式和亲子沟通。	返校改为居家学习要如何适应?从学习状态、亲子沟通等方面提出各自看法。	学习适应
第 2 期	"养成良好的生活习惯"	从生活细节和实践管理方面,讨论培养良好习惯。	居家学习要如何养成良好的生活习惯?请从生活细节、作息、时间管理等方面提出各自看法。	习惯培养
第 3 期	"我的诞生"	探讨生命故事及对生命的理解和期许。	爸爸妈妈在得知有我的时候,有怎样的期待和爱?妈妈在怀着我的时候辛苦吗?我出生的时候,发生了什么故事?我成长过程中,有哪些好玩儿的"糗事儿"?我的名字有怎样特殊的含义?我对自己的生命有怎样的憧憬?	生命教育
第 4 期	"我的小烦恼"	分享近期烦恼,增进对家人理解和心理疏导。	彼此说说自己近期有什么烦恼,以增进对家人的相互理解和支持。	心理疏导
第 5 期	"家庭茶餐厅"	设计餐厅、烹饪、点餐、分享,增进对家人付出的理解,促进劳动实践。	通过开家庭餐厅的形式,让孩子共同参与家务劳动,增进亲子互动,最后总结分享。 流程: 1. 设计:为你们的餐厅取个名字,并设计招牌; 2. 做菜:每人为餐厅贡献一道菜品; 3. 品尝:你可以给自己的菜品定价,每人有 100 元点餐券,请至少买下一道你喜欢的菜; 4. 总结:请各自分享开张心得。哪里需要改进,你可以为餐厅贡献什么力量?	劳动实践

序号	主题	主要内容	具体内容	育人目标
第 6 期	"又是一年清明时"	通过清明活动，进行生命教育和感受生命。	借清明的契机，让家长对孩子进行生命教育，讨论关于"生命"与"逝去"。带孩子观察花草的生长、小鸡的孵化、搜集落叶等感受生命的过程，也可以通过一起观看影视作品来增进对生命的理解并讨论。	生命教育
第 7 期	"我为返校做准备"	听孩子感受，体验活动，增强学习适应感。	听孩子关于返校的感受，带孩子去爬爬山，去文具店添置一些用具，一起整理好红领巾和书包等以增加返校的仪式感。	学习适应
第 8 期	"一碗好面（辛劳与帮助）"	上网查做面流程，烹饪，分享心得。	1. 上网查做一碗好面的流程； 2. 准备所需材料； 3. 在家长指导下烹饪； 4. 请家人品尝； 5. 总结与分享心得，过程中的辛劳与帮助等。	劳动实践
第 9 期	"听，妈妈的故事"	回顾妈妈的故事，关心家务和学习。	一起翻找妈妈年轻时候的照片，妈妈跟孩子们分享自己以前的故事，孩子附上"三行小诗"向母亲表达爱意； 为妈妈做一件事，提升亲情的温度，如：为妈妈梳头、按摩、浇花等日常活动； 同妈妈讨论自己学习生活的事情，让妈妈安心； 主动承担家务，体会妈妈的辛勤劳动。	感恩教育
第 10 期	"共筑航天梦"	制作航天主题手工，培养科学素养。	借神舟十三号顺利返航的契机，制作航天主题亲子手工。 1. 头脑风暴，确定要做什么作品； 2. 根据想法，在纸上画出设计图； 3. 寻找合适的材料并制作（材料不限，能够用纸筒、纸箱、塑料瓶、泡沫板等废旧用品当做材料就更好啦！）； 4. 测试并改进作品。	科学素养
第 11 期	"父爱的语言"	理解父爱，表达爱意，促进感恩教育。	借父亲节的契机，理解父爱并对父亲表达爱：孩子找找最爱的一张父亲的照片；与父亲一起做美食、拍九宫格合影（以搞怪、欢乐为佳），或拍个 1 分钟以内的互动小视频，记录你和父亲生活的点滴趣事； 交流分享：彼此分享平时父亲有哪些"无声的爱"，希望以后可以用怎样的方式表达对对方的爱。	感恩教育

序号	主题	主要内容	具体内容	育人目标
第 12 期	"你好，暑假"	讨论成绩态度，制订暑假计划，综合实践。	1. 给孩子：和父母聊聊对待成绩的态度，以成长的心态，肯定自己的进步，反思自己的不足，做好暑假规划； 2. 给家长：应该肯定孩子一学期的努力，多给孩子鼓励，再和孩子谈反思； 3. 建议：家长可以和孩子一起做个暑假计划，多亲近自然，参加社会实践，一起计划旅行，锻炼孩子的实践能力。	综合实践
以下由"亲子茶话会"变更为"周末亲子坊"				
第 1 期	"如何对电子产品的诱惑 Say no"	分享开学日感受，制定新学期目标。	根据"小明的烦恼"进行情境导入，家长和孩子对情境进行讨论，并进行角色互换扮演，讨论和总结抵制电子产品沉迷的办法。	防沉迷
第 2 期	"返校第一天"	口腔健康科普和巴氏刷牙法实践。	讨论分享： 1. 返校第一天，发生了什么有趣的事情？ 2. 学校和老师、同学有什么样的变化？ 3. 有认识新朋友吗？希望在新学期交到什么样的朋友？ 4. 为自己的新学期制定一个小目标； 5. 说说目前心里还存在的一些担忧，希望获得什么样的帮助。	学习适应
第 3 期	"家庭小牙医"	规划秋日户外活动，感受自然。	口腔知识健康科普及通过角色扮演，教爸爸妈妈学习巴氏刷牙法。	综合实践
第 4 期	"秋日去野外"	规划秋日户外活动，感受自然。	亲子出游，规划行程：秋日是爽朗的，山明海阔。或许你们曾看马蛮飞瀑，赏聚龙樱花，观全龟星夜，抚湿地芦苇。然而，我们有幸处在山海之间不深入每一条小径，怎么细赏她的俊美？不如就此周末，乘秋高气爽，一家人，去野外，感受自然。	
第 5 期	"奔跑吧！新学期"	总结寒假经历，制订新学期计划。	1. 回顾寒假，总结其收获和不足； 2. 了解孩子对开学的情绪及其原因； 3. 制订开学计划，包括调整作息、备学习用品、检查寒假作业、定学习目标。	学习适应

序号	主题	主要内容	具体内容	育人目标
第6期	"春日美食家"	制作春季美食，体验春日生活。	与家长一同制作春季才能品尝到的美食： 1. 上网查资料，搜寻只属于春季的食材； 2. 选择菜品|甜品，并了解制作步骤； 3. 带领家长到市场选购食材； 4. 在家长的协助下，完成春日新品制作； 5. 家庭成员品尝美食，并用代金券投票； 6. 体会对于春日"万物复苏"的理解并分享。	劳动实践
第7期	"种下春天，感受生命"	体验种植生命的过程，生命教育。	1. 与家长一起准备好花盆、泥土、种子、工具，选取家中或户外一块适合种树或者种花的场地； 2. 选取花种，或去花卉市场挑选树苗； 3. 上网搜索此品种的种植技巧及生长条件； 4. 种植、浇水、养护； 5. 观察种子或幼苗的生长过程，交流感受到的生命的力量/顽强/向阳/脆弱/特性。	生命教育与劳动实践
第8期	"护眼小保镖"	角色扮演和眼保健操，健康科普。	通过小剧场故事和父母进行小剧场角色扮演，教父母做"眼保健操"吧，并与父母进行视力大比拼，看谁看得更远。	健康科普
第9期	"我当'妈妈'的一天"	体验家务和学习，感恩家庭。	1. 周六：妈妈和孩子讨论好各自角色的一天（从早到晚）通常会做的事情，并做好准备； 2. 周日白天：孩子和妈妈互换角色进行体验（多娃家庭可以分时段体验），尽量真实模拟各自的表现，例如调皮、辛劳、写作业、做家务等； 3. 周日晚饭后：亲子茶话会，共同讨论这一天互换角色的体会。	感恩教育
第10期	"橘灯赏中秋"	制作橘灯，感受中秋文化。	与孩子一起做柚子灯、橘灯，感受中国传统的中秋文化，享受与家人团聚的乐趣。	传统文化与综合实践

三 典型案例

(一) 活动名称

周末亲子坊,春日美食家。

(二) 活动目的

1. 增进亲子关系:通过家长与孩子共同参与购物和烹饪的过程,增进亲子之间的情感交流和互动。

2. 培养孩子的独立自理能力:让孩子亲身体验购物和烹饪的过程,培养他们的独立自理能力和生活技能。

3. 培养孩子的春季饮食意识:通过选择春季食材、健康的烹饪方法,培养孩子对春季饮食的认识和养成良好的饮食习惯。

(三) 活动时间

周末,活动时长为 3 小时。

(四) 活动地点

家庭厨房及附近的菜市场。

(五) 组织流程

本项目由学校德育处发起,由心理科室参与方案设计、主题拟订与理念指导,在设计好活动方案和海报后,由年级转发到各班级家庭具体实施,各家庭在班级群反馈参与图片与过程笔记,班主任通过微信群向德育处反馈实施过程与效果。为了鼓励更多的家庭参与到该项活动中来,我们通过学校微信公众号、升旗仪式后讲话和视频宣传,以及发动家委会带头开展、班级微信群反馈活动图片和记录等方式进行宣传和推广。

组织流程为:拟定主题与活动内容—设计活动流程—制作海报—各班级宣传—各家庭参与活动—各家庭反馈参与情况—各班反馈家庭参与情况—活动总结反馈及推广(制作图表)。

（六）家庭活动流程

1. 活动开始前一晚，家长和孩子事先准备一个春季菜市场购物清单，包括春季时令蔬菜、水果、海鲜等食材，请家长陪同孩子上网查找菜品制作详细流程教学视频。

2. 第一阶段：菜市场购物

（1）由家长带领孩子们前往附近的菜市场，讲解春季时令食材的选购技巧和认识各种食材的好处。

（2）家长和孩子们根据购物清单，在菜市场自行选择食材，并与摊贩进行交流和购买。

（3）购物结束后，工作人员对购买的食材进行检查和讲解，解答家长和孩子们的疑问。

3. 第二阶段：厨房烹饪

（1）回到家里的厨房，家长和孩子将食材进行分类和准备。

（2）整理过程中，家长给孩子们介绍春季饮食的特点和营养需求，以及春季食材的烹饪方法和技巧。

（3）家长和孩子们根据网上菜品制作教程，家长在旁指导，孩子亲手进行烹饪实践。

（4）家长根据操作的难易程度，适时给孩子提供帮助，确保烹饪过程的顺利进行。

（5）烹饪完成后，孩子把成果端上饭桌，家长和孩子们一起品尝自己亲手制作的春日美食，并进行评价和分享。

（6）活动过程请另一位家长使用手机全程跟拍，采集活动视频。

（七）成果分享

1. 家长和孩子们将自己制作的春日美食进行拍照和录制视频，并分享到班级工作群。

2. 学校组织一个成果展示活动，甄选家长和孩子们制作的美食，并展示给其他家庭。

（八）活动感悟

1. 亲子关系。学校开展"周末亲子坊·春日美食家"活动，给孩子创造了菜市场购物与厨房烹饪体验机会，通过共同参与购物和烹饪的过程，家长和孩子们之间的沟通和互动得到增进,加深了彼此的了解和感情。家长和孩子们一起品尝自己亲手制作的春日美食,分享彼此的体验和感受,这不仅是对他们共同努力的回报,也是对他们在活动中获得的成长和收获的肯定。

2. 自理能力。孩子们通过参与购物和烹饪,学会了选择食材和烹饪方法,培养了自己的自理能力和生活技能。孩子学会了选择食材、认识不同的食材,以及如何进行烹饪,在这个过程中,孩子们不仅学到了实际的知识和技能,还培养了解决问题的能力和创造力。

3. 春季饮食意识。通过选择春季食材和健康的烹饪方法,孩子们对春季饮食有了更深刻的认识,并养成了良好的饮食习惯,并在实际操作中体会到春季食物的美味和营养。

学校为家长和孩子们提供一个共同学习与成长的平台,让他们在愉快的氛围中互相学习、互相鼓励。同时,通过培养孩子的自理能力和春季饮食意识,为他们的未来人生奠定坚实的基础。

四 成效循证

(一) 学生方面

1. 学习适应能力的显著增强:通过"居家学习那些事儿"和"我为返校做准备"等活动,培养了学生们的适应能力。他们在家学习时,能更好地管理时间,专注于学习任务,这表明了他们在自我管理和自我调节方面的成长。学生们学会了如何在不同的学习环境中找到适合自己的学习方式,这对于他们未来的学习和生活都具有重要意义。

2. 生活习惯的明显改善:在"养成良好的生活习惯"等活动后,学生们的日常生活习惯有了明显的改善。家长反馈,孩子们开始主动遵守作息规则,保持个人卫生,这些变化,对他们的健康和学习效率产生了积极影响。这种习惯的改变,不仅影响了他们的个人生活,也对家庭环境产生了积极的影响,为家庭成员树立了良好的榜样。

3. 生命价值观的深化:"我的诞生"和"又是一年清明时"等活动让学生对生命有了更深刻的理解。在活动中,学生展现出对生命的尊重和对未来的积极态度,这对于他们的人格发展和价值观塑造具有重要意义。这些活动帮助学生理解生命的宝贵和生命教育的重要性,促使他们在日常生活中更加珍惜时间和生命。

4. 情感表达和心理调适能力的增强："我的小烦恼"等活动帮助学生们在情感表达和心理调适方面取得了显著进步。学生学会了如何有效地表达自己的情绪，处理内心的矛盾，这对于他们的心理健康和人际交往非常重要。这种能力的增强对于他们应对日常生活中的压力和挑战具有重要意义。

5. 劳动实践和责任感的培养：在"家庭茶餐厅"和"一碗好面"等活动中，学生通过参与家务劳动，不仅学会了基本的生活技能，还培养了责任感与团队合作精神。这些经验，对于他们的个人成长和社会适应能力具有长远的积极影响。通过这些活动，学生们体会了劳动的价值和重要性，这对于他们形成正确的劳动观念和社会责任感至关重要。

（二）家长方面

1. 亲子沟通的显著改善：家长在参与活动后，与孩子的沟通更加顺畅和深入。他们更加了解孩子的需求和想法，这对于建立和谐的家庭关系至关重要。这种沟通的改善，不仅帮助家长更好地理解孩子，也为孩子提供了一个更加支持和理解的家庭环境。

2. 教育观念的更新和深化：家长们在参与生命教育和劳动实践活动中，对教育有了更全面的理解。他们开始重视孩子的全面发展，不仅关注学业，还关注孩子的情感和社会技能的培养。这种观念的转变对于孩子的健康成长具有深远的影响。

3. 家庭教育方式的改进：家长通过参与各种活动，学会了更加科学和人性化的教育方法。他们在教育孩子时，更加注重情感支持和心理疏导，这对孩子的健康成长具有重要意义。这种教育方式的改进，不仅有助于孩子的个人成长，也有助于家庭关系的和谐。

4. 家庭责任感的共同承担：家长在参与家庭劳动实践活动中，与孩子共同承担家庭责任，这不仅增强了家庭成员之间的合作精神，也为孩子树立了良好的榜样。这种共同承担责任的经历，对于孩子培养责任感与合作精神具有重要意义。

（三）教师方面

1. 教学方法的创新和效果：教师通过组织创新性活动，如角色扮演、情景模拟等，不仅使教学更加生动有趣，还激发了学生的学习兴趣和参与热情。这种教学方法的创新，对于增加教学效果具有重要意义。教师们通过这些活动，不仅增强了学生的学习动力，也提高了教学的趣味性和有效性。

2. 教育视角的拓展和实践:教师在参与科学素养等活动中,不仅关注学生的学科知识,还关注其创新能力和实践技能的培养,这对于学生的全面发展具有重要意义。这种教育视角的拓展,使得教育不再局限于传统的知识传授,而是更加注重学生能力的培养和全面发展。

3. 家校合作的加强和成效:教师通过与家长的合作,加强了家校之间的联系,共同促进学生的全面发展。这种合作,对于构建和谐的教育生态环境至关重要。通过家校合作,教师和家长能够更好地理解彼此的需求和期望,共同为学生的成长和发展提供支持。

(四) 综合成效

"周末亲子坊"的活动不仅促进了学生在多方面的成长和发展,还加强了家庭成员之间的情感联系,促进了家庭和谐。对于教师而言,这些活动提供了教学方法的创新机会,加强了家校合作,拓展了教育的视野。总体来看,"周末亲子坊"为构建和谐的教育生态环境提供了有效的途径和实践案例,实现了学生、家长、教师三方的共同成长和发展。通过这些活动,学生、家长和教师都在各自的角色中实现了成长,共同构建了一个更加和谐、有效的教育环境。

"周末亲子坊"通过每一期精心设计的主题活动,加深了亲子、家校之间的理解和情感交流,也促进了家庭教育的全面提升和社会责任感的培养。这一系列丰富多彩的活动,不仅满足了家庭教育需求,也为社会的和谐发展注入了积极的能量和活力。碧岭实验学校希望努力搭建具有区域特色的家校共育平台,推动家校共育工作迈上新台阶,为实现"创新坪山"教育事业的发展,打造东部教育高地贡献积极力量。

(撰稿者:深圳市坪山区碧岭实验学校 李晴 杨少敏)

模式 13

四方共育联盟:构建"校·家·社·企"四方协同共育联盟

四方共育联盟是以"儿童为本、家长主体,统筹规划、重点突破,创新引领、因地制宜、形成特色"为工作思路的家校共育实践探索。联动学校、家庭、社区、企业,建立"校·家·社·企"四方协同共育联盟服务团队,打破教育的孤立性和边界性,形成的典型经验与做法,对中小学校密切家校社企关系,凝聚多方教育力量与智慧不断优化办学,具有参考价值。

深圳市坪山区六联小学创建于1958年,校园占地面积17000平方米;建筑面积48 800平方米。目前有37个教学班,师生1700多人。多年来,在各级领导的亲切关怀和全体师生的不懈努力下,学校积极践行"让每位孩子享受金色童年,做幸福快乐人"的办学理念,实施"友善·幸福教育",致力于培育"身心健康,敏学上进,全面发展,个性阳光"的幸福六联学子。

学校先后被评为省巾帼文明示范岗;市教育系统先进单位、德育示范学校、书香校园、广播体操传统学校、阳光体育先进学校、绿色学校、无烟学校、"园林式、花园式"示范单位;多次被评为坪山新区"文明学校""教育先进单位""德育先进学校"。学校文化建设、师生精神风貌、教育教学质量、特色办学成果在本区具有良好的口碑,并取得较高的社会信任度,得到上级领导的充分肯定和社会各界的广泛赞誉。

六联小学自2011年开始,开展义工服务队,2012年正式注册义工组织,2015年5月开始与六联社区服务中心建立合作伙伴关系,将"双工联动"机制,即社工和义工在服务过程中形成良性互动,社工引领义工,义工发动群众,群众参与义工,义工协助社工,通过良性互动引发循环效应,共同致力于解决社会问题、缓解社会矛盾,实现社会和谐,促进社会进步的重要机制引入校园,经过不断实践和总结,学校不断拓宽教育覆盖面,有效整合多方资源,最终形成了"校·家·社·企"四方联盟的共育模式。

一 共育联盟的理念及意义

六联小学以"友善·幸福教育"为统领,落实"为学生未来幸福奠定人生根基,做幸福快乐人"理念,珍视童年生命价值;尊重每位孩子人格;真正张扬学生个性。内强队伍,外树形象,充分发挥学校引领社会文化的高地作用,积极内引外联,主动作为,学校采取一系列有效举措,初步构建起有鲜明特点的家校社企协作、互联共育机制,为学校的高质量发展提供强有力的保障。形成的经验与做法,对中小学校密切家校社企关系,凝聚多方教育力量与智慧不断优化办学,具有参考价值。

近年来,党和国家越来越重视和倡导大教育观与家校社企协同共育的合力。2012年3月,教育部明确指出家长委员会可以参与学校管理,就学校工作计划和重要决定提供意见和建议。《关于指导推进家庭教育的五年规划(2016—2020年)》文件提到,家庭教育在儿童青少年成长过程中起重要作用。"家庭的前途命运同国家和民族的前途命运紧密相连。"《国家中长期教育改革和发展规划纲要(2010—2020年)》中指出,要建立现代学校制度,其基本内容是"依法办学、自主管理、民主监督、社会参与"。"在人才培养上要树立系统培养的方针,推进学校、家庭、社会密切配合,形成体系开放、机制灵活、渠道互通、选择多样的人才培养体制。在现代学校制度建设方面,强调要构建政府、学校、社会之间新型关系,完善中小学学校管理制度,建立中小学家长委员会,引导社区和有关专业人士参与学校管理和监督。"中共中央、国务院《关于加强和改进未成年人思想道德建设的若干意见》中指出:"要把家庭教育、学校教育、社会教育紧密结合起来。"

为了发扬中华民族重视家庭教育的优良传统,引导全社会注重家庭、家教、家风,增进家庭幸福与社会和谐,我国制定了《中华人民共和国家庭教育促进法》。父母或者其他监护人为促进未成年人全面健康成长,对其实施的道德品质、身体素质、生活技能、文化修养、行为习惯等方面的培育、引导和影响履行家庭教育责任。

首先,从教育方面来看,家长的参与能够帮助学校更全面了解学生的情况,并结合家长的资源为学校提供一些帮助,从而更有利于学校的教育工作,可以消除家庭教育与学校教育互不相关、互相脱节的情况。学校也可以通过家校合作帮助家长学习提高专业教育知识水平,同时家长的反馈意见又能帮助学校不断改进教学与管理。其次,从管理方面来看,家长参与学校管理也有利于增强与学校的沟通,能够在一定程度上给学校提供物资与人力资源,给学校开展的一些活动提供支持与方便。同时,也能够激励教师士气,甚至还能够协助学校应对社会次文化带来的负面影响。因此,家长参与家校社合作是一种必然的趋势。

作为儿童学习场,校家社企合作为儿童提供了更加广阔的学习机会,每种学习活动都具有不可取代的价值,中小学教育相关者应为中小学生创设学习时空转换的各种机会,重视各种学习活动之间的联结质量,以及发挥自身教育的优势和中小学生的能动性,也是建设学习型社会的必然要求。

学校教育、家庭教育、社会教育是教育体系的组成部分,它们之间相互联系、相互作用、相互促进,缺一不可。只有学校、家庭、社会、企业形成协同效应,才能最大化取得教育效果。基础教育阶段是学生学习生活习惯和社会化形成的关键时期,在这个阶段,学校教育与家庭教育、社区、企业教育之间的合作非常重要。

二 共育联盟实践操作内容和途径

在深入实施校家社企四方协同共育模式的进程中,我校进行了多方实践和探索,努力构建全方位、多层次的育人体系。其中,构建"校·家·社·企"四方协同教育服务联盟、打造无围墙学校,以及成立六个"共育成长团",成为我校共育模式中的三大核心实践。这些实践不仅拓宽了教育资源的边界,也促进了学生全面而个性的发展。通过整合学校、家庭、社会、企业等多方力量,我们共同为学生的成长提供有力支持,助力他们成长为具有社会责任感、创新精神和实践能力的时代新人。

(一) 构建"校·家·社·企"四方协同教育服务联盟

按照"儿童为本、家长主体,统筹规划、重点突破,创新引领、因地制宜、形成特色"的工作思路,点面结合,整体推进,进一步规范家长学校和家委会工作,完善家庭教育线上服务,成立学校党员干部名师辅导团、优秀家长助教团、企业高学历人才讲师团、社区教育资源共享团、朋辈成长互助团、学生师徒结对助学团等六个"共育成长团"。建立完善的家庭教育服务机制和需助生帮教工作协调推进保障机制。发挥党员示范、干部争先,名师引领,家长参与,各界助力,构建六联小学特色家庭教育工程和需助生帮教服务体系,开创学校教育工作新局面,新样态。

(二) 打造无围墙学校,丰富无围墙课程资源

为了实现"无围墙学校"校本课程建设,利用现有信息化与现有软硬件设施及社会、社区教育资源,在现行的教育体制下,利用所有的可利用学习平台,打破学科边界,进行跨界融合;打破空间边界,进行校内、校外融合,拓宽学生视野;打破时间边界,改变课堂定式,建立符合我校校情的"无围墙"校本教材,以适应未来教育的需要,培养真正适应未来世界的接班人。

1. 构建无围墙的三维立体学习空间

(1)打破学校的"围墙"。打破只有在学校才能读书的"围墙",打破课程建设的"围墙",打破学习方式的"围墙",打破师资结构的"围墙"。

（2）打破思想与教学行为的"围墙"。要打破学校的围墙,最重要的是要如何拆除校长传统办学思想与教师传统教学行为的"围墙"。

（3）打破学习内涵的"围墙"。教材不是唯一的课程资源,校园即课堂、社区即课堂、生活即课堂,拓宽多层次的和全方位的学习空间。

2. 强化无围墙课程资源管理和师资建设

（1）"无围墙学校"管理。"无围墙"学校管理需要整合校、家、社、企资源的学习生态系统,家庭教育、社区教育、社会教育往往会对教育产生很大的助推或延缓作用。因此,如何突破教育的地域限制,更好地实现校、家、社、企资源的整合,推动教育的无边界,也是我们研究的一个重要内容。

（2）拓宽"无围墙学校"课程内涵。变"教科书是学生的世界"为"世界是学生的教科书"。打破学校、学科、时间、空间、虚拟空间等界限,通过课程资源广域化组织,突破既有知识中心、教材中心的定势,实现学习内涵"无围墙"。

（3）"家长讲师团＋N名家"进校园,打破师资与学习资源的边界。按照学校年度计划,学校挑选优秀家长代表,成立优秀家长讲师团,聘请家长讲师。同时邀请各行各业的名家、专家、行家、文化名人、劳动模范、道德模范等N类人员进校园授课。同时严格把好人员政审关和课程资源意识形态关。

近年来,学校邀请科学家院士、文学作家、棋类名家、体育名家、书画家等进校园主题课堂共计21场(含区科技局开展的科普讲座进校园活动),惠及师生近6万人次,学生作品达5万多件。如:举办"三棋"名家进校园、书画名家进校园、航天院士进校园、空军大校进校园、国学名师进校园、国际文化进校园、科普讲座进校园等。

学生们进"基地＋N场馆",拓宽学习资源。以社区和企业为校外学习体验基地,组织师生"进社区进六馆"活动。如:坚持组织学生参加社会实践活动,走进博物馆、展览馆、图书馆、植物馆、科技馆、科普馆等主题学习体验活动。(见表13-1)

表13-1　社区、企业校外学习基地

	无围墙资源类别	学校周边社区无围墙学习实践资源(基地)
1	文化活动类	坪山美术馆、坪山图书馆、坪山少年宫
2	自然景观类	马峦山郊野公园(瀑布群)、燕子岭生态公园、马峦山梅园、大山陂水库风景区、坪山河生态长廊公园

无围墙资源类别		学校周边社区无围墙学习实践资源（基地）
3	人文历史类	坪山大万世居（国家级非物质文化遗产）、东江纵队纪念馆、曾生故居、金龟古村落、丰田世居、坪山客家村
4	科技信息类	坪山著名高新企业：比亚迪、欧姆龙、新宙邦、迪凯特、昱科环球、高先电子、村田科技
5	动手实践类	金龟智慧谷、长征实践基地
6	体育艺术类	坪山区体育中心、坪山雕塑艺术创意园

几年来，学校与市、区、街道多个单位联合举办活动，进基地进场馆共计15场，惠及师生4万多人次，学生完成作品3万多件。

如：与广东省棋类协会联合举办"与象棋名家同台对弈"活动；与市、区场监督管理局联合开展食品安全知识现场学习体验活动；与区供电局开展低碳绿色生活体验活动；与坪山交警大队开展"学生小交警"培训活动；与六联社区民生微实事项目组开展交通安全和国防教育体验活动等。每年坚持组织学生参加社会实践活动，走进博物馆、展览馆、图书馆、植物馆、科技馆、科普馆等。

3. 改革"校园四大节"，丰富跨学科学习体验

一是改变原有单一学科教学模式。规划小学学科组合的模式，如：语文＋思品＋艺术（美术或音乐）；科学＋综合实践；信息技术＋数学；体育＋武术＋音乐等。

二是改变"四大节"分别开展模式。组合成两大节为"体育艺术节"和"文学科技节"；或者"文学艺术节"和"体育科技节"等跨界活动。

三是完善跨学科特色活动课程。英语Phonics韵律操、Stream教学、中英文话剧、幸福太极行。

4. 设立"无围墙先锋班"和跨科教师培养

"无围墙学校"校本课程建设不仅针对学生，教师也要打破专业与学科围墙，积极培养跨科教师，以此促进复合型教师成长。可以设立无围墙试点先锋班，跨科教师成长共同体。

5. 推进"教育＋互联网"，促进学生学习方式转变

学校要突破空间，让学生适应线上学习与线下学习的无缝对接。本课题尝试通过市数字教材iPad教学（本校是深圳市数字教材与教学应用项目试验学校）、家庭"好学

区"线上自主学习平台、全天候"一米"主题阅读,让学生在线上与线下的学习方式之间自由转换。

6. 建立"课程资源＋师资信息库",储备人力和课程资源

通过"无围墙学校"校本课程的学习与开发,打破教师只是单一专业学科的"围墙",教师要通过不断学习和实践,成为精通一门专业知识和熟悉多门科学知识融合,且具备信息素养的"全能型"人才。建立"课程资源＋师资信息库",创新师资和课程资源模式。目前,我们建立了无围墙课程资源六类共 18 个;建立了无边界师资库共计 20人。为将来更广阔的学习空间积累"人力资源和智慧宝库"。

(三) 成立"班级小老师和小徒弟"助学团

根据学校学生学习现状,为进一步深入开展友善用脑教学实践活动,实现班级团队学习的整体跨越,避免两级分化,让学习暂时困难的同学迅速跟进,同时让更多的学生在互帮互助中得到锻炼,最终实现整体学习质量的提升。

1. 组建学生助学团,制定激励制度

(1) 建立"学困生"个人档案。对学生进行全面调查认真排查"学困生"现状,按学习、行为规范等学困状况排查分类,建立个人档案。

(2) 确定各学科小老师、小徒弟帮扶名单。结成一对一帮扶或一对二帮扶对子。进行帮扶宣誓,每一组对子,针对自己的特点商量帮扶计划,制定帮扶措施,下定帮扶决心。做到明确转化目标,责任落实到人。

(3) 确定帮扶激励机制。寻找"学困生"身上的闪光点,让"学困生"尝试成功的喜悦。在转化过程中提出分阶段的要求,对"学困生"中进步快、某一方面表现突出者及时表扬鼓励,让"学困生"获得积极的情绪体验,使"学困生"深信人人都是成功者,尝试成功的喜悦,让更多的"学困生"学有榜样,赶有目标。每班设立助学光荣榜,每周一公示登榜,优秀助学小组做助学经验介绍展(由对子双方共同介绍)。对帮扶进步明显者进行大力宣传,通过微信、家长 QQ 群平台给家长做喜报汇报,或通过班会给进步小组同学做喜报并颁奖。

2. 培养助学"小老师",指导助学方法

助学小老师人员确定后,把他们召集起来进行相关助学要求的培训,使其明确职责,有效开展助学工作,具体帮扶工作有:(1)助学小老师要树立"帮助别人,快乐自己,帮助别人,提升自己"的思想;助学小老师要不断激励被帮扶者,为其树立自信心,被帮

扶者学习优秀生的学习方法。(2)课上帮扶：每个小组的成员结伴听课,便于课上相互监督,提高听课效率,有助于课间讨论问题,及时消化课堂内容。(3)课下帮扶：结伴自习,相互监督作业完成情况,并相互检查作业,保证作业质量。学完一章进行小测试,小组之间进行竞争,从成绩中比较小组的帮扶情况,并及时做调整。(4)考前帮扶：每个小老师总结考试重点、难点,并进行针对性地辅导工作,保证被助学生有一定的进步。

3. 强化助学小组的跟踪流程管理

建立助学小组后,老师要及时给予方法指导,让优等生辅导"学困生"释疑解难,温故知新,帮助他们扫除学习中的拦路虎,克服消极、畏难的情绪。定期进行助学工作的总结,具体包括：小组成员的学习态度、学习经验、学习方法等。及时鼓励与引导扬长避短,不断增加助学效果。及时总结表彰,对助学小组开展定期学习检测评估,根据学生进步程度评出优秀小老师、优秀小徒弟给予表彰(每周一测进行帮扶效果检查落实。每周一小奖,期末一大奖)。确保"学困生"能得到及时而真诚的帮助,使他们能不同层次、不同程度地得到提高,获得成功,不断增强自信。

三　共育联盟典型案例

学校和家庭是孩子接受教育的两个最重要的环境,家庭教育和学校教育需要相互支撑、相互促进。为做好校家社企共育工作,密切家校联系,凝聚教育合力,为学生安全健康成长成才、终身幸福发展护航。下面以"校家社企护幼苗"学生安全共育模式为例,谈谈学校具体的做法。

(一) 指导思想

以习近平新时代中国特色社会主义思想为指导,贯彻落实党的二十大精神,全面落实立德树人根本任务,以培育和践行社会主义核心价值观为引领,以提高学校家庭教育指导服务工作水平为重点,以服务广大青少年学生和家长为出发点与落脚点,推动构建学校、家庭、社会和企业协同育人体系,促进中小学生健康成长和全面发展,努力办好让人民满意的教育。

(二) 活动目标

六联小学基于"为学生未来幸福奠定人生根基,做幸福快乐人"理念引领,成立"家校护苗,助力成长"项目,以学校教育教学为中心,家校共育为抓手,充分发挥家长义工队伍的助力作用,采用网格管理的工作模式,明确各主体责任,以学校为中心,社区为面开展护苗行动,包括协助学校开展活动、带领学生下社区进行垃圾督导及校园周边地区交通指挥等工作,为孩子们树立榜样,助力学校做好宣传,身体力行。构建和谐的家校合作育人关系,促进学校家庭教育指导服务专业化、精细化,推动形成学校组织、家长参与、社会支持的家庭教育工作格局;打造"天使护苗队",为呵护六联幼苗的茁壮成长,做出有意义的实践探索和可借鉴的模式。

(三) 活动内容

"家校护苗"项目和传统家校活动根本上的不同在于,该项目采取行动＋教育的理念,记录义工活动的所有信息,吸取精华,通过推文、广播、电子屏展示、主题班会等方式向全校孩子们宣传、教育,让义工活动行为作为教育孩子的教材,让家长义工的公益行动成为孩子最值得模仿的榜样。"家校护苗"项目,能够对学生起到很好的教育宣传作用,同时也解决了很多现实问题。

(四) 活动任务

1. 解决学生上学途中三岔路口交通安全的难题。六联学子多居住在华美、福昌小区等临近小区,位置相对比较近,低年级除外的很多家长都是让学生自己上下学,而金碧路与华美小区和学校入口处的三岔路口的交通安全一直是个难题,学生在路上的安全很难得到保障。自从"家校护苗"项目实施以来,该路口每天都安排了至少 6 名家长义工,在每一个三岔路口分配 2 名家长义工进行交通协助,在家长的通力配合下,学生上下学的安全得到了保障。

2. 解决了家长上班与义工值日时间协调上的难题。"家校护苗"项目采取的是分时段值日的模式。各位家长义工可根据自己工作的需要选取合适的时间段,时间控制在 40 分钟以内,因此家长在值日过程中并不影响正常上下班。

(五) 具体做法

1. 保持家校沟通渠道畅通。学校发动各班主任积极动员家长加入六联小学的家委群,全体家长、学校行政、班主任及安保团队均加入了家委群,家长义工可在群内和学校直接进行沟通,渠道畅通,保证各项活动的顺利、高效开展。

2. 网格化管理,程序完善。"家校护苗"项目已经确定了一套完整的工作程序,采用网格化的管理模式,固定主体职责,实现职责到人,学校、家长义工团队、学校安保团队各司其职,无缝衔接工作,共同协作。

3. 交通护航,安全保障。在"家校护苗"项目的组织下,家长义工团队的配合下,参与活动的人员规模大,涉及范围广,能够辐射更多需要协助的区域。以学校周边路口交通值日为例,学校每天安排一个班的班委代表值日,人数在8—13人不等,除了必要的路口安排家长义工外,还在洋母帐路口等学生聚集人数较多,环境比较复杂的地方也安排了家长义工,为学生提供长效保护。

(六) 活动保障

首先,校长牵头,学校德育处负责家长义工工作的确定和安排,学期初步确定家长义工的相关活动,并制作活动安排表。其次,学校安排安保队与家长义工对接,安保团队负责接待、活动记录、监督家长义工的工作。学校安排周到,注重细节。学校十分重视家长义工团队,为家长义工配备了休息亭、专用的绿马甲、饮用水、旗子等工具,为家长义工更好、更便利地开展工作提供了基础。最后,学校领导班子每天也会派代表与当日的家长义工沟通,了解当日的工作情况,及时解决家长义工活动中出现的情况或难题。

四 共育联盟活动创新之处

"家校护苗"项目坚持以点带面,扩大教育影响,实现一切为孩子,以孩子的幸福为终身的奋斗目标。基于学校幸福教育理念,家校联手,将校内学习与校外实践与发展结合起来,规模大,辐射范围广。

实现合作、互助、共赢。关注家长义工的实际需求,寻求高效合作方式。六联小学"家校护苗"项目一直基于关注学生和家长的切身问题,无论是在家长义工的工作内容还是工作安排上,我们都始终关注着家长义工的实际需求,以家长的便利为前提,不给家长增加负担,引导高效工作,呵护六联学子苗壮成长。

利人利已、互助共赢。如:邀请家长参加学校运动会,充分调动家长参与学校事务的积极性。既可以增进家长对体育运动的关注，同时也能增加学校与家长义工之间的联系，为家校护苗工作的开展提供更多帮助。家长义工活动在组织过程中一直秉承着利人利己、互助共赢的理念，力求让全体家长放心孩子的安全与发展，引导家长义工团队为六联学子提供全方位的安全保护。

五　活动效果及社会评价

近年来，学校坚持开放办学的思路，打破传统思想与思维，课程与师资等围墙界限。学生视野得到开阔，学习动力得到增强，无围墙学校课程建设取得良好效果，家校共育、四育联盟助推教学质量快速提升，在同类学校中成为佼佼者，家长认同率高，入学申请学生人气高涨，社会认同度高。受到了学校、家长、社区居民的一致好评和高度认可。

教育的本质是完善人的精神世界。学校要交出"培养什么人，怎样培养人，为谁培养人"这一根本问题的精彩答卷，就要积极主动构建校家社企协同共育机制、引导学生爱家、爱校、爱社区，从而不断丰盈学生的精神世界，浓厚其家国情怀，增强国家认同感，树立和践行社会主义核心价值观。

校家社企的协同共育，要"发挥学校主导作用"。学校教育只有自觉摒弃唯分数、唯升学的功利追求，聚焦立德树人根本任务，坚持健康第一、安全第一、生命第一的观念，重视每一位学生的全面发展，才能赢得社会各界的尊重和信赖，校家社企协同育人机制建构才有厚实根基。五育并举，互联共育共融，培养新时代社会主义事业的接班人。

（撰稿者：深圳市坪山区六联小学　汤庆东　刘双双）

模式 14

家庭教育指导服务站:校家社"三维立体"共育模式

"三维立体"校家社协同育人模式通过联合社区建立家庭教育指导服务站,实现学校—家庭—社区联动。在学校的维度上,成立"家长学校",立足学校、面向家长开展工作;在家庭的维度上,成立"特殊儿童关爱工作坊",立足家庭和学生个体,满足家庭教育的个性需求;在社会的维度上,依托"家庭教育指导服务站",融合"校、家、社",协同发力,建立健全"学校主导、家长尽责、社会支持"的全链条育人机制,不断影响社会育人观念、指导正确育人方式、助力家庭教育实效,落实立德树人根本任务。

东北师范大学深圳坪山实验学校(以下简称"东师坪实")是东北师范大学与深圳市坪山区政府携手打造的九年一贯制公办学校,于 2021 年 9 月正式开学,现有 52 个教学班,学生 2 267 人,教师 154 人。东师坪实拥有东北师范大学在基础教育领域的资源支撑和理论引领。学校以"为学生一生奠基、对民族未来负责"为办学宗旨,传承东北师范大学"尊重的教育、创造的教育"办学理念,致力于办成特色鲜明、品质卓越的研究型、创新型东师窗口校。

自建校以来,东师坪实始终把校家社协同育人作为提升办学品质的一项基础性、重要性工作。当前,校家社协同育人的重要性已经成为全社会的共识,东师坪实在"尊重的教育"办学理念下,尊重教学规律,尊重学生个性,坚持以学生为主体,建立了以"家庭教育指导服务站"为主体的学校—家庭—社区联动的"三维立体"校家社共育工作模式。

一 "三维立体"校家社共育的内涵与意义

党的十九届五中全会提出健全学校家庭社会协同育人机制;党的二十大报告进一步要求健全学校家庭社会育人机制,以此来加快建设高质量教育体系。教育部等十三部门《关于健全学校家庭社会协同育人机制的意见(2023 年)》指出,学校要充分发挥协同育人主导作用,加强家庭教育指导。从家校关系的历史来看,家庭教育指导于学校而言并非新事物,然而,当前教育政策中强调落实好协同育人的主导作用,意在要求学校家庭指导工作从自发上升到自觉、提质、增效,学校在协同育人中发挥主导作用,对家庭教育的指导意义深远。

(一)内涵阐释

东师坪实秉持"尊重的教育"理念。"尊重的教育"一方面强调尊重"规律",尊重教育教学规律、尊重教育对象的身心发展规律、尊重创新人才的成长规律;另一方面强调尊重"人",尊重学生的人格和个性,尊重教师的学术自由和劳动成果。尊重是教育的前提,从尊重这个起点开始,努力为学生创造一个愉快而自由发展的环境。在校家社共育的工作过程中,学校以"尊重的教育"理念为基础,探索形成"三维立体"深度合作的校家社共育工作模式。

"家庭教育指导服务站",是我校建校后即开始探索建立的校家社共育社区工作驿站。2022年4月,我校与坪山区六合社区携手,在社区成立我校首个家庭教育指导服务站"心桥驿站",我校的学校、家庭、社会协同育人机制正式形成。2022年6月,学校与坪山区六合社区携手,成立了第二个家庭教育指导服务站"心和驿站"。至此,学校与周边社区顺利完成建设"家庭教育指导服务站",以"家庭教育指导服务站"为枢纽,学校与家庭、社会的沟通和联结进一步畅通,旨在发挥协同育人合力,提升人才培养质量。

"三维"指的是"学校、家庭、社会协同育人机制"中的三个维度,即"学校""家庭""社会"。校家社共育的工作离不开"校、家、社"的同频共振、协同互动。在这一工作模式中,"心桥驿站""心和驿站"是"校、家、社"汇聚的枢纽。我校的校家社共育工作以这一枢纽为中心延展:在学校的维度上,成立"家长学校",立足学校、面向家长开展工作;在家庭的维度上,成立"特殊儿童关爱工作坊",立足家庭和学生个体,解决家庭的"个性问题""特殊问题",满足家庭教育的个性需求;在社会的维度上,依托"家庭教育指导服务站",立足"校、家、社"融合,整合力量,协同发力。

"立体"是指在"学校主导、家长尽责、社会支持"的全链条协同育人机制下,促进"校、家、社"在育人中的深度合作。"家庭教育指导服务站""家长学校""特殊儿童关爱工作坊"分别从"社会层面"——整合社会力量、影响社会育人观念、营造良好育人环境,"学校层面"——更新家长育人理念、指导正确育人方式、助力提升家庭教育实效,"家庭、个体层面"——针对个体学生与个体家庭实施有效帮助与指导,形成了对校家社共育工作实施的范围全覆盖、层次全包含。从个体家庭的角度看,既能够接受学校整体上的家庭教育指导,又能够接受到社会的资源、影响与力量,更能够在个性需求和具体困难上得到学校的"一对一"帮助。

"三维立体"的校家社共育模式意在以"家庭教育指导服务"为基点,建立"家长学校"——"新桥驿站""心和驿站"——"特殊儿童关爱工作坊"三维工作路径和实施阵地,探索学校发挥校家社协同育人主导作用的理论基础、工作机制、实施路径和有效经验,梳理校家社共育工作的有效策略。

（二）价值意义

家庭是孩子第一所学校，家长是孩子第一任老师。除了遗传因素和个体发育问题，原生家庭的家庭结构、教养方式、亲子关系等都对孩子的性格、习惯和人格发展具有重要的影响作用。所以，学校教育不是万能，教育也不是学校的独舞，我们不能忽视儿童的家庭教育，反而要加强家校沟通，密切家校合作，达成教育共识，形成教育共同体，共同研究探讨解决问题的策略，指导家庭教育、科学施教，实现家校教育的一致性和深度合作，这样才有利于孩子的健康成长和可持续发展。

人的发展具有整体性和未完成性，人的未完成性及其蕴藏的发展潜能，充分说明人需要接受教育，人可以接受教育。人能否成为人、将变成什么样的人，具有不确定性。儿童发展的未完成性、未成熟性，蕴藏着人的发展的不确定性、可选择性、开放性和可塑性，潜藏着巨大的生命活力和发展可能性。因此，学校教育需要运用系统化思维，构建有利于儿童认知和行为转化的多维立体支持系统，我们不仅要关注儿童的校内生活，还要关注儿童的家庭生活、社会生活等综合状况，才能够及时应对各种不确定，促进学生成长和发展。

因此，校家社共育的巨大价值意义，就在于将影响儿童成长的重要因素统筹、联合，形成同德同心、共同托举的合力，全面助力儿童成长成才。校家社共育的工作重点也就在于：一方面，强化家长的主体责任意识，更新家长家庭教育观念，树立科学教育观；切实助力家庭教育指导工作，指导家长掌握学生成长规律，保障学生心理健康；另一方面，完善学校家庭教育指导工作机制，整合社会资源，引导家长参与校家社共育，提高校家社共育水平，为孩子成长创造良好环境。

（三）工作愿景

"三维立体"的校家社共育的工作愿景，是在"学校教育""家庭教育""社会协同"三个方面贯穿联通、全面增效，围绕"立德树人"，实现对儿童的优质教育与培养。

一是拓宽办学路径，丰富教师育人智慧。从学校角度，针对教师家庭教育指导水平提升的需求，学校着力打造具备家庭教育专业指导能力的师资队伍，培养教师校家社共育意识和能力，提高教师尤其是年轻教师的家校沟通技巧和水平，积累共育经验。

二是影响家长观念，提升家庭教育水平。从家庭角度，针对家长教育观念不科学、教育方式不当、教育手段单一等问题，学校通过建立家长学校、开展家委会活动、家长开放日等多种途径宣传科学的教育理念,给予科学的方法指导,及时反映学生、家长存在的困难或困惑,逐步培养家长提升教育水平,能够实现与学校同频共振、携手育人。

三是整合社会资源,拓展学生成长空间。从社会角度,学校联合社会教育力量来培养学生积极参加社会活动的能力,整合分散的、自发的社会育人影响,促进形成校家社协同育人的工作格局;联合政府部门促进更多的社会机构向学校和家庭开放,让校家社融合教育具有更大的可能性与可行性。

二 "三维立体"校家社共育的实践探索

"三维立体"校家社共育,是学校主导下的学校教育、家庭教育、社会协同的育人机制,立足实际、尊重规律、把握要点、科学实施,才能取得协同育人的工作实效。

(一) 工作原则

学校从家长、学生、教师三个角度对家长的家庭教育需求和学生成长需求进行调研,梳理调研结果,对需求和问题进行分类。在此基础上,设计和实施校家社共育工作。

1. 理解并接纳家长的感受,"看到"需求。家校之间的不畅通、隔阂是时有存在的。不畅通表现为家校之间的误解,如果我们跟家长沟通时,能够感受到家长紧张、焦虑、不安、愧疚、无奈、生气等情绪,我们不妨说出自己感受到的家长情绪和感受,并表达理解。看见即疗愈,理解是良好的开端。消除家长的顾虑,卸掉家长的防御和抵触情绪,增强家长的价值感和安全感,建立安全、互信、友好的关系后,才能更好地沟通与合作。因此,在开展工作前要充分调研家长的家庭教育需求,或者在育儿方面存在的困难,打破家校隔阂,提升工作的针对性和实效性。"看到"需求,是重要的工作基础。

2. 反馈并给予家庭教育指导,"发现"策略。孩子是家庭教育的一面镜子,孩子的问题往往来源于家庭教育,但家长不是"教育家",需要得到接纳和帮助。家长是我们在教育之路上的同盟者,是合作伙伴,但更多的情况下,教师是将孩子的问题"告知"家长后就没有了下文。如果一味批评指责、甩锅给家长,让家长感到挫败和气馁,甚至反感、抗拒、防御,就容易将家长推至我们的对立面。只有教师对家长表示出认可,增强家长的价值感和归属感,给家长赋能,家长才愿意相信教师,与教师合作。但教师对家长的肯定,必须基于对家长的了解,向家长反馈孩子存在的问题,必须同时要向家长提供有价值的指导或建议,要有和家长共同分析问题、解决问题的充分探讨,了解孩子和孩子的家庭,与家长共同发现和寻找有效对策。言之有物、真诚可信,这样才能赢得家长的信任与支持。

3. 整合并提供家庭教育资源,提供"支撑"。家校协同育人的目的在于促进学生健康成长与发展。我们帮助家长解决子女教育问题不能停留在"遇到问题、解决问题"的"应急救火"层面,更重要的是帮助家长更新教育观念、提升家庭教育水平,通过校家社的携手,共建有利于青少年儿童健康成长的良好环境。学校要尊重家长的主体地位和主观能动性,根据家长的需求和家庭的特点,为家长的家庭教育规划、整合、提供有效资源。一是立足长远,为家长提供科学的育儿观念、教养理念、儿童身心发展规律方面的学习资源,更新家长的认识和观念;二是立足当前,从孩子现阶段的成长特点和家庭的育儿需求出发,为家长提供"即学即用"的育儿经验,把一些成熟有效、得以印证的教育方法分享给家长;三是基于问题,从家庭教育遇到的棘手问题或外部环境造成的必须面临的问题出发,为家长和家庭提供帮扶和指导,及时消除隐患和难题。从而增强家长育儿的能力、价值感和效能感,这是形成良性校家社共育的工作基础。

(二) 路径设计

我校在开展校家社共育的工作实践中,不断探索和丰富校家社协同育人的工作路径,系统设计校内校外、线上线下、校家社互通联动的多种实施方式。从四个维度建立校家社共育课程体系,构建"社区驿站""家长学校""特殊儿童关爱工作坊"三大实施阵地。

1. 校家社共育课程体系的开发维度

维度1:认识青少年儿童发展。主要包括:青少年儿童的全面发展、青少年儿童发展的规律、青少年儿童发展的环境、培育青少年儿童的重点与难点。

维度2:促进家长身心健康。主要包括:家长角色认知、家长心理和情绪管理、家庭压力管理、家庭沟通方法。

维度3:促进家长育儿能力增强。主要从三个方面增强家长育儿能力:(1)理念指导:如亲自教养、尊重差异、言传身教、严慈相济、寓教于生活等;(2)方法指导:如道德品质培养类课程、身体素质培养类课程、文化修养培养类课程、行为习惯培养类课程、生活技能培养类课程;(3)困难帮扶:如亲子矛盾难题、心理问题难题、网络沉迷难题、特殊家庭和特殊儿童教养难题等,帮扶家长破解育儿难题类的课程。

维度4:促进家校合作。主要包括:家校互信协同的态度和观念、家校沟通协作的知识和技能、家校合作育人的参与和实践。

2. 校家社共育课程实施的"三大阵地"

在课程的实施路径方面,主要有"家长学校""社区驿站""特殊儿童关爱工作坊"三大板块。一是挂牌成立"家长学校",学校成立了以学校领导、家委会主任、学校各部门和相关教师为主要成员的专门组织机构,并依托东北师范大学学术平台和资源,初步建构了家庭教育指导工作队伍体系,已建立了"专家主题培训""超级父母心理课堂""参与式校家社共育活动"。虽新建仅 2 年,但学校自建立起就高度重视"家长学校"工作的设计与开展,2023 年 4 月,我校被中国成人教育协会评为"校家社协同育人项目实验基地"。二是联合学校周边社区,学校成立"心桥驿站社区家庭教育指导服务站"和"心和驿站社区家庭教育指导服务站",利用周末时间与社区联合开展家庭教育指导服务工作,面向周边社区居民提供家庭教育相关培训与指导。三是建立"特殊儿童关爱工作坊",主要面向校内特殊儿童或针对特殊问题进行专项服务指导,学校设置"校家社共育工作室",为开展"特殊儿童关爱"工作提供安全、温馨、优雅的教育环境。

(三)实践探索

1. 开设"家长学校",线上线下联通

我校每月定期开设家长学校课程,旨在帮助家长形成科学的教育理念,提升家长的家庭教育水平。主要以培训的形式面向家长开展专题讲座,采取线上线下相结合的形式。线下进行专题培训,邀请家长到校参加,集中开展学习;线上进行"超级父母心理课堂"主题微课,教师录制微课,就某一育儿话题进行讲解,"短、平、快"、实效性强。

2. 校、家、社携手,打造共育"驿站"

我校联合周边社区开设了"心桥驿站""心和驿站"两个家庭教育指导服务站点,设置"东师坪实党员先锋岗",派优秀党员和部分教师代表走进社区,入驻"驿站"。学校以举办专题讲座、一对一咨询交流等形式,每月开展一次家庭教育指导,宣传科学先进的教育理念,引导家长树立正确的价值观、人才观、教育观,掌握教育子女的科学方法;及时听取有关方面的意见,增进了解,增强服务,为家长提供公益性家庭教育指导,使学校、家庭、社会更好地协同育人,实现科学化、常态化、制度化。

3. 关爱"特殊学生",建立"工作坊"

"特殊儿童工作坊"主要针对"特殊儿童"或"特殊问题",学校与家长携手共育,对特殊儿童进行教育与关爱,增加对特殊群体的教育实效。采取"三维立体"操作模式,从环境、资源、过程三个要素出发促进校家社共育,实施特殊学生转化"三步走"。

第一步：联合调研

班主任观察学生（课上、课间）表现，发现问题；组织任课教师进行联合调研，综合学生表现、初步分析问题。

第二步：家校沟通

班主任跟家长沟通，调查了解孩子：（1）孩子在家日常行为表现；（2）家庭成员构成情况（家长的学历及受教育情况、工作性质和时间，以及是否存在单亲家庭、多子女家庭、隔代养育）；（3）家庭教养情况（父母养育/隔代养育、严厉型/溺爱型、高控制型/放纵型/忽视型）；（4）亲子关系及相处模式（民主平等、友好和谐、控制、骄纵）；（5）家庭生活异常事件和变故（可能对孩子产生创伤和影响）；（6）跟家长反馈学生在校（课上、课下）生活、学习、社会交往等行为表现和异常事件；（7）综合孩子在家庭、学校的表现，总结问题（主要和次要问题）、分析原因；（8）共同商讨对策：家校合作、相互配合解决问题的方法和策略。

第三步：持续、深度合作

1. 班级任课教师间合作：（1）统一认识。学校组织任课教师联席会，交流前期家校沟通的情况，有利于任课教师客观全面了解孩子、统一认识，达成目标一致的教育策略，形成教育共同体。任课教师无缝衔接，在学校形成有利于孩子行为转变的社会支持系统，对孩子行为转化和习惯养成极其有利。（2）教育一致性。任课教师建立在对学生统一认识的基础上，统一目标和要求，在自己任教的学科给学生建立新的行为模式。（3）及时沟通反馈。任课教师有情况及时跟班主任反馈，强化良好的行为和现象，及时纠正不良行为。所有学科教师密切配合，统一教育，对学生纠正不良行为有良好的效果。

2. 家长和班主任的持续、深度合作：（1）家长和学校保持教育的一致性，目标一致（结合具体情况，给家长指导）配合学校，培养学生的正确价值观，增强其生活能力、自主自立能力。（2）班主任和家长密切沟通、持续、深度合作。在一个月内相互沟通紧密，家长将孩子有哪些好的表现及时跟教师沟通，教师及时表扬；有哪些问题及时反馈，教师配合教育引导。教师也要把孩子在学校的表现，及时反馈给家长，家长及时鼓励或者教导。相互配合，坚持一段时间，有利于孩子行为转变（新的行为替代旧的行为），逐渐养成好习惯。

三 "三维立体"校家社共育的典型案例

（一）"家长学校"案例展示

东师坪实家庭教育专题讲座：《助力亲子沟通　与打骂溺爱说拜拜》。

沟通是父母与孩子之间通过传递思想感情的桥梁。"孩子总是不听话""孩子大了,什么都不跟我说"……沟通不畅,不仅仅造成了亲子间缺乏了解和感情的隔膜,同时也会严重地影响家庭教育的效果。为助力亲子沟通,我校"家长学校"邀请心理教师许栋在学校报告厅为学生家长带来了一场"亲子沟通"专题讲座。

许栋老师在讲座中表示,亲子沟通中,重要的不是父母说了什么,而是孩子感受到了什么、理解了什么。沟通的目标不是为了达成一致,而是确认双方的差异。"不要怕,一点儿都不疼""不烫啊,一点儿都不烫"……许栋老师列举了生活中沟通常见的"自动化反应",这些否认孩子感受的下意识的回答,往往阻碍了父母和孩子之间的交流。改善亲子沟通,从共情开始,父母肯定孩子的感受,无论正面还是负面感受,真正与他产生共鸣。承认孩子的负面感受,会让家长感到不舒服,但是会让孩子的感觉更好;父母可以学着一边承认孩子的负面感受,一边坚持诉求,让孩子们承认自己的感受,再让他们为自己的感受负责。

许栋老师主张家长们应学会自我负责式沟通,将"你必须这么做"转化为"我会这么做",会更容易被孩子接受,并在与家长的问答和交流中给予具体亲子沟通建议和策略。

"最好的家庭教育是什么?""孩子不喜欢做作业怎么办?""如何解决孩子过分依赖父母的问题?""能否采用积分、金钱等方式奖励孩子?"家长们纷纷提出了自己最关心、最迫切需要解决的问题,许栋老师对此一一进行了回应。也有家长结合自身实际,分享了自己的家庭教育故事,使大家在倾听后为之动容。

学校党支部副书记脱中菲在讲座现场针对家长们的提问,对"如何认识孩子""如何站在孩子的角度上与他们进行对话"等问题表达了自己的看法,并与在座的各位家长进行了沟通交流。

本次专题讲座有效地帮助家长们认识到了亲子沟通的重要性,找到今后发展家庭关系的方法,为促进和谐的亲子关系提供了有力的理论支撑和策略支持。

(二)"关爱特殊学生工作坊"案例展示

学生信息:小 D,男孩,6 岁,一年级。

第一步:调研

课堂表现:

1. 一年级入学后,上课时孩子经常大喊大叫,发出奇怪的叫声,随意打断老师的话,甚至擅自离开座位或离开教室。

2. 小 D 上课过度活跃,会做各种小动作,经常打扰到其他同学。小 D 上课不够专注,抑制不住想要跟周围同学说话、玩耍。

课下表现:

1. 性别意识薄弱。小 D 课间与女生相处会随意撕扯女生的衣服,用力抱着女生的腰或把女生压在身下不让女生离开,一年级时两次进入女厕所,在女厕地面倒水。小 D 两三次在教室脱裤子或脱掉上衣,学生对保护身体的羞耻心不强。

2. 规则意识薄弱。课间小 D 和其他学生玩耍没有注意分寸,喜欢故意违反规则,在玩游戏过程中经常用力推或踢等弄伤同学。小 D 不会收纳整理,书本、水杯等生活用品,扔得到处都是,满地都是书本和文具、废纸,对老师的提醒也不理睬。

3. 发生事情喜欢逃避问题。小 D 自己做错事,默不作声,假装不知道或忘记了,去逃避问题;在沟通过程中,眼神回避、无法专注看老师眼睛;但当觉得自己"吃亏""有理"的时候,语言表达就非常流畅,也能专注看老师眼睛;有同学或老师直接看到小 D 犯错误,小 D 被抓到把柄了才会承认是他犯错。

4. 情绪控制能力弱、攻击性强。课间小 D 会随意用语言攻击、辱骂同学,和其他学生玩耍时缺少分寸,经常用力推或踢等弄伤同学。与同学发生矛盾时,听不进劝解,会直接选择暴力攻击同学。当老师阻止小 D 攻击同学时,他容易沉浸在自己被欺负的情绪中,转而把拳头冲向老师,打老师、抓伤老师或辱骂老师。

经过一个月时间观察,教师调查小 D 同学在其他课上的表现,且会经常性跟班听课,观察并记录小 D 同学在其他课上的表现。在一年级下学期,年级主任组织任课教师联席会议,调研小 D 在课上的所有表现,整合孩子的课间和课堂表现,对小 D 同学进行综合评估。

第二步:家校沟通

1. 跟家长沟通,调查了解孩子的家庭基本情况、孩子身体和个性特点、家庭教养方式、亲子关系。

开学当月,教师联系小 D 妈妈,了解孩子在家的表现。小 D 妈妈反馈小 D 在家和弟弟玩耍,有时会比较用力,弄哭弟弟,但大多时候和弟弟相处比较友好。平时小 D 在家经常大喊大叫。

与小 D 妈妈沟通后,教师意识到小 D 不会和同学们交往和玩耍,于是教孩子们如何正确、友好地与同学交往,以及利用课间和小 D 同学进行情景模拟,帮助小 D 形成正确的交往方式。但一段时间过去后,小 D 的交往方式没有改变,教师又联系小 D 妈妈,了解孩子在家庭和其他家庭成员的相处模式,得知奶奶在家因为小 D 犯错多,比较偏心弟弟,并且小 D 犯错后奶奶会直接骂小 D,甚至她会直接动手。受委屈的小 D 会骂奶奶,甚至打奶奶。心疼小 D 的妈妈经常包容小 D,接纳孩子经常犯错,与孩子都是采取说教沟通。小 D 经常容易兴奋冲动,做出过激行为,小 D 妈妈带孩子去医院检查过,医生反馈小 D 大脑神经发育不良,所以会容易兴奋、冲动。而小 D 爸爸在外地工作,一个月回来一次,但因为爸爸工作忙碌,妈妈很少对其提起小 D 的在校表现。后来,教师转变和小 D 妈妈的沟通方式,当反馈孩子的在校表现时,小 D 妈妈愿意接纳孩子不会交往、力气较大的情况和神经发育不良的事实。

2. 跟家长反馈孩子的在校表现(略)。

3. 综合分析问题和成因。综合小 D 在校和在家的表现,小 D 的主要问题是规则意识薄弱,行为习惯不好,次要问题是自己不会正确的交往方式,主要原因有:(1)生理因素。小 D 神经发育不良,大脑容易兴奋激动。这些生理因素可能会导致孩子在日常生活中表现出控制情绪能力差、冲动、易怒和不可预测的攻击行为。当小 D 感到挫败、不安或愤怒时,可能会因为无法控制自己的情绪而采取暴力行为。(2)家庭教养方式。因为孩子的生理问题过度保护孩子,溺爱孩子,在教育孩子问题上过度包容孩子经常犯错,且知错犯错。家庭里,由于爸爸长期在外地,很少回去,没有帮助孩子培养规则意识和性别意识,所以孩子没有建立界限感、不懂得尊重他人、不会自理自立、不遵守规则,等等,这些加剧了孩子注意力不集中的问题。

4. 家校合作、相互配合,共商解决问题的方法和策略。(1)理解与接纳。家长和教师需要了解孩子神经发育不良的特点,理解孩子需要克服的困难。大脑神经发育不良的儿童需要更多的关爱、支持和理解,这样才能帮助他建立自信心和自尊心。(2)情绪调节训练。在日常生活中,家长和教师教育小 D 可以通过情绪调节训练来学习如何识别和理解自己的情绪,并掌握一些有效的应对方法,如深呼吸。这有助于他们更好地管理自己的情绪,当心情愤怒、难过等要选择正确的方式,和教师家长沟通,用画画或唱歌的方式排解消极情绪,减少暴力倾向的发生。(3)鼓励学生参与活动,培养社交技能。小 D 在社交方面通常存在困难,需要进行社交技能训练。家长和教师可以通过角色扮演的方式,在情景模拟的情况中,教会孩子如何与他人建立友谊、理解他人情感和需求,以及应对社交场合的技巧。如小 D 需要在情景模拟中学习如何在各种情境,正确选择沟通方式去解决问题。(4)家校保持密切联系。小 D 的教育需要家庭和学校的紧密配合,家长要与教师保持良好沟通,了解孩子在学校里的表现,为孩子提供适当的支持和帮助。

第三步:深度合作

1. 班级任课教师间合作

(1)分享研究成果、团队达成教育共识。首先将前期跟家长沟通的情况和成果与任课教师分享,旨在让大家了解孩子的家庭情况和生理原因,各科教师密切配合班主任,无缝衔接课堂,在课上都用同样的规矩去严格要求小 D。

(2)有效施教。基于对小 D 的了解,教师们根据小 D 在课堂、课间的表现和呈现出的问题,研讨有利于他改善的方法和策略,为小 D 制定有针对性的教育目标和方法策略。例如,任课教师一致决定,将小 D 单独放在教室的最后一排,避免影响他人;桌上张贴承诺书,以提醒他严格要求自己,也为他改变不良的行为习惯营造环境;课上所有老师多关注他的行为,严格管控和要求:当小 D 出现大喊大叫等情况时,教师用约定好的手势,将食指竖在嘴边,轻声提醒小 D:当小 D 离开座位或干扰其他学生上课时,老师走到他身边,拍拍小 D 的肩膀轻声沟通;小 D 只要有一点好的行为表现,就要在班上大力表扬,及时强化小 D 的行为。教师在课后及时将小 D 的进步反馈给家长,给家长信心,一起携手教育孩子。

(3)培养情绪控制能力。小 D 的神经发育不良,做事容易冲动、兴奋,遇到问题先处理他的情绪,再处理问题,做到不激怒他,保持情绪稳定去解决问题。班级各科教师共同探讨小 D 的课堂表现,整合后班主任制作一份承诺书,让小 D 签名,并解释每一条规则,和孩子沟通遇到问题要及时找老师求助,诉说心里的情绪,或用深呼吸、画画、唱歌的方式,缓和自己的情绪。

(4)鼓励学生参与班级管理,增强归属感和班级荣誉感。教师鼓励小 D 主动参与班级管理,帮助小 D 更好地融入班级生活。例如,我们任课教师们达成一致,让小 D 当教师们的小助手,下课后主动询问教师是否需要帮忙,主动帮教师搬教具、搬作业等。针对小 D 不爱劳动、不会收纳整理的问题,让小 D 负责擦黑板。站队时,小 D 喜欢在队伍里说话、做小动作作弄同学,教师提出让小 D 帮助老师管理路队,课前提醒同学拿跳绳,课后带领班级队伍回班。每次在小 D 帮助同学或教师后,教师及时对小 D 的帮助给予表扬,增强小 D 的成就感。

(5)增强社交能力。小 D 在社交技能方面存在困难,遇到事情喜欢暴力解决,不喜欢也不太沟通和表达,又因为生理问题容易兴奋、冲动,导致矛盾冲突越发激烈。为了增强孩子的社交能力,班主任会在课间模拟社交情境,教会小 D 一定的社交技巧,想和同学玩游戏,应该主动真诚地沟通,了解完玩耍的规则,再玩耍。班上也安排了"小天使",带着他一起交往、一起玩耍,帮助小D融入班级。

2. 家长和班主任的持续、深度合作

(1)建立有效的家校沟通。在一个月内,班主任和家长保持密切的沟通,互相反馈孩子在家、在学校的表现,接到反馈后有问题及时解决,坚持相互支持与鼓励,共同实施和调整孩子的教育计划。

(2)营造和谐、温馨的家庭氛围。爸爸在外地很少回来,造成孩子性别意识淡化,建议爸爸与小D保持联系,每天通过视频沟通,增加小D与爸爸相处的时间,在实践中建立起规则意识。且家庭成员之间要包容对方的错误,二孩家庭不能偏心,要学会发现孩子的优点,接纳孩子的不完美。

通过一个学期家校的努力,小D的不良行为明显减少,上课时不再大喊大叫,课间与同学的冲突减少,慢慢地与班级同学建立了良好的友谊。

第一,控制情绪的能力增强,冲动行为减少。经过家校沟通和教育,教师和家长接纳并理解小D神经发育不良的生理原因,孩子比较兴奋,容易发生冲动行为。在教校教师和小D用承诺书、深呼吸和约定提醒手势的方式提醒孩子注意情绪问题,尝试控制管理自己的情绪。

第二,社交技能增强。经过干预和情景模拟,小D在与同学交往时能主动与同学沟通,表达自己的情绪和想法。后期,遇到班上同学,小D会主动、亲切地问好,不再用辱骂或捉弄的方式打招呼。遇到与同学交往的问题时,会主动寻求教师的帮助。与同学发生矛盾时,小D会选择讲道理的方式,取代打架去与同学沟通。

第三,班级荣誉感增强。作为班级小担当的小D,会更关注班级的事情,积极主动帮助教师做自己力所能及的事情,班级荣誉感增强了。

以"尊重的教育"为理念,携手家庭与社会,立足"立德树人"根本任务,以校家社共育工作实效促进学校育人工作实效提升,是我校建立家庭教育指导服务站、实施"三维立体"校家社共育工作模式的目标追求。一直以来,我校不断完善、深化"三维立体"校家社共育工作路径和工作实效,校、家、社的融合协同程度不断提升,学校家庭教育指导力增强,家长的家庭教育效果不断增加。

(撰稿者:东北师范大学深圳坪山实验学校　杨静　陈硕)

模式 15

爱的联盟：家校融通共生长的"心"模式

爱的联盟基于家校共同承担起"让孩子幸福成长"的使命和责任，让各个育人主体在家校共育中真正缔结"爱的同盟"，形成家校"统一战线"，让校家社形成强大的德育合力，以实现家长与学校在教育理念、育人方式等方面的有机统一，通过搭建"红色教育"新队伍、建设共育新阵地、打造"家校共育"新课程等途径，整合形成新的家校融通共生长的"心"模式，以心换心，平等交流，促进家校共育在新时代的有效推进，实现共创、共促、共享等教育目的。

深圳市坪山中心小学创办于 1917 年,是深圳市最早的省一级学校之一,也是著名东江纵队司令员曾生将军的母校。学校先后获得了"国家教科院德育示范学校基地""省绿色学校""省德育示范学校""省诗歌教育示范学校""省书香校园""省巾帼文明岗""省少先队红旗大队"等称号,是深圳市学生综合素养试点学校和深圳市四点半试点学校。新时代,新起航,坪山中心小学以"十四五"规划为契机,坚持立德树人,让每个孩子享有公平而有质量的教育;以"新学园"为愿景,力求打造孩子们心目中的美丽花园、成长乐园、智慧学园、精神家园、诗书校园,让学生在快乐的、美好的体验中生动学习、智慧成长,全面提升核心素养,夯实人生幸福基石,走上人生幸福的起点,留下一生美好回忆。学校的家校协同育人工作,展现了新面貌,学校自 2017 年起启动爱的联盟:家校沟通"心法式"共育模式,从"共同成长"的需求出发,共建发展共同体,同体共生,共融共生,以实现家长与学校双方在教育理念、育人方式、师资配置和评价机制等方面的有机统一的目标,通过积极交流探讨与合作,实现共创、共促、共享的教育目的,构建探索家校沟通"心法式"共育模式。

一　家校融通共生长的"心"模式的理念与意义

为了发扬中华民族重视家庭教育的优良传统,引导全社会注重家庭、家教和家风,增进家庭幸福与社会和谐,培养德智体美劳全面发展的社会主义建设者和接班人,2022 年 1 月 1 日《中华人民共和国家庭教育促进法》正式实施,为家校共育提供了法律支持与保障。苏霍姆林斯基说:"如果一个孩子没有良好的家庭教育,那么不管老师付出多大的努力,都收不到完美的效果,学校里的一切问题都会在家里折射出来,而学校复杂的教育过程产生困难的根源也都可以追溯到家庭。"学校、家庭、社会三者间构成了一个相对稳定而相互协调的体系,在家校共育实践过程中,教师与家长各自扮演着不同的角色,因此他们对某一共同事件或者共同问题有不同的理解及处理方式,因此,就需要通过协调与整合形成新的家校共育模式,实现家长与学校之间的合作与共生关系,促进家校共育在新时代的有效推进.那么沟通就是家校共育里的一个最重要的环节,孔子说:"言不顺,则事不成",可见沟通的重要性和必要性。沟通无时无刻不在发生,在任何时候、任何场景都需要沟通,没有思想的交流和沟通,人类社会将成为"无源之水、无根之木"。沟通还是人与人之间进行思想交流、情感交换、信息传递的重要手段和桥梁,是不可缺少的一项重要技能,是和谐共事的极有效的方式。家校沟通也是一样,运用"心法式"沟通模式,以心换心,平等交流、开启家校沟通"心"模式。

二 家校融通共生长的"心"模式的实践探索

(一) 强化家校保障,夯实家校新机制

学校在"十四五"规划中,明确提出实施"家校同心,共育新人"理念。并以此理念,建构起"家校同心"十项具体工作计划:家庭培育好习性计划、定期家访制度、家长教育培训合格证制度、家长开放日、家长颁奖制、家长委员会制度、家校信息化联系机制、家长监控制度、家长义工制、家庭读书机制等。几年来,我们围绕这十个机制,健全了三级家长委员会,建立了三级家长委员会沟通交流机制。三级家长委员会在学校发展规划咨询、学生综合实践活动、午餐午休监管、课后服务课程设置及监督、家校矛盾调解、学生思想品德教育等方面充分发挥了作用,成为家校和谐的重要力量。

学校实施了家长合格证考核制度,督促家长学习家庭教育知识,了解学校的基本要求;学校大力倡导建设书香家庭,每年利用读书月评比一批"书香家庭";学校还倡导家庭读书会、家庭朗诵会,指导家长建设良好的家庭读书氛围;学校成立家长义工团队,组建学校骨干家长义工和班级义工,为学生安全保驾护航。

学校坚持引导教师开展正常的家访活动,同时开展信访、电话访问等形式多样的联系活动。

今年实施"双减"政策。为了消除家长疑虑,明确家长责任,宣传"双减"政策,我们及时向家长开出"家庭教育责任"加减清单。

(二) 整合家社资源,搭建"红色教育"新队伍

学校利用百年的办学历史和丰厚独有的学校社区资源,组建一支具有鲜明红色背景的家校社教育讲师团,构建家校社共育机制,推动探索"传承红色基因,培育时代新

人"教育特色。

学校是曾生将军的母校,又是东纵成立前主要的军事训练场所。当年有大批青年教师和学生在共产党的引导走上抗日的道路。近几年,学校一方面加强挖掘学校与东纵历史史料,另一方面加强与东纵后人沟通联系,并把部分东纵后人聘请为学校家校社教育骨干成员,以促进"传承红色基因,培育时代新人"教育品牌打造,从而形成我校独具有鲜明"红色"背景的家庭教育队伍。这些东纵后人给学校赠送东纵研究材料、开设红色论坛、指导编写学校红色教材等,深受师生欢迎,也为学校开展"传承红色基因、培育时代新人"教育奠定了坚实基础。

我们还重视组建另几类人员加入家校社骨干队伍,让队伍组合多样化、优质化:一是校内教师。由学校相关领导、骨干教师、优秀班主任作为家校社的常态性师资,起到活动组织策划、教育方式优化等作用。二是家长代表。我们聘请了一部分有一定文化水平和家庭教育经验的家长,作为家校共育的特别师资。我们还成立了班级、年级、学校三个层次的家长委员会和家长义工队,开展了家长进课堂、"开心农场"进校园、家长讲红色微课等活动。

三方合力,开创了我校家校社合作的良好局面,也搭建起了家校社推进"红色教育"的新队伍,成为落实"红色教育"的坚实保障。

(三) 家校合力,落实德育新主题

近年来,我校充分发挥家校社合力,推动落实德育新主题。我们结合十九大的召开、东纵成立 78 周年、新中国成立 70 周年、建党 100 周年、党史学习教育、特别节日等开展了系列主题教育活动。如在东纵成立 78 周年时,学校联合家、社举办了纪念东纵成立研讨活动。结合党史学习教育,学校邀请家校社成员之一的李建国老师为全体学生上了一节党史教育课。本学期,学校邀请了校级家长委员会韦恩主任为全体学生代表上了以"心灵成长"为主题的家庭教育讲座。

我们还联合家长委员会与德育处和少先队通过主题班队会、读书月、阅读知识竞赛、诗词大会、征文比赛、社会实践等方式,扎实开展社会主义核心价值观教育、中华民族优秀传统文化教育,让家长走进学校,了解学校,增加亲子交流机会,教育引导坪小学子"传承红色基因、弘扬东纵精神",感党恩、听党话、跟党走,为长大成为合格的社会主义事业建设者和接班人奠定基础。

(四) 家校同心,建设共育新阵地

家校同心建设德育主阵地,夯实未成年人思想道德教育。一是进一步抓好载体阵地。学校通过校园网络、电子屏、工作群、悬挂条幅等多种途径,向家长和学生宣传社会主义核心价值观,营造积极向上的思想道德和家庭教育氛围。二是克服经费上的困难,与家长委员会、学校"五老"工作室成员一起完善校内的校史馆、红领巾广场、成长空间、图书馆、方遒亭、时光记忆墙、百年赋、颂雅厅等教育基地。还充分挖掘社区阵地资源,把东江纵队纪念馆、坪山革命烈士纪念碑、坪山区党群服务中心、马峦山东纵司令部旧址作为校外教育基地,每年定期组织学生与家长到这些场所接受红色传统教育活动。三是进一步抓优教师队伍阵地,重视加强班主任队伍和辅导员队伍建设,定期召开家庭教育培训会议,提高家校共育工作水平。四是坚持开好"家长学堂"活动。学校通过专门邀请以及社区资源支持,已经面向全体家长开设了23期现场"家长讲坛"活动和四次线上"家长讲坛"活动。每一次讲堂活动能针对家长的难点、热点开展培训活动,家长参加热情高,效果良好。

(五) 家校牵手,打造"家校共育"新课程

近年来,我校以"家校同心,共育新人"为理念,认真挖掘教育元素,初步塑造了学校家庭教育品牌,用累累教育硕果,让家长更加放心;用优良的校风,赢得社会的广泛赞誉。在家校社骨干成员的指导下,参考社会捐赠的历史资料,组织部分党员教师开发了一套红色教材——《红色记忆》,通过专题课时安排,让每一个孩子知晓"东纵历史",学习"东纵精神"。在家校社骨干成员支持下,学校完善了校史馆"东纵历史"展厅,使展厅成为"弘扬东纵精神"的活教材,同时也成为家校办公点之一。在建设"东纵历史"展厅时,"五老"工作室成员主动捐献了许多与东纵历史相关的珍贵的历史材料,使校史馆的教育氛围更加浓厚。如张黎明捐献了一批东纵历史书籍和她父亲遗留下的个人档案;江山也把他父亲的个人档案复印件捐献给学校展厅;戴伟贤则把他的个人收藏的一批瓷器送给学校。同时,我们还完善了"百年赋"历史文化墙,与校史馆一起成为区级关工委的党史、国史教育基地。

我们根据当下课程改革的形势,不断创新教育形式,开展"红色文化"家校联合探究性学习。以"项目式探究性"的方式,在老师的指导下,联合家长,在五年级学生中开展"东纵精神、东纵与坪小"等小课题的学习研究。

把每年的4月固定为坪山中心小学的红色文化教育月,举办红色基因论坛。以故

事会、分享会等形式开展"传承红色基因"主题系列活动,邀请东纵老战士、东纵后人及家长代表到学校,让红色基因在学生血脉中生生不息。建立红色家校讲师团。学校充分利用校史党史纪念馆学习平台,加强教师和家长代表东纵精神的学习培训,并由党员教师、党员家长为骨干,成立一支热爱红色教育,热衷传播红色故事的红色教师队伍。

(六) 以"合"得力,构建全面育人新途径

近年来,我校以坪山区品质课程之家校共育"燃"课程为探索点,推行"家校同心共育新人成长"计划。通过召开线下家长会,开展"我为群众办实事"百师访千家的家访活动,邀请学校家委会给学生作讲座,六年级毕业典礼和一年级"我和小伙伴的幸福起点"主题班会邀请家长视频录制,启动家长线上家庭教育推文活动,培训家长覆盖全学段,同时通过实施"家长义工全员制"、表彰"优秀家长义工"和"优秀小义工"等方式,提升家长的育人意识和家庭教育素养,让家长参与到学校教育教学管理当中来。各项工作和活动使家庭与学校的教育联系更加紧密,"家校同心共育新人成长计划"得到很好的实施。

(七) 家校共育特色受瞩目

近年来,学校联合家长、社区"五老",推进家校社共育新人机制以及成效,得到区市关工委的充分肯定。区关工委今年在我校召开全区"五老"工作室暨家校社共育现场会。我校"'五老'倾情献余热,百年坪小谱新篇"先进经验受到市关工委的高度关注,被市关工委推荐到中国关工委。

三 家校融通共生长的"心"模式的典型案例

案例:问题学生的教育难题

我们学校三年级有一名男孩,在一年级时确诊为注意力缺陷综合征,曾接受药物治疗。父母担心长期服用药物有副作用,到三年级没有继续服用。在此期间,孩子课堂表现较差,难以专注上课,情绪状态极不稳定,行为表现较为反常。孩子跟外公、外婆、母亲、弟弟生活在一起,父亲长期在外出差,一到两个月回来一次。母亲认为要严厉管教孩子,但父亲跟母亲教育理念严重不一致,经常因为教育孩子的事情发生争执。

特别是近段时间，父亲出差在外，孩子出现了来到学校却不愿意进教室、中午不愿意去午托班、上课途中偷偷跑出厕所不肯回班等情况。班主任跟母亲电话沟通后，母亲表示不想管孩子，让父亲回来管，不肯接孩子回家，班主任和家长沟通了很多次，母亲就是不配合老师。孩子的成长受家庭影响很大，我们很担心他将来的成长。对于这样的情况，我们应该怎么帮助他们，怎么和家长沟通呢？

家长—教师会议是日常教学中家校合作的重要手段，也是加强家校双方联系的重要机会。召开家长、教师共同参与的会议主要目的是，通过有效沟通，让家长和教育者之间相互理解与支持，为促进学生德智体美劳全面健康成长协调一致。通过家长和教师的双向交流，了解学生在校行为表现的家庭背景和社会背景，从而更好地理解并教育学生。协同育人是新时期家校合作的特点，"家校共育指导师"将成为班主任的新角色。但并不是每一次家长—教师会议都能够达到预期的效果。家长—教师会议属于复杂的人际交往，受到时间、地点、性格等多种因素的影响，如果处理不当就会出现交流的障碍。比如出现了家长特地请假来参加家长会却没有收获，全体家长会上提到的问题跟自家的孩子情况不符，坐在教室里学生的座位上就像在听课，家校沟通效率很低；还有通过与孩子父母进行电话沟通，但是爸爸经常出差表示没有时间管孩子，妈妈则因为教育观念的不同而不愿意处理孩子的问题。

"怎么样通过家长—教师会议实现家校有效沟通，达到会议目的的呢？"这是家长—教师会议实践中我们提出的思考。

家长—教师会议的主要发起人是教师，并且总是在教师的"领地"——学校内进行，在时间和地点上家长缺乏选择性；会议中所沟通的问题大多围绕学校环境中的教育问题和行为，家长对此知之甚少。这些因素无形中就让教师在会议中处于权威和主导地位。双方在不平等的基础上交流，就容易出现障碍。所以教师对交流中出现的障碍形成负主要责任，教师要尽可能地消除这些不平等因素，尽可能使家长以与教师平等的合作伙伴的身份来参加会议。

针对以上障碍，坪山中心小学德育处携手"美好教室"班主任骨干成员，经过分析、讨论、研究、实践的方法，提出"心法式"家长—教师会议有效沟通方式。以心换心，平等交流，开启家校沟通"心"模式。

首先我们根据会议的目的，将家长—教师会议分成三类：第一类是为了交流信息，了解情况的"信息型"会议；第二类是为了分析问题原因，找出问题解决办法的"问题型"会议；第三类是为了开展好学校活动，家长提供协助的"事务型"会议。

信息型家长—教师会议一般是学校层面组织召开的。比如一年级新生入学前的新生家长交流会、每学期期中家长会、六年级小升初家长会。

新生家长会在每年的7月中或者8月末召开,组织全体一年级新生家长到校交流,告知家长孩子上一年级需要准备的资料、校服、学具、报到时间等新生入学相关事宜,陪伴孩子提前做好入学的心理和物品准备。

期中家长会在期中的测验后召开,让家长了解孩子半个学期以来的主要学习成果。

六年级小升初家长会在每年的6月份召开,组织家长和孩子一起填写好毕业生登记表。

问题型家长—教师会议的具体目的就是发现问题,找出解决问题的办法。教师在日常教育教学过程中,通过仔细观察、用心倾听,及时发现孩子出现的问题,明晰与问题有关的具体行为有哪些。借助家长—教师会议和家长协商制订纠正这些行为的计划。例如三年级的某学生,在一年级时确诊为注意力缺陷综合征,曾接受药物治疗,现在没有继续服用相关药物。教师发现学生近期在校表现与平时不同,表现为课堂上随意走动、大声讲话试图引起其他人的注意、难以专注;情绪状态不稳定,容易与同学起冲突,还有来到学校不愿意进教室、中午不愿意去午托班、上课途中偷偷离开教室躲进厕所不愿意出来等情况。教师运用"心法式"沟通与家长进行面谈,寻找原因,一起制定解决问题的策略。

事务型家长—教师会议主要指家长与教师共同商讨学校事务的会议,如学校举行趣味运动会、美食节、六一儿童欢乐汇、校园前后门义工值日等活动时,通过召开校级家委会、班级家委会等,邀请家长到校共同商讨相关事宜,使家长成为学校活动的合作伙伴。

无论是哪种类型的家长—教师会议,取得成功的关键都在于首先要明确会议开展的目的。有的会议目的非常具体,比如问题型、事务型的会议;有些则具有一定的普遍性,如信息型的会议;有的是了解学生的生活环境、亲子关系;有的是向家长解释孩子正在进行的教育活动或项目。明确目的,一次会议一般围绕一个主题,避免教师在会议上碎碎念,汇报无关的信息。

接下来给家长发一封诚挚的邀请信,与家长一起协商会议的时间,让家长感受到教师站在他们的角度,考虑了家长的需要,并传达期待与家长面谈的心意,而不是只从教师的便利出发,自定时间后通知家长前来。定下日期以后,可以给家长打电话确认或发送会议日期通知单。

创造安静、舒适的环境,也是家长—教师会议成功开展的重要影响因素。如在开展家长—教师会议时,我们可以在室内摆放适合成人大小的椅子,让家长与教师的椅子处在同一水平上,桌子上尽量不摆放障碍物,教师的座位不要离家长太远,以消除因空间位置而产生的交流障碍。在教师和家长之间还可摆放一张较矮的桌子,用来摆放有关学校、班级和学生个人的资料、学生作业、家庭学习活动或游戏单等。当然,家长和教师也可围桌而坐,举行"圆桌会议"。

当然,教师注意倾听,尊重家长的意见,选择合适的语言和讲话方式对于家长—教师会议也十分重要。家长—教师会议是家校之间双向交流的合作形式,因此会议不能单一采取教师讲授的形式,教师最多应只能占用一半的会议时间,剩余的时间应该留给家长,增进家校沟通。另外,与家长对话时,我们还应注意交流的成效,注意认真倾听家长,体会家长的情感与内涵,尊重对方意见,同时谈话中字词的选择与讲话的方式。如避免使用"差、偷、懒、自私、不及格"等词,选择"进步空间较大、未经许可的拿、可以做更多的努力、还未学会分享、有待提升"等表达,以免造成双方不快,阻碍交流。

以心换心,才能扫却阻碍,增进交流。我校正是通过了解情况的"信息型"会议、分析和解决问题的"问题型"会议、提供协助的"事务型"会议,实现了家长与教师之间的以心换心。教师们通过明确的会议目的,诚挚的邀请信,精心的环境布置,良好的交流方式,充分的准备工作,架起了家长与学校"心"的桥梁。未来我校也将继续深耕家校有效沟通方式,助力实现家校协同育人。

四 家校融通共生长的"心"模式的成果成效

百年坪小,一朝芳华。学校近年来的家校共育工作通过思想引领,道德培育,追求实效,创新机制,取得了显著的教育成效。形成了家校真诚携手共育人的强大合力,教师勤奋教学,潜心育人,他们创新教育方法,落实"立德树人"根本任务,丰富校园生活,加强家校沟通,增进彼此了解,得到了家长们的一致肯定。学生思想道德素质显著改善,家国情怀逐步形成,学习兴趣、学习能力普遍增强,学生创新精神和实践能力培养取得有效进步。学校办学保持积极向上、朝气蓬勃的局面,特色更加彰显,整体办学质量始终保持在区的前列位置,办学声誉显著提升。学校先后被评为区文明校园、市教育先进单位、市艺术教育典范学校、省艺术教育特色学校等称号。在今后的家校共育工作中,我们会在不断摸索中前进,在前进中不断总结,面对新形势探讨家庭教育新思路、新方法,突出特色,进一步增加家校共育实效,使我校家校共育工作再上新台阶。

(撰稿人:深圳市坪山中心小学　胡洁瑜　郑佳意)

模式 16

心育云课堂：基于数字化教育理念的家校共育模式

心育云课堂秉持数字化家校共育理念，借助抖音等公共数字平台，在充分了解学生及家庭情况的前期线上调查基础上，通过云课堂、抖音直播等线上形式，对家长进行有针对性的专业家庭教育指导，将家庭教育与学校教育有机融合。家长可利用学校教学资源，从心理学视角学习科学的家教方法，增强教育能力，提高家庭教育质量和水平，从而改善学生的家庭环境和氛围，改善亲子关系，助力学生全面发展。

深圳市坪山区光祖中学，坐落于深圳市坪山区坑梓街道光祖北路 83 号，是一所中等规模的省一级初级中学。其前身为光祖学堂，始建于清光绪三十二年(1906)，历经旧民主主义革命、新民主主义革命、社会主义革命、社会主义建设，以及社会主义现代化建设新阶段等数个历史时期，由南洋爱国华侨捐资，仿照上海南洋公学(今上海交通大学)中院建造而成，是当时全国首屈一指的新型学堂，开创了南粤近代教育之先河。学堂首任校长为康有为嫡系弟子欧榘甲，他提出"家国之光"的办学理念，立志兴学育才，为国争光，此理念传承至今已逾百年。

学校历届领导班子为贯彻党的二十大精神，办好人民满意的教育，坚持以习近平新时代中国特色社会主义思想为指引，全面贯彻党的教育方针，对标深圳教育"学有优教"的先行示范目标，围绕坪山教育高质量创新发展的要求，遵循学生成长与教育规律，深化育人关键环节和重点领域改革，落实"立德树人"根本任务，持续提升办学水平，助力每一位学生的高品质成长，努力培育有理想、有本领、有担当的时代新人。

在德育工作领域，我校整合三条德育渠道，充分发挥学校、家庭、社会这三种德育主渠道的作用，构筑起"爱国·创新·共育·成长"的光祖教育发展新生态，构建家校社协同共育的完备体系。我校借助家校共育"心育云课堂"系列课程，达成家庭教育指导与学校教育的有效融合。通过课程中"预防"板块与"心育"板块的有机结合，助力众多家长增强对初中学段学生心理的认知与了解，引导家长深入领会初中生阶段学生的心理特征和行为表现，进而更具针对性地帮助他们认识与了解学生表现出的问题背后更深层次的心理诉求。让家长通过相关知识的学习，以及对课程讨论的参与，发现在与青春期学生交流时应注意的问题，切实实现家校共育，共同促进学生健康成长。

一 "心育云课堂"系列课程的理念与意义

"心育云课堂"系列课程秉持着先进的理念，具有重要的意义。课程以心理健康教育课程的总体要求为导向,关注学生的个性成长和人格养成。同时,强调亲子关系的重要性,家庭教育是育人的关键环节。此外,还融入了数字化家校共育理念,利用数字化技术,实现学校教育和家庭教育的有机结合。通过此课程,学校致力于构建校家社协同教育的平台,为学生的成长和发展提供有力支持。

(一) 课程理念

1. 心理健康教育课程的总体要求

心理健康教育是学校心理教育工作的总概念,它的对象是全体学生,包括学生心理素质的培养和心理健康的维护这两大部分。心育是学校心理健康教育的主要任务,以关注学生的个性发展、心理需求、人格完善、社会适应等发展性问题为主要任务,其目标旨在帮助学生人格完善,最终达到自我实现。我校的家校共育"心育云课堂"系列课程基于心理健康教育课程的总体要求,坚持一切为了学生的个性成长和人格养成,将预防与心育相结合,通过微课、访谈和讲座等形式与学生家长建立联结,将心理健康教育的范围从学校延伸到家庭乃至社会,与家长共同为学生搭建成长和发展的平台。

2. 亲子关系的重要性

家庭是人的第一所学校,父母则是孩子的第一任老师。家庭对一个人的影响是巨大的。为认真贯彻落实党的二十大精神,按照党中央、国务院关于健全学校家庭社会育人机制的重要部署,2023年1月,教育部、中央宣传部、中央网信办等十三部门联合印发《关于健全学校家庭社会协同育人机制的意见》(以下简称"《意见》"),《意见》明确了学校家庭社会在协同育人中的各自职责定位及相互协调机制:一是学校充分发挥协同育人主导作用,二是家长切实履行家庭教育主体责任。家庭教育是育人的重要一环,家庭中的亲子关系影响着个体后天行为习惯的养成,以及人际关系的建立。亲子关系是指父母与子女的关系,亲子关系质量的高低往往通过亲子沟通和亲子冲突等指标进行判定。初中生开始进入青少年时期,这一阶段也叫"心理断乳期",这一阶段的个体身心水平高速发展,但这种高速发展也为青少年带来了诸多困扰。亲子关系是青少年三大社会关系(亲子、师生、同伴)中最重要的社会关系,是影响青少年身心成长的主要因素,亲子关系、家庭氛围更加强有力地影响着他们的人格发展、心理健康。我校家校共育"心育云课堂"系列课程,基于初中阶段学生心理特点,采用预防和教育相结合的方式,线上和线下互为补充,努力为学生构建校家社协同教育的平台,为我校学生家长给予家庭教育的指导,从心理学的视角出发,帮助家长从更加科学的角度了解初中生诸多行为背后的动机,了解动机背后的情感需求。

3. 数字化家校共育理念

数字化家校共育理念是指利用数字化技术,将学校教育与家庭教育有机结合,形成教育合力,共同促进学生全面发展的一种教育理念。在这种理念下,学校和家庭通过数字化平台实现信息共享、沟通交流和协同教育,以提高教育质量和水平。它强调了学校、家庭和社会在学生教育中的协同作用,倡导通过数字化手段打破时空限制,让家长更深入地参与到孩子的教育过程中,实现家校之间的良好互动和合作。

(二) 课程意义

1. 学生

我校推出的"心育云课堂"系列课程坚持以学生为中心的基本要求,本质是为了学生的成长和发展,通过线上线下相结合的方式,对家长进行引导和教育,努力为学生提供更为全面和个性化的教育环境,在家庭和学校的共同引导下,使学生逐渐更好地实现青春期阶段的平稳过渡,帮助学生在这一重要的人生阶段实现自我探索、自我认识、自我接纳,从而拥有健全的人格。

2. 家长

家长是"心育云课堂"系列课程的主要参与者,对于家长来说,这一课程能够实现更为密切的家校合作和沟通,增进家长对学校教育教学的了解和参与度。家长通过系列课程的学习,有助于加深对于"学习"这一概念的理解,能够更加设身处地地体会到初中生学习时的感受,形成对学生更加深刻的共情。再者,"心育云课堂"系列课程为家长介绍青春期初中生的心理特点,分析初中生诸多典型行为背后蕴藏的动机,帮助家长了解不同孩子情绪背后的情感和价值需求,让家长成为当孩子面对问题时并肩作战的队友,而不是火上浇油的对手,促进家长对学生的理解,为学生营造和谐的家庭氛围,使家庭成为学生成长和发展道路上的强有力支撑。

3. 学校

我校"心育云课堂"系列课程的推出,丰富了学校教育教学的内容和形式,并对学校学科教学发展起到一定的支持作用。学生是学校教育的对象,通过系列课程对家长进行教育,能够帮助学生创设温馨和谐的家庭氛围,从而将家庭建立为学生的有力支撑环境,这将帮助学生在面对学业上的压力和人际关系等方面的困扰时,能够从家庭中寻求到情感支持,让家庭成为学生发展的助推者和动力源,减轻学校的压力,让学校能够和家长共同探索促进学生发展的高效方法。

4. 社会

本课程不仅对学生、家长和学校有影响,对社会的发展也起到一定的推动作用。学生是祖国的未来民族的希望,通过"心育云课堂"系列课程,我校将学校与家长建立起了紧密连接,家长通过学习对学生进行的更为科学合理的教育,使得家庭教育的有效性大大提升,引导家长从更为科学的角度实施教育,这能够为学生的成长创设更为全面优质的教育环境,从而实现家庭教育与学校教育共同发力,为社会培养更多的人才,推动社会的进步和发展。

二　实践操作

(一)"心育云课堂"系列课程理论基础

布朗芬布伦纳的生态系统理论和鲍尔比的依恋理论为"心育云课堂"系列课程提供了坚实的理论基础。生态系统理论强调家庭和学校对个体成长的重要影响,依恋理论则揭示了早期关系对个体行为模式的深远作用。基于这些理论,我校推出"心育云课堂",旨在帮助家长认识家庭关系的重要性,理解学生行为背后的原因,从而促进家庭与学校形成合力,为学生创造良好的成长环境,减少问题行为和家庭矛盾冲突,保障其健康成长。

1. 布朗芬布伦纳的生态系统理论

布朗芬布伦纳的生态系统理论认为,个体的发展受到一系列环境系统的影响,发展个体嵌套于相互影响的一系列环境系统之中,在这些系统中,系统与个体相互作用并影响着个体发展。这一生态系统理论将环境分为了微观系统、中间系统、外层系统和宏观系统四部分。微观系统是环境层次的最里层,它指个体活动和交往的直接环境,处于整个环境系统的最里层,从人降生到世界的那一刻起,家庭就成为了对其影响最密切的微系统,因此,家庭中父母对孩子的影响是巨大的,亲子关系作为家庭中的重要关系,其质量的高低也影响着个体的成长和发展。随着个体的成长,会与外界产生越来越多的交集,当个体开始学校生活,学校就逐渐成为除家庭以外对其影响最大的微系统。正是因为家庭和学校对个体成长和发展存在着巨大影响,因此,我校推出"心育云课堂"系列课程,帮助家长认识到家庭关系的巨大作用,并促使学校与家庭形成合力,保障学生的健康成长。

2. 鲍尔比的依恋理论

依恋理论首先由英国精神病学家约翰·鲍比(John Bowlby)提出,接着爱因斯沃斯(Ainsworth)通过陌生情境测验将其进行了进一步的深化和拓展。依恋理论认为,孩子在早期关系中体验到的爱和信任,会表现为他们的依恋特征,并且这些特征会进一步延伸至他们的成年时期。儿童期亲密关系的特征延伸至成年期,共有三种类型,分别为安全型、回避型和焦虑—矛盾型。而不同的依恋类型伴随的是个体在寻求依恋关系时采取的不同依恋策略,这一行为模式将会影响到个体的人际关系模式。安全型模式下的个体遇到问题时,更能够积极主动地向外界寻求支持和帮助;而回避型或是焦虑型的个体,更容易在遭遇问题时采取消极的回避防御态度。通过依恋理论可以发现,个体当下的行为模式与童年期存在密切联系。我校的"心育云课堂"系列课程,通过向家长讲授课程,帮助家长了解学生行为背后的原因,引导家长从改善或构建家庭中良好的亲子关系角度出发,减少学生的问题行为,并进一步减少家庭矛盾冲突,为学生创设良好的成长环境。

(二)"心育云课堂"系列课程活动设计

我校推出的"心育云课堂"系列课程,分为"预防"和"心育"两大主要板块,基于两大板块课程详细活动设计如下。

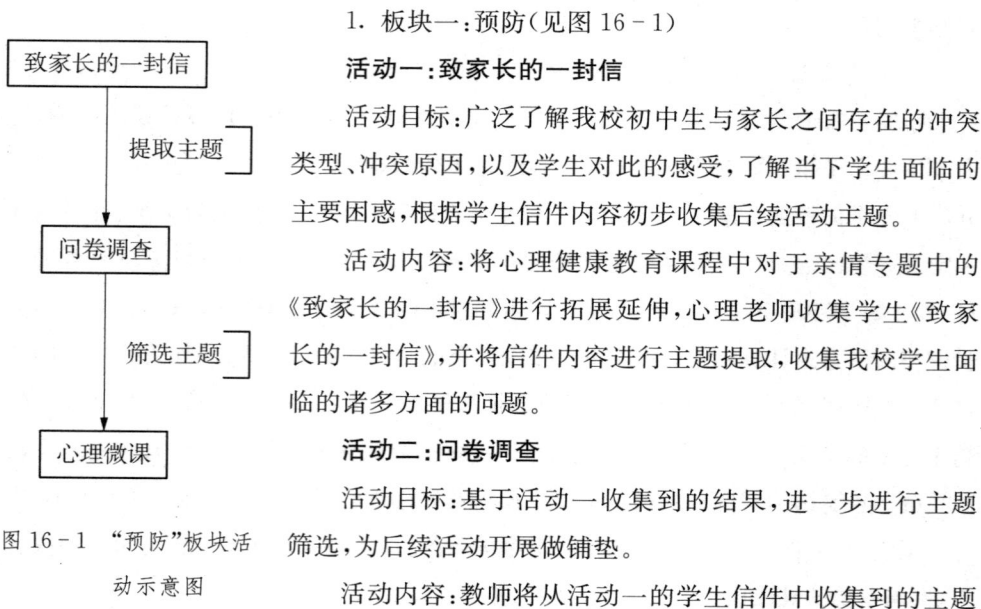

1. **板块一:预防**(见图 16-1)

活动一:致家长的一封信

活动目标:广泛了解我校初中生与家长之间存在的冲突类型、冲突原因,以及学生对此的感受,了解当下学生面临的主要困惑,根据学生信件内容初步收集后续活动主题。

活动内容:将心理健康教育课程中对于亲情专题中的《致家长的一封信》进行拓展延伸,心理老师收集学生《致家长的一封信》,并将信件内容进行主题提取,收集我校学生面临的诸多方面的问题。

活动二:问卷调查

活动目标:基于活动一收集到的结果,进一步进行主题筛选,为后续活动开展做铺垫。

活动内容:教师将从活动一的学生信件中收集到的主题

图 16-1 "预防"板块活动示意图

进行整理,将这些主题以自编问卷的形式进行编排,并面向全校学生进行问卷发放,进一步进行筛选。教师根据收集得到的问卷结果,选定学生群体中出现频率较高的问题作为主题,设计心理微课。

活动三:心理微课

活动目标:通过普及青春期初中生心理相关知识,加强家长对这一阶段学生心理的认识和了解,微课普及时间贯穿至全学年。

活动内容:本活动基于上一环节收集到的活动主题,教师从不同的主题出发,进行心理微课设计,将初中生阶段存在的心理方面的诸多共性特征和问题,以微课视频的形式让家长进行学习,帮助家长了解学生心理特点以及行为背后的原因。阶段性课程结束后,通过问卷星线上收集家长对课程满意度和家长反馈意见与建议。

2. 板块二:心育(见图 16-2)

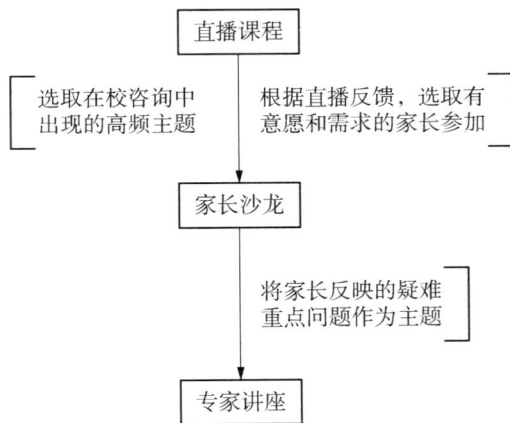

图 16-2 "心育"板块活动示意图

活动一:直播课程

活动目标:让家长参与到课程之中,深入了解初中生阶段学生的心理特征和行为表现,发现与青春期学生在家庭中进行交流时需要注意的问题。

活动内容:我校心理老师对日常心理辅导中遇到的问题进行提取,选取影响较大的共性问题作为主题,通过线上直播的形式,通过网络直播平台,对家长们进行线上直播教学,进行不同心理主题的授课,作为心理微课的补充和拓展延伸,并在直播过程中,让家长参与到课程中来,参与讨论和分享,对课程内容进行提问和反馈,频率为每月1至2次。每次直播课程结束后,通过问卷星线上收集家长对课程满意度和家长反馈意见与建议。

活动二:家长沙龙

活动目标:从家长自身的感受出发,教师针对家长们感到棘手的问题进行互动式讲解,更加有针对性地帮助家长认识并了解学生表现出来的问题背后更深层次的心理诉求。

活动内容:基于课程直播时家长们的重点讨论内容以及反馈结果,教师选取其中相对问题比较典型、有需求且有意愿的家长参与家长沙龙,面向全校家长,通过线上直播访谈的形式,让家长分享自己的想法和感受。然后由学校心理老师从心理专业角度进行点评并提出建议,在访谈中与家长共同探讨在日常学习和生活中与孩子发生的冲突,或者是这一阶段学生在家庭所表现出来的让家长感到困难的突出问题。每次家长沙龙结束后,教师通过问卷星线上收集家长对课程满意度和家长反馈意见与建议。

活动三:专家讲座

活动目标:通过专家讲座的形式,帮助家长从更加专业的角度深入了解初中阶段学生容易出现的问题,以及面对这些问题应该采取哪些合理有效的方法。

活动内容:根据我校家长的实际情况,对于直播课程和家长沙龙中家长们所重点关注的核心问题,学校邀请专家给家长们做讲座,帮助家长分析学生的问题,并给家长教育上的建议和指导。每次专家讲座结束后,教师通过问卷星线上收集家长对课程满意度和家长反馈意见与建议。

三 典型案例

1. 板块一:预防

致家长的一封信

我校心理老师通过心理健康课,设计面向全校学生的亲子关系系列课程,其中的"致家长的一封信"环节,通过让学生写下家长做的让自己伤心的事作为一封信的内容,并且特别强调,信的内容不能写父母如何伟大如何爱你,只能写父母做的让你感觉到难过的事情,学生听了非常高兴,有的情不自禁地跳了起来说:"老师,还是你懂我们!"在这个活动中,绝大多数同学都写得非常认真,包括平时不学习的学生。有一个学生甚至在信里面这样写道:本以为有很多事情,结果今天写完后,发现其实也就那么几件事情,只是每天都在发生而已。写完后,感觉心里舒服多了! 在这个环节,我们一共收到了近2 000封学生写给家长的信。我花了一年的时间把这些信的内容在电脑上整理出来,然后把信里面学生反映的问题进行综合汇总,总结出了20多种我校家长存在的让孩子感觉很受伤的行为,这些行为非常有代表性。记得有一次,我找某学生的母亲来学校,那个学生情绪问题比较严重,而且很明显这些问题跟其家长的教养方式不当有直接的关系,但是家长意识不到自己的问题。后来我就找了一封学生的信打印出来给她看。看着看着,那位妈妈就哭了,她说原来她儿子的心里这么苦,原来她平时习以为常的做法竟然会伤孩子那么深,但是,其实那封信并不是她儿子写的,所以这也可以看出,至少我们学校家长的一些不好的做法是很有共性的。

心理微课案例

我校有效地利用互联网优势,充分发挥短视频作用,利用抖音平台,将家庭教育的内容录制成心理微课短视频,这些短视频以青春期初中生的心理为焦点,较为系统地向家长传授了青春期初中生的相关心理知识,它们涵盖了青春期常见的心理问题、情绪变化、人际关系等方面,为家长全面而深入地了解这一阶段学生心理提供了平台,使他们能够更好地应对孩子在青春期所面临的各种挑战。

短视频的形式具有诸多优势,它充分满足了家长碎片化学习的需求,让他们可以在繁忙的生活中随时随地进行学习。无论是在工作间隙、休闲时光,还是家中的零碎时间,家长们都能够轻松获取这些细微而又相对系统的知识。

通过这种创新的教育方式,我校为家长们提供了有力的支持和指导。他们能够更好地理解孩子的内心世界,建立更加良好的亲子关系,促进孩子的健康成长。

总之,我校有效利用互联网优势,发挥短视频作用,为家庭教育注入了新的活力和动力。这种线上心理微课的形式在疫情期间体现出了其独特的价值,为学生家长带来了实实在在的帮助和收获。

2. 板块二:心育

直播课程案例

为了更好地贴合我校学生和家长的特点与需求,基于我校心理辅导中学生们遇到的各种问题,我校心理老师对日常心理辅导中遇到的问题进行提取,选取影响较大的共性问题作为主题,通过线上直播的形式,对家长们进行教学,进行不同心理主题的授课,作为心理微课的补充和拓展延伸,并在直播过程中,让家长参与到课程中来,参与讨论和分享,对课程内容进行提问和反馈。

家长沙龙案例

我校心理老师根据课程直播时家长们的重点讨论内容以及反馈结果,仔细筛选出其中比较有代表性、有需求且有意愿的家长来参与家长沙龙。通过线上直播访谈的方式,为家长们提供了一个交流与分享的平台,让他们能够畅所欲言地分享自己的想法和感受。

这种形式巧妙地实现了学生问题与家长问题的有机融合,具有显著的优越性和积极意义。它以直接、深入的方式,让家长们更加真切地面对和解决问题。通过这种方式,家长们能够更有针对性地增强对问题的认识和理解,从而更好地应对育儿过程中的各种挑战。

我校曾经成功举办了一期引人瞩目的访谈节目。我们特别邀请了学校分管德育的副校长以家长的身份分享自己的珍贵育儿经验。我校的专职心理老师王老师则肩负起了这期节目的主持人兼"心理专家"的重要角色,与这位"特别"的家长一起细致地回顾和深入分析了家长的育儿历程。

这次活动取得了超乎预期的成功,收获了广泛的好评和积极的反馈。许多家长都自发地给予了高度的赞扬。在短短一个半小时的时间里,就有1 000多名家长热情参与到此次家长沙龙的线上观看中,直播的点赞数量更是惊人地达到了41万次。这充分展示了家长们对这种形式的高度认可和热烈支持。

通过这样的活动,我们不仅为家长们提供了宝贵的学习和交流机会,也促进了学校与家庭之间更加紧密的合作和联系。

专家讲座案例

为了助力家长从科学层面更好地理解初中生现阶段的心理特征,且协助家长们更为科学、系统地理解直播课程和在家长沙龙中家长们所重点关注的核心问题,以及诸种问题背后的心理与生理缘由,我校立足于家长们的实际需求,并依据实际状况邀请专家来校开展线下讲座,以帮助家长们从更为专业的角度剖析并知晓学生的问题,同时给予家长教育方面的建议与指导。

四 活动效果

1. 学生

学生是教育的主体,学生的学习离不开教育的引导,因此,教育者——教师和家长的角色对于孩子们未来发展都有着举足轻重的作用。育人是学校的目标,也是家长的诉求。学校和家长作为学生发展的两大助推者,只有形成合力,才能够有效地促进学生的发展。我校推出的"心育云课堂"系列课程从学生特点出发,充分考虑初中阶段学生和家长面临的心理方面的问题,通过直播课程、家长沙龙等方式,引导家长发现问题、转变态度和方法,帮助学生解决家庭方面带给他们的困扰,让家庭成为提供给他们关爱和支持的港湾而不是压力源,让父母成为他们成长旅程中的顾问而不是指挥者。不同主题课程和直播的设置,让更多的父母发现了自身教育和沟通方法中存在的问题,进而调整教育方式方法,让更多的学生从家庭中汲取到爱意和支持,促进学生的全面发展。

2. 学校

学校是孩子教育的重要场所,有着独特的教育资源和优势。在校学习能够为学生提供系统的教育和丰富的知识,家庭教育能够为学生提供温暖的家庭环境,二者相辅相成、紧密结合,为学生在人生旅途中提供强有力的支撑。我校推出的"心育云课堂"系列课程有针对性地设计不同主题的课程,让家长充分地参与到学习当中,同时,家长也会将这一收获作为全新的一环,重新应用到家庭教育当中,家庭教育作为学校教育的补充,它的升级和完善能够帮助学校教育更好地实施。当家庭这一部分成为学生的有力支持后,即使学生遭遇问题或挫折,他们也能够在家庭中寻求到关爱和力量,然后调整自己再度出发,这大大减轻了学校的管理压力,并且这种源自家庭的强有力支持,能让他们将更多的精力投入到日常的学习当中,这能够增加学校教育的效果,提高学生的综合素质,也有利于学校教学活动的开展。

3. 家庭

家庭是人生的第一所学校,父母是家庭教育的第一责任人。我校推出的"心育云课堂"系列课程,为家长提供更科学的、更有针对性的学习机会,通过心理微课的全年覆盖学习,让家长了解到更多关于初中生不同阶段的心理特点;家长沙龙更是从一线心理老师接触到的最贴近学生的问题角度出发,帮助家长认识到各种问题的行为后果,以及不同的处理方法,从而增强自身的教育能力,提高家庭教育的水平。"心育云课堂"系列课程为学校和家长搭建了交流的平台,采用线上与线下相结合的方式,让家长参与到学生问题的学习和讨论之中,让学校和家长共同商讨因材施教的教育方向,让双方共同构建出一个有利于孩子成长的教育环境。我校系列课程的开展,面向家长发挥学校的教育作用,从家庭的角度入手,引导家长基于各自的家庭特点,调整教育方式和亲子关系,为学生营造和谐的家庭氛围,促进学生的健康成长。

4. 社会

现如今,教育是要为高质量发展服务的,教育需要培养的是具备核心素养的社会主义接班人。家校社协同育人的共同目的,是要构建学校家庭社会协同育人的良好教育生态。我校开展的"心育云课堂"系列课程,有效地帮助家长改善教育方法,调整沟通模式,促进学生积极、健康发展。家长们通过学习心理微课,参与到线上直播课程和专家讲座当中,实现了自我提升,这也成为了全民教育的关键一环。同时,系列课程的学习让家长更加了解学生的心理动向,这也提高了家庭教育的质量,家庭作为社会中不可或缺的微观单位,它的和谐与稳定是社会高质量发展的重要动力。"心育云课堂"系列课程实现了学校教育与家庭教育的高质量结合,将科学育人落实到教育的各个环节当中,这为培养全面发展的社会主义建设者和接班人提供了切实可行的实践路径。

健全学校家庭社会协同育人机制是党中央、国务院作出的重要决策部署,事关学生全面发展健康成长,事关国家发展和民族未来,实行家校共育这一举措,体现了对党的二十大精神的深入贯彻落实。首先,家校共育的关键在"共"。在孩子的成长过程中,家庭和学校扮演着至关重要的角色,二者之间的密切合作和沟通,对于促进孩子的全面发展、提高家庭教育水平、增加学校教育效果,以及强化家庭与学校间的沟通与合作具有深远的影响。家庭教育不仅仅是"家事",更是所有教育的基础,是对学校教育的有效补充,和学校教育具有着不可分割的特性。我校开展的"心育云课堂"系列课程,让家长借助学校的教学资源,从心理学的专业视角出发,学习科学的教育方法,增强家长的教育能力,提高家庭教育的质量和水平。同时,这一系列课程的开展,将家校共育的理念落到实处,密切了学校教师和家长的沟通与合作、家长和学校的协同合作,能够有效地促进学生的成长和发展。其次,家校合作的目标在"育"。育人是家校共育的目标,也是教育的落脚点,学校和家庭通过一致努力,帮助孩子实现德智体美劳的全面发展。"心育云课堂"系列课程的开展,采用线上与线下相结合的模式,引导家长发现家庭教育的重要性,充分认识良好家庭环境氛围的价值,从而为学生构建丰富多彩的家庭生活。与此同时,学校通过在直播课程、家长沙龙等活动中与家长的沟通,更多地了解学生不同阶段的状态,从而更好地因材施教。家庭和学校作为学生发展的两大主阵地,二者的密切合作,形成家校共育的整合优势,能够提供给学生来自家庭与学校的关心和支持,更有利于学生的身心健康发展,促进学生的全面成长。

（撰稿者：深圳市坪山区光祖中学　王震　吴锦杰）

模式 17

趣露营亲子课程：基于生活理念的家校共育模式

趣露营亲子课程以实践为导向开展教学，通过"教学做合一"实现教师、家长和孩子共同成长。以"多元智能理论"为结构设计露营课程，将家庭教育与德育、智育、体育、美育及劳动教育相融合，形成基于生活理念的"五维一体"家校共育体系，改变教师、父母和孩子角色，促进学生在多元智能领域的全面发展，培养具备实践能力和创新精神的人才，为区域性社会的发展做出贡献。

深圳中学坪山创新学校,委托深圳中学全面管理。学校秉承"追求卓越、敢为人先"的深中精神,依托深圳中学先进的管理经验和优秀的管理团队,将深圳中学先进的办学理念、卓越的精神文化和成熟的课程体系自然延续,探索实践"启发创新兴趣及思维方式、培养实践及团队协作能力、形成实践与教育闭环"的创新教育理念。学校营造"人人皆可成才、人人尽展其才"的良好环境,遵照"学校按需施教、学生按需选学"的课程价值观,为学生搭建多元发展立交桥,营造良好的文化氛围,让每个人都有出彩的机会。为响应教育部等十三部门联合印发的《关于健全学校家庭社会协同育人机制的意见(2023年)》文件精神,深入贯彻落实立德树人根本任务,我校结合陶行知提出的生活教育理念,打破传统教育只遵循内容逐一教授的藩篱,将家庭教育生活化、实际化。学校通过趣味露营的形式开展亲子课程,帮助学生和家长在体验式露营活动中感受和看见"爱",为家校共育搭建了良好的沟通平台,也为促进和谐的亲子关系营造一个完美的舞台,使学生在接受良好学校教育的同时,也能获得良好的家庭教育。

一　趣露营亲子课程的理念与意义

家庭教育关乎广大未成年人的健康成长和国家民族的长远发展,《中华人民共和国家庭教育促进法》中提到家庭教育的方式包括加强亲子陪伴,发挥父母双方的作用,言传身教、尊重差异、平等交流等。可见亲子关系对于家庭教育至关重要,而家庭教育本质上就是生活教育。《中华人民共和国家庭教育促进法》提出,学校与家庭配合是做好家庭教育的关键,为此我校基于生活教育理念开展了亲子露营课程。

生活教育理念是由我国教育家陶行知在学习杜威的"教育即生活""学校即社会"的教育思想后批判吸收其精华,结合中国国情和时代发展的需要提出来的。① 生活教

---

① 商思瑶.陶行知生活教育理论对学前儿童家庭教育的启示[J].生活教育,2023(2):116—119.

育理论最大的特点就是将教育、学习与实践结合起来，"教学做合一"有利于学生对知识的理解和能力的培养。

（一）融教于学：以实践为导向开展教学

亲子露营趣味课程将教育与活动相结合，以实践为导向，让学生在户外活动中学习新知识。通过亲身体验，孩子们能够更好地理解知识、掌握技能。同时，家长也可以在课程中了解孩子的在校学习和生活情况，调整家庭教育策略。

（二）教学相长：实现教师、家长和孩子共同成长

亲子露营趣味课程强调教师、家长和孩子在教育过程中的互相学习与成长。教师通过与家长的交流，可以了解学生的家庭背景和生活环境，为个性化教学提供依据。家长也可以从教师那里获取教育方法和策略，更好地指导和支持孩子的成长。在生活教育理论的框架下，"生活即教育"扩大了受教育的主体，生活中，不仅教师和父母可以教导孩子，反之也可以使教师和父母从孩子处得到教育，教师、父母和孩子在家庭中共同取得进步。

（三）知行合一：做中教，做中学

亲子露营趣味课程强调"做中教、做中学"的理念。在实践中，孩子们通过完成任务、解决问题等实际操作来学习知识、培养技能。同时，家长也可以在参与课程活动的过程中，观察孩子的表现和进步，更好地了解孩子的需求和问题。这种知行合一的教育方式，有助于增加教育效果并促进孩子的全面发展。

（四）家校共育：家校合作共促教育发展

亲子露营趣味课程是家校合作的一种有效形式。通过共同参与课程活动，家长和教师能够更好地了解孩子的成长需求与问题，提供更全面、更个性化的支持和引导。这种合作也有助于加强家庭与学校之间的联系，形成教育合力，共同推动教育的发展。

总之，基于生活教育理念的家校共育模式是一种全面、深入、富有创新性的教育方式。它以学校和家庭为基础，将教育与生活紧密结合，使孩子在快乐的生活中获取知识、增强能力。同时，这一模式还有助于增进亲子关系，培养孩子的实践能力和创新思维，塑造良好的品质和责任意识，促进家庭教育的发展。

二 趣露营亲子课程的实践探索

趣露营亲子课程是一系列充满趣味性和教育意义的家校共育课程,旨在促进孩子的全面发展、加强亲子关系和提升教育教学质量。本课程以"亲子参与,知行合一"为原则,基于五育融合的导向,构建起家校协同的共育课程体系,让家长和孩子在实践和体验中融教于学,教学相长。

(一)"五维一体"共育体系的理论基础

"五维一体"家校共育体系是一种全面的、多维度的教育模式,旨在将家庭和学校作为整体来考虑,形成教育合力,共同促进学生的全面发展。在家校共育过程中,推进目标贯通一体、课程体系融合一体、教育主体共育一体、教育方式知行合一、教育评价多元一体。[①] 将家庭教育与德育、智育、体育、美育及劳动教育相融合,促进学生德智体美劳全面发展。(见图 17-1)

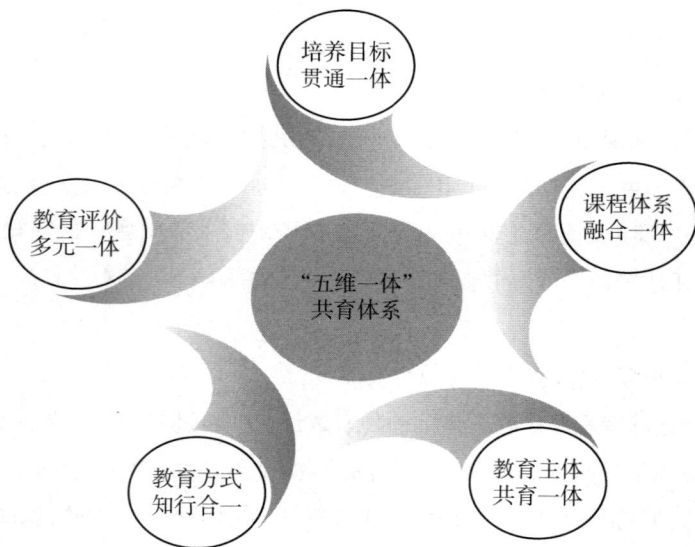

图 17-1 "五维一体"共育体系图

---

① 江均斌.五维一体,推进劳动教育走实走深[J].教育家,2022(52):21—22.

（二）以"亲子参与，知行合一"为原则设计活动

亲子露营课程以"亲子参与，知行合一"为原则，以教学相长为目标。通过一系列富有挑战性和趣味性的活动，增进亲子间的情感交流，增强孩子们的团队协作能力和动手能力，让家长与孩子们一同度过难忘的户外时光。

（三）以"亲子露营课程"的形式改变教师、父母和儿童角色

在传统的教育模式中，教师通常是知识的传递者，父母则是家庭教育的责任者，而孩子则被动地接受知识和指导。然而，亲子露营课程打破了这种固定的角色划分，为教师、家长和孩子提供了一个全新的、互动性强的学习环境，使他们在共同成长的过程中，改变和丰富彼此的角色。教师从单纯的教育者转变为指导者和伙伴，他们帮助学生发掘自己的潜能，鼓励他们主动探索和学习。家长从单纯的照顾者转变为参与者和指导者，他们与孩子一起参与活动，了解孩子的成长过程，同时也在实践中学习新的教育方法和技巧。孩子从被动接受者转变为主动学习者，他们有机会自己动手实践，探索和发现新事物，从而培养独立思考和解决问题的能力。同时，通过与教师和家长的紧密互动，孩子可以建立更健康、更平等的关系，从而培养更积极的学习态度和社交技能。

（四）以"五育融合"为育人导向规划活动主题

家校亲子露营课程以"五育融合"为育人导向，规划了一系列活动主题，旨在通过实践与互动，促进学生的全面发展。

1. 德育：培养良好的道德品质。在露营课程中，我们将德育贯穿始终。亲子露营课程的开设对象面向本周文明班级积分前两名的班级开设亲子露营课程，和德育工作结合开展。

2. 智育：激发潜能，增强学习能力。露营课程中的智育以培养学生的创新思维和实践能力为目标。通过设置趣味益智游戏等活动，引导学生主动探索、积极思考，增强解决问题的能力。同时，家长和教师还将共同指导学生在自然环境中学习自然科学知识，拓宽知识视野。

3. 体育：强健体魄，塑造健康生活方式。体育在露营课程中占据重要地位。我们将组织各类户外运动项目，如亲子足球赛等，引导学生与家长共同参与体育锻炼，增强

身体素质。此外,还将教授健康饮食知识,帮助学生养成良好的生活习惯。

4. 美育:发现美,欣赏美,创造美。在露营课程中,美育同样不可或缺。我们将安排绘画、音乐、舞蹈等艺术活动,引导学生发现美、欣赏美并创造美。这些活动不仅有助于培养学生的审美情趣,还能激发他们的想象力和创造力。

5. 劳育:培养劳动意识,增强实践能力。劳育旨在培养学生的劳动意识和社会实践能力。在露营课程中,我们将组织学生参与营地建设和环境清理等工作,让他们学会尊重劳动成果,培养责任感,增强学生的实践能力。

总之,家校亲子露营课程以"五育融合"为育人导向,通过规划一系列活动主题,旨在促进学生的全面发展。这种教育方式将有助于培养出具备良好道德品质、创新思维和实践能力的人才,为未来的社会发展和国家建设做出贡献。

(五) 以"多元智能理论"为结构设计露营课程

多元智能理论是一种广泛应用的心理学理论,由美国心理学家加德纳提出。该理论认为,人类智能涵盖了多种不同的能力,如语言智能、逻辑—数学智能、空间智能、身体-动觉智能、音乐智能、人际智能等。[1] 加德纳认为,可以运用智能强项领域作为通往弱项领域的"桥梁",并提出教育的目标是实现学生的理解,对"理解"的评估在情境中进行。[2] 因此,在家校亲子露营课程中,我们以多元智能理论为结构设计,为学生提供丰富多样的活动内容,促进他们不同智能领域的发展。(见表17-1)

表17-1 亲子露营课程一览表

序号	智能领域	活动内容	活动效果
1	语言智能	故事分享、篝火晚会、诗歌朗诵等	培养学生的口头表达和沟通能力
2	逻辑-数学智能	比赛、益智游戏等	增强学生的逻辑思维和问题解决能力
3	空间智能	搭建帐篷、亲子活动等	培养学生的视觉空间感知和操作能力

---

① 霍华德·加德纳. 智能的结构(经典版)[M]. 沈致隆,译. 杭州:浙江人民出版社,2013:4.

② 霍德华·加德纳. 多元智能新视野[M]. 沈致隆,译. 北京:中国人民大学出版社,2008:126.

（续表）

序号	智能领域	活动内容	活动效果
4	身体—动觉智能	班级趣味游戏比赛、拔河等团队协作游戏等	增强学生的体能和协调性
5	音乐智能	篝火音乐会、手鼓教学、歌曲创作等	培养学生的音乐感知和创作能力
6	人际智能	小组合作、角色扮演、团队建设等	增强学生的社交技巧和团队合作能力
7	自我认知智能	自我反思和分享时刻、小组活动等	增强学生的自我认识和情绪的感知力
8	自然智能	自然探索任务、夜间观测等	培养学生理解生态系统和自然规律的能力

通过以上活动内容的安排，家校亲子露营课程旨在促进学生在多元智能领域的全面发展。亲子露营课程以多元智能理论为指导，通过结构设计，为学生提供多样化的活动内容。这将有助于培养学生的综合素质和多方面能力的发挥，为他们的未来奠定坚实的基础。

三 "趣露营"的典型案例

2023年春季学期，为增进我校学生与家长亲子间的感情，搭建亲子沟通的纽带，帮助学生和家长在体验式活动中感受和看见"爱"，为家长和孩子提供共度美好时光的机会，学校开始策划小学部第一期"趣露营"的课程。该课程深受学生、家长和老师的好评。

（一）"趣露营"的目标

"趣露营"的总体目标是增强家长与孩子之间的情感纽带，并通过实践教育和体验来实现知行合一，来培养学生的综合素质与实践能力。

1. 通过实践内容，增进亲子关系。亲子关系对孩子的成长和发展起着重要作用。亲子露营课程提供一个特殊的环境，让家长和孩子一起度过时间并参与各种有趣的活动，增进彼此之间的情感连接、理解和互动。通过共同的体验和合作，亲子关系得到加

模式17 趣露营亲子课程：基于生活理念的家校共育模式 / 205

强,家庭成员之间也会更加信任和支持。

2. 重视学生体验,实现知行合一。本课程不仅注重知识的传授,还关注学生的实践能力与综合素质的培养。在课程中,学生将所学知识应用到实际生活中,真正做到了知行合一。例如,在搭建帐篷的过程中,学生不仅掌握了理论知识,还能在实际操作中运用这些知识解决问题。这种知行合一的教育方式,有助于培养学生的综合素质与实践能力。

从 2023 年 4 月开始,我校开设了"趣露营"课程,每周五晚上,面向本周文明班级积分前两名的班级开设亲子露营课程,组织充满趣味和意义的亲子露营之夜。

(二)"趣露营"的实施过程

选定露营时间和地点,确认活动细节,并向家长发放邀请函和名单。准备活动物资,如音响设备、灯光设备、桌椅、食品、饮料等。活动流程如下。

1. 到达操场:所有参与家庭在指定时间到达学校操场集合签到。

2. 布置活动现场:指导家长搭建帐篷,提供必要的装备和工具,搭设舞台、悬挂彩旗、安装灯光等,并进行帐篷安全知识培训。

3. 晚餐:准备足够的餐具、纸巾、一次性手套等野餐用具。提前准备好食材,大家共同野餐,品尝美食,享受自然星空美景。

4. 露营之夜联欢晚会:设立晚会区域,学生和家长可以准备各种形式的表演,如歌曲、舞蹈、小品、戏剧等。

5. 拔河友谊比赛:每场比赛时间为 5 分钟,比赛开始前双方选手进行 30 秒的热身运动,比赛过程中不可更换选手。比赛实行三局两胜制,当比赛时间结束时,哪一方将拔河绳上的中点标志拉入自己赛区 1 米内,即判定为胜利方。

6. 球技大比拼:第二天上午,家长们可以自行组队参赛,每队人数不限。我们鼓励家长们多加交流,互相激励,组建实力强大的团队,球场上一个个身影英姿飒爽,随着口哨声的响起,比赛圆满结束。

(三)"趣露营"课程效果

"趣露营"亲子露营课程以体验式活动为主要形式助力家庭教育,得到了家长和学生的追捧。亲子露营的活动促进了家、校、生三方"同频共振",下面将从家庭层面、学校层面和学生三个层面来分析其活动效果。

1. 家庭层面

"趣露营"亲子露营课程提供了一个家庭成员共同参与的机会。家长和孩子们可以一起规划、准备和参与露营课程,在互动中建立更紧密的亲子关系,加深彼此的情感。在亲子露营课程中,家长和孩子们可以一起经历户外生活,分享喜悦和困难,增进彼此之间的理解和信任,促进家庭成员之间的良好沟通,并为解决问题和交流提供更多机会。此外,亲子露营课程可以通过积极的家庭互动,培养孩子们的责任感和价值观。亲子露营课程中,设计了拔河友谊比赛,家长也教导孩子关于团队合作和分享的重要性。在亲子露营课程收到的家长反馈中,黄思彤妈妈说:"终于参加了孩子期盼已久的学校露营课程,在学校里一起搭帐篷,一起分享美食,一起拔河做游戏,不仅拉近了家长们和孩子们之间的感情距离,也是很宝贵的一次户外体验。"也有家长在露营结束后反馈道:"此次露营课程,愉快有趣,增进了同学友谊,亲近了老师和学生关系,也拉近了老师和家长的距离。让我们深刻体会到同学老师家长就如一个可爱大家庭!多么美好的回忆!"

2. 学校层面

在"趣露营"亲子露营课程过程中,学校与家长共同策划和组织活动,增进了学校和家庭之间的理解和信任,建立了良好的家校合作关系。通过亲子露营课程,学校向家长传递了科学的教育理念和方法,并鼓励家长在日常生活中积极参与孩子的教育。学校和家庭的共同努力为学生提供了更全面的成长机会。此外,亲子露营课程为学校提供了一个创新的教育平台,学校可以在户外环境中开展实践教学活动,让学生们亲身体验并应用所学知识,激发他们的学习兴趣和动力。

3. 学生层面

"趣露营"亲子露营课程为学生提供了一个与家长共同度过宝贵时光的机会,促进彼此之间的交流和情感表达。通过合作搭建帐篷、室外游戏等活动,学生可以更好地表达自己的感受和需求,提高情商和沟通技巧。在户外环境中,学生需要面对不同的挑战和困难,如处理突发状况,培养了学生独立思考和解决问题的能力,进一步培养了学生"自我教育"的主观能动性。此外,亲子露营课程提供了一个集体生活和合作的平台,学生需要与其他同学合作完成任务、解决问题。这样的活动可以帮助他们培养团队意识、合作能力和人际交往技巧,增强与他人相处的能力。二年级(1)班的刘同学在日记中写道:"这次露营课程真是太精彩了,感谢学校给我们组织了这么有意义的活动。感谢家长们为我们准备了很多美味的美食。这次活动不仅促进了我和同学们更深厚的友谊,也让我们身心得到了放松,真是非常有意义的活动。"

　　家校共育是一种强调家庭和学校之间紧密合作的家庭教育工作模式,通过家庭和学校的共同努力,可以为孩子的全面发展和幸福成长创造有利条件。家校共育与生活教育理念融合的成效,体现在提升学生综合素质、加强家校沟通与合作、丰富教育内容与形式,以及增强学生的社会适应能力等方面。目前,我校基于生活教育理念的家庭教育模式取得了一定的成效,但还存在一定的局限性和不足之处,比如,如何更加有针对性地开展家庭教育、如何最大化地满足家庭和学生的具体需求,这都需要在未来的工作中不断总结和反思。

(撰稿者:深圳中学坪山创新学校　杨霞　刘露露)

模式 18

境脉学习圈：体验式家校共育模式

境脉学习圈倡导以体验为核心的学习模式，形成了"境脉学习圈"深入体验式家校共育模式，基于"六体验"教育为核心，实现全人教育目标。通过"境脉学习圈"之体验式家校共育模式，让家长理解和把握新的教育理念和教育方式，形成家校教育合力，关注学生的感悟、体验，注重学生的自主成长。

深圳市坪山区弘金地学校创建于 2017 年 5 月,是经坪山区教育局批准、深圳市教育局备案,由金地集团举办的一所优质特色的国际化民办学校。学校基于中国学生发展核心素养,创造性地提出了"四者"育人目标,即"坚定不移的爱国主义者、博闻强识的终身学习者、精汉通英的国际交流者、正心修身的未来创造者"。并围绕育人目标,构建了具有创新性和示范性的弘金地学校德育体系,创造性提出并开展了习性、生涯和"六体验"教育,以及导师制、走班制、一生一案一团队、一月一诊一反馈、"六唯"评价等富有成效的做法。在家校共育活动的探索中,创建了"境脉学习圈"深入体验式家校共育模式,形成家校教育合力,关注学生的感悟、体验,注重学生的自主成长。

一　境脉学习圈的理念与意义

国内研究者对境脉做了如下阐释:"我们把'境'对应'对象世界',指向内部世界与外部世界,把'脉'对应'关系世界'。'内部世界'与'外部世界'构成'境',一个错综复杂又彼此关联的'关系世界'就是'脉',当内部世界与外部世界产生关联,就是奥苏贝尔倡导的有意义学习。"①要让学生做到境脉学习,就要他有"身临其境"的体验。

体验,既有认识论的意义,即以体验的方式达到认知理解,或者促进并加深理解,所谓顿悟、内化,其实都是深刻体验的结果。同时,体验又有本体论和价值论的意义,即体验是人的生存方式,也是人追求生命意义的方式。教育不仅应关心人是否学到知识,更应关心人是否获得了体验、体验到了什么、追求什么样的体验,以及如何感觉自己的体验。教育应当把学习主体的体验过程看作是教育活动的基本形式之一,强调学习中的体验,体验后的领悟。这样才能使原来静态的知识经验在个体的心灵中被激活、被催化,产生广泛的联系,获得新的意义,才能产生创造。就体验本身的特征来看,

① 潘照团,陈加仓. 境脉课堂:为生活而学习[N]. 中国教师报现代课堂周刊,2019-10-16(04).

它具有主动性、创造性和过程性。其一,体验是一种注入了生命意识的经验;其二,体验是一种激活了的知识经验;其三,体验是一种内化了的知识经验;其四,体验是一种个性化了的知识经验。在一般的教学过程中,我们更多的是强调知识经验的普遍接受和共同感受。体验则直指个体心灵,引起心灵的震撼,激发对意义的深刻领悟。个体对对象的理解、解释、欣赏必然受到自己出身、经历、情感、气质等的影响,而成为个体独特的心理内容,体验的个性特征便得到了充分体现。

体验教育是一种强调知识与学习主体互动联系的教育,注重学习者的深入参与,注重学习者情感的激发,注重学习者内心的深刻体验,突出人与人、读者(学生)与作者(教材)双向交流沟通,不强求划一认识而尊重个体差异,各有所获。它突出的不是对知识体系的原封不动地储存,而是强调自我的感悟与发现,是一种变书本化为人本化、把主体的体验过程看作教育的基本活动形式之一的教育。体验教育的终极目标是人的自然性、社会性、自主性的和谐发展,并生成新的主体。

"体验式"家校共育模式是倡导以体验为核心的学习模式,是一种家长和学校共同组织、参与协同互动,注重学生深入参与,注重学生情感激发,注重学生内心体验,并在学生和家长、教师中产生体验共鸣的一种家校协同育人模式。在这一模式下,家长不再是旁观者,而是积极的参与者,在互动中与学生产生体验交流,增进亲子共同体验成长,使学生获得深层次、个性化的成长收获。

二 境脉学习圈的实践探索

境脉学习是一种综合性的学习方式,依照生活经验,强调综合育人与实践育人。"境脉学习"强调学习过程的情境性,弘金地学校在实践探索过程中,遵循"六体验教育"推进家校共育模式,让学生在具体情境中实践、探索。

(一)"境脉学习圈"之家校共育模式

弘金地学校奉行全人教育办学思想。学校围绕中国学生发展六大核心素养,建构系统完整并关注个体差异的教育体系。学校以"六体验"教育为实践载体,践履"用民族精神铸魂,凭国际素养立本"的校训,培养"人格更完整、知识更全面、能力更突出、身心更健康、阅历更丰富"的学生。学校将"六体验"教育作为实现全人教育目标的核心措施;将"六体验"作为家校共育实践模式。(见图18-1)

图 18-1　"境脉学习圈"之家校共育模式图

1. 家校共育之社会体验,以铸公德。让学生认识社会、融入社会,为未来服务社会奠定基础,是学校培养学生的一个重要方向。通过走进家长职场,激发学生积极参与社会各行业运营体验、各职业从业体验、各角色责任体验、各阶层生活境遇体验、各样生存方式体验,培养学生高尚的社会关注与公德修养及朴素的平民情怀和底线思维,学生在社会体验中能够认识到父母工作的艰辛,理解父母。同时增强了家长的育人意识,时时是育人之时,处处是育人之地,人人是育人之师,促使家长修身养德,做好孩子的表率。

2. 家校共育之艰苦体验,以裕精神。注重挑战生命潜能,诱发生命感动。学校依学期制订《艰苦体验教育实施方案》,在家长的支持参与下积极发掘艰苦教育资源,开展艰苦生活体验活动,进行革命传统和艰苦朴素精神教育等。以学生的"直接体验"让学生克服过去预想不到的困难,去完成有关"使命",祛除平日的"娇骄"二气。在亲身参与中获得感知,在每学期一次的艰苦体验教育活动中,培养吃苦耐劳、艰苦朴素、不畏艰险、不断进取、奋发向上的精神。通过艰苦体验培养学生坚强的意志品质,成就坚毅人格。

3. 家校共育之审美体验,以修才智。加强美的价值引领,以体验为载体培养学生的审美情操和审美素质、能力。丰富美育课程资源,开发美育课程。学校通过设立"校园文化艺术节""家长艺术课堂"等主题美育活动,广泛运用精神文化、教学资源、社会自然、物质产品中一切美的形式,给学生以耳濡目染、潜移默化的实践体验,从而达到美化心灵、行为、语言、体态,提高道德与智慧的教育目的。陶冶学生情感,形成学生广泛的爱好,丰富的生活情趣,增强创造美的实践能力。教育离不开学校,但教育不能仅靠学校,特别是美育课程,现代教育是一种开放性全方位教育,要求改变以单一的学校教育影响为主的框架,突出学校、家庭与社会的交互性教育影响。

4. 家校共育之人文体验,以通性灵。人文性是教育的重要本质。人文教育的实质是人性教育,其核心是涵养人文精神。而人文体验,更是人文教育最生动、鲜活而有效的形式。学校积极为学生创设以文化、艺术、美学、教育、哲学、国学、历史、心理学、法律等为主要内容的人文教育体验。创新体验形式,激活体验需求,丰富体验资源,邀请家长参与其中,共同体验多元文化。促进学生、家长人性境界提升、理想人格塑造,以及个人与社会价值实现,包括广博的文化知识滋养、高雅的家校文化氛围陶冶、优秀的文化传统熏染和深刻的人生实践体验等。

5. 家校共育之运动体验,以壮身心。弘金地学校特别重视学生运动体验,以体教结合作为学校办学特色。学校将网球课设为必修课程,让网球成为每位弘金地学子的爱好和擅长项,每学年会开展各年级网球比赛,邀请家长参与活动组织和观赛。学校还开展亲子徒步、亲子趣味运动会等活动。用这些活动培养学生坚强的意志品质、严格的组织纪律、良好的个性心理品质、崇高的集体主义精神以及高雅的绅士风度。学校充分发掘锻炼资源,传授体育的基本知识、技能和方法,使学生爱好体育活动,更延伸到家庭中开展体育运动,养成坚持锻炼的健康习惯,为亲子相处提供了另一种方式。

6. 家校共育之科学体验,以得技能。学校认真贯彻落实《全民科学素质行动规划纲要(2021—2035 年)》,创新开展学校科技活动,建立科学实验室、创客空间、VR 演示、3D 打印和未来教室。激发学生科学兴趣和创新热情,引导学生走近创客,体验创新。结合学校品德课、科学课、信息课,邀请部分从事信息科技专业的家长走入课堂,发挥现代信息技术在科技教育和科普活动方面的积极作用,促进学校科技教育和社会科普活动的有效衔接。

(二)"境脉学习圈"之家校共育主题活动

学校基于"六体验"教育,通过不同角度开展德育工作,学校、家庭、社会通力合作,从而构建更加科学完善的德育教学体系,以取得更好的德育效果。此外,学校也动员家长和学生共同参与各种类型的公益活动,通过活动提升学生的道德品质,使学生能够意识到自身在社会主义建设中承担的重要任务,在实现德育教学目标的同时,强化学生的社会责任感。并且,学校邀请家长和学生共同参与活动,也能够加深学生和家

长之间的感情,使家长能够积极参与德育教学活动,利用家长和孩子之间的感情强化立德树人效果。(见表18-1)

表18-1　家校共育主题活动表

对应主题	项目名称	具体内容	参与人员
家校共育之社会体验	走进世界名校	相约伦敦,感受异国文化	1—8年级学生、家长、老师
	古城环游记	大鹏所城,感受历史文化	2—6年级学生、家长、老师
	"我劳动　我快乐"	我做一天"爸爸、妈妈"	1—8年级学生、家长、老师
家校共育之艰苦体验	我是小军人	好习惯早养成,走队列我最行	1—7年级学生、家长、老师
	"珠行千里"徒步拓展	以青春之名,问鼎大山陂	9年级学生、家长、老师
	探索沙漠草原	高原地质科考,穿越黄土高原	6—8年级学生、家长、老师
家校共育之审美体验	人人都是小演员	校园艺术嘉年华暨社团展演	1—9年级学生、家长、老师
	家长艺术课堂	大万世居的建筑之美	5年级学生、家长、老师
	家长艺术课堂	食育课堂—食物之美	2年级学生、家长、老师
家校共育之人文体验	猜灯谜　庆元宵	以"元宵节"为主题讲灯笼、做灯笼、收集谜语,活动开展挂灯笼、猜灯谜	2—8年级学生、家长、老师
	十岁成长礼	以"不负'拾'光　向阳成长"为主题,家长和老师共同见证学生成长	4年级学生、家长、老师
	导师伴成长	"风雨同舟　梦想起航",导师与学生、家长共同话成长	9年级学生、家长、老师
家校共育之运动体验	快乐运动　健康成长	队列、啦啦操展示活动	1—8年级学生、家长、老师
	网球校园争霸赛	邀请家长全程参与班级、年级、全校各赛程活动	7年级学生、家长、老师
	亲子趣味运动会	各年级邀请家长参加融合体育运动和趣味游戏(运球接力赛、多人多足毛毛虫比拼等)	1—8年级学生、家长、老师

对应主题	项目名称	具体内容	参与人员
家校共育之科学体验	校园科技节	"科技点亮未来"邀请相关领域家长共同设计策划	3—8年级学生、家长、老师
	家长科技社团	AI、VR、编程小车巡航,探究科技世界	4—8年级社团学生、家长、老师
	走进民族企业探秘科技之旅	在技术专家家长的讲解中,了解比亚迪领先的科学技术,增强科学探究兴趣,强化民族自豪感	8年级学生、家长、老师

表18-1中详细记录了学校基于"六体验"教育,举办的家校共育主题活动。

三 境脉学习圈的典型案例

"境脉学习圈"之家校共育模式,是弘金地学校在家校共育活动的探索中创建的深入体验式家校共育模式。"境"即指学生的体验完全沉浸在情景中,让学生在情境中触摸到自己的成长;"脉"则指在整个成长过程中形成一条完整的脉络,在家校共育下,逐步推进,层层深入。下面,我们以艰苦体验家校共育主题为例。

(一)艰苦体验家校共育主题目标

1. 艰苦体验,也是生态体验,注重挑战生命潜能,诱发生命感动。它不仅是自然生态环境体验,也是感动生命的生存体验,亲切鲜活的生活体验,将引导者和体验者一起,不断带向新的教育境界、生命巅峰体验。在艰苦体验中,培养学生坚强的意志品质、严格的组织纪律、良好的个性心理品质、崇高的集体主义精神,以及高雅的绅士风度。

2. 保持教育的一致性与连贯性,校、家、社合力,提供机会、场地、陪伴,在体验中获得感知。通过多样的体验式活动,增强家校关系、亲子关系,让学生在每期的艰苦体验教育活动中,培养吃苦耐劳、艰苦朴素、不畏艰险、不断进取、奋发向上的精神,并将优秀的品质在家庭、社会环境中得以保持。

（二）艰苦体验家校共育主题内容（见表 18-2）

表 18-2　艰苦体验家校共育主题实践表

主题	内容	参与人员
少年如剑百炼钢 青春似火绽光芒	体验纪律与规则,挑战毅力与潜能	1—7 年级学生、家长
我是小小职业体验家	选取一个感兴趣的职业,尝试体验该职业,撰写一份职业体验报告	4—6 年级学生、家长
我是最棒推销员	以家庭为单位的跳蚤市场活动	2—6 年级学生、家长
你好,雷锋! 你好,志愿者!	"境脉学习圈"亲子公益活动	7 年级学生、家长、老师
以青春之名　问鼎大山陂	亲子徒步团队拓展活动	9 年级学生、家长、老师
"一天爸妈"小体验	"境脉学习圈"——担任一天爸妈,体验家长生活	3—6 年级学生、家长
父母职业大调查活动	设计一个问卷,了解父母职业、体验职业快乐与辛苦	7—9 年级学生、家长

表 18-2 详细列举了围绕艰苦体验为主题的学生实践活动。

（三）艰苦体验家校共育主题活动过程

1. 活动策划:发挥家长专业特长,探寻校、家、社活动资源,发掘教育契机。学校德育管理部组织各个年级家长发展中心成员、学科教师,共同商讨确定相关活动形式、内容、地点,在家校共同合作下策划活动方案。

2. 活动准备:家长、学生共同参与设计班级活动主题、活动内容形式,通过海报、公众号开展宣传工作,招募家长体验团,做好活动准备工作。

3. 活动开展:家长与学生一起面对挑战生命潜能,诱发生命感动。以亲子的"直接体验"一起克服过去预想不到的困难,同时让学生感受到,无论在什么艰苦的环境中,家长都在无条件地支持与陪伴自己,加深了亲子之间的理解,密切亲子关系。

4. 活动总结:有效地开展活动后,家长发展中心成员、家长体验团成员、学生、活动负责人共同开展体验分享活动,让学生、家长、教师产生体验共鸣,达到升华和感悟的教育效果。每次活动的总结都提升了学生对自己、他人、困难的认识，让他们更加充满自信地投入到学习生活中。

四 境脉学习圈家校共育模式的实践成效

"境脉学习圈"之体验式家校共育模式，充分发挥家庭和学校各自在学生教育成长中的优势作用，并形成良性有机配合，对于学生品格与道德的养成、良好家庭教育氛围的形成、家校良性互动关系的加强都大有裨益。

（一）促进了学生品格与道德养成

在"体验式"家校共育模式活动下，家长陪伴学生的时间增多了，加强了亲子沟通，家校协同一致、有效配合，在陪伴学生个体人生发展过程中，通过内生体验，能够有效培养学生积极进取的品格，帮助学生逐步理解和尊重道德规范，养成良好的道德行为习惯。

（二）形成了良好的家庭教育氛围

在"体验式"家校共育模式活动下，能够更好地让家长理解和把握新的教育理念和教育方式、方法，提高家长教育认知，促进了融洽亲子关系和良好家庭风气的形成，促进新型家庭、家教和家风的建设，在不断更新和践行新的家庭教育理念的过程中，逐步培育和增强着家庭生命能量系统。

（三）密切了家校良性的互动关系

在"体验式"家校共育模式活动下，家校关系更加密切，通过家校携手，构建目标一致、配合默契的和谐教育场，为学生的全面、健康发展创造了良好的教育生态。同时，在家校充分沟通、良性互动，相互配合下加强了学生的自我管理，提升了教育教学质量。

"境脉学习圈"之体验式家校共育模式，是弘金地学校在发展过程中的大胆探索，着实地促进了家长与学校、家长与学生之间的关系，增强了信任感，同时让教育不仅仅发生在家庭或学校，而是合力共赢的。但我们深深知道，想要再深化教育的效果，我们需要继续深入开展体验活动，让体验发生在教育的场景中，真正触动灵魂，让学生和家长都能在感悟中成长。弘金地学校会不断地总结过去的经验、创新活动的内容、夯实家校之间的联系,真正做到个性化、因材施教、针对不同家庭环境的教育,从而达到教育效果的最大化。

(撰稿者:深圳市坪山区弘金地学校　修慧文　方璐)

模式 19

成长圈:基于传承传统文化的家校协同育人模式

　　成长圈是基于传承传统文化的家校协同育人模式,是落实立德树人根本任务,传承中华优秀传统文化,促进家庭关系融洽、和谐,培养学生创新精神和实践能力的家校共育好传统实践探索。形成了以四大传统文化系列实践课程的共育体系,组织家庭通过考察探究、实践体验、参与劳动、DIY创作、成果展示、合作交流等亲子互动渠道,营造出家校共建育人好家风的良好氛围,助力"悦"少年全面健康成长,探索出新时代家校共育高质量发展的坪山样板。

图 19-1 "悦纳教育"课程图

深圳市坪山区坪山第二小学成立于1999年3月,是由原沙壆、岭脚、田头、竹坑四所村办小学合并而成。学校占地65 079平方米,建筑13 887平方米,校园环境优美,绿树成荫,是"深圳市园林式、花园式单位"。近年来,学校先后被评为"国家校园足球特色学校""广东省棋类特色学校""深圳市德育示范学校""深圳市绿色学校""深圳市书香校园""深圳市红旗大队""坪山区家校共育示范校"等荣誉称号。多年来,坪山二小秉承"悦纳你我,和合共进"的办学理念,提出了以"悦纳教育"为主题的理念文化和课程整体规划方案。(见图19-1)

"悦",本义为高兴、愉快。在学校教育中,倡导让学生愉悦地投身到学习活动中去,快乐地成长,开心地学习,是教育目标、情感、价值观的综合体现。同时"悦"又作"乐于、喜欢"之解,意在让学生能够乐于投入学习、多元发展、自由生长。"纳",有"接受、享受、包容、吸收"的意思,意在教育要有包容之心,能够纳自己、纳学生、纳家庭、纳社会、纳自然、纳世界、纳知识、纳文化、纳个性、纳差异。围绕立德树人根本任务,结合学校育人理念和家校协同育人的方略,以家校共育为载体,以"大手拉小手,小手牵大手"的共育模式,引导学生以弘扬爱国主义为核心,培育团结统一、爱好和平、勤劳勇敢、自强不息的民族精神为主线,旨在增强学生厚重的历史文化底蕴,全民健康文明过节,更好传承中华文脉,让每一个学生和家庭更真切地感受中华文化力量,更加坚定文化自信。

一 价值意义

教育部印发的《完善中华优秀传统文化教育指导纲要》指出,坚持中华优秀传统文化教育与时代精神教育和革命传统教育相结合;坚持弘扬中华优秀传统文化与学习借鉴国外优秀文化成果相结合;坚持课堂教育与实践教育相结合;坚持学校教育、家庭教育、社会教育相结合;坚持针对性与系统性相结合。

家校共育"好传统"价值意义:认真贯彻教育部《完善中华优秀传统文化教育指导纲要》要求。落实立德树人根本任务,全面实施素质教育,以传统节日为载体,大力弘扬中华传统美德,引导学生把爱国和爱家统一起来,把个人梦、家庭梦融入国家梦、民族梦之中,增强民族文化自信和价值观自信。

骨干团队设计以"我们的节日"为题展开体验,聚焦"春节欢乐多""童心寄清明""浓浓端午情""中秋月儿圆"四大传统节日为契机,体验传统文化的魅力,获得知识、观察生活、感悟文化;传承中华优秀传统文化精神,促进家庭关系融洽、和谐,培养学生创新精神和综合实践能力;感受家庭温馨、学习民族传统、增强文化自信、传递大爱精神、共建和谐社会。

二 实践操作

(一) 知识与技能

通过自主、探究的方式,利用传统节日,让学生了解传统文化,感受家庭温馨、学习民族传统、增强文化自信、传递大爱精神、共建和谐社会为主要学习目标。

(二) 过程与方法

学校通过设计亲子互动的活动,如考察探究、文字描述、视频呈现、劳动课堂、综合实践、DIY 制作、成果展示、合作交流、书法作品等,进一步拉近亲子关系,遵循孩子身心发展特点,体验活动的快乐和成功感,体现新时期家校协同育人模式。

(三) 情感态度与价值观

四大传统节日是中华民族优秀传统文化的重要载体,蕴含着中华民族文化的智慧和结晶,凝聚着华夏人民的生命追求和情感寄托,传承着中国人的社会伦理观念。教师围绕传统文化与家庭教育的融合,通过情感教育的方式,培育学生形成正确的人生观、世界观、价值观,继承和发扬民族优秀传统文化。(见表 19-1、19-2、19-3、19-4)

表 19-1 "我们的节日"四大传统文化系列课程之春节活动课程安排表

	春节欢乐多				
序号	活动主题	活动内容	活动形式	学科融合	课时
1	春节到知习俗	探索学习、大胆尝试、参与体验,利用"春节"这一传统节日,让家庭"会"过春节、"爱"上春节,了解自己家乡特有的风俗。	亲子互动综合实践	语文书法美术信息技术音乐	1
2	春节到家乡味	自主设计春节活动等,充分体现了考察探究、家庭服务、设计制作的理念。如:春节的由来,扫尘、写春联、剪窗花、画年画、送"福"字、除夕守岁、拜年。	亲子互动春节歌曲家乡特色	音乐综合实践	3
3	春节到赛诗会	诗词是中华文明智慧的积淀,寻找有关春节的诗歌,读诗—品诗—吟诗—赛诗,感受节日的文化气息。	亲子互动查找诗词诗词大会	语文信息技术阅读书法	2
4	春节到品美食	制作年夜饭菜谱、制作美食,"我是小小美食家"等活动。	亲子互动劳动课堂综合实践	劳动综合实践	1

表 19-2 "我们的节日"四大传统文化系列课程之清明节活动课程安排表

	童心寄清明				
序号	活动主题	活动内容	活动形式	学科融合	课时
1	四月天知习俗	进一步了解中华传统文化节日——清明,通过查阅资料,用绘画、手抄报、思维导图等形式描绘自己眼中的清明。	亲子互动综合实践DIY 制作	美术语文书法	2
2	四月天祭英烈	追寻英雄足迹,继承先烈遗志,组织家庭前往坪山烈士陵园开展扫墓活动。	亲子互动考察探究	综合实践	1

序号	活动主题	活动内容	活动形式	学科融合	课时
3	四月天赛诗会	诗词是中华文明智慧的积淀,清明时节一起品味清明诗句,读诗—品诗—吟诗—赛诗,感受"清明"的文化气息。	亲子互动查找诗词诗词大会	语文劳动美术音乐	2
4	四月天品青团	居家劳动,和家人一起亲子体验——包青团。	亲子互动劳动课堂综合实践	劳动综合实践	1

表 19-3　"我们的节日"四大传统文化系列课程之端午节活动课程安排表

浓浓端午情					
序号	活动主题	活动内容	活动形式	学科融合	课时
1	五月五知习俗	借节日契机,和家人一起居家体验,感受中华传统节日的文化气息。如:赛龙舟、戴香囊、穿汉服、编五彩绳、用绘画、黏土小制作、绘制手抄报与思维导图等方式,进一步感受中华传统文化的节日气息。	亲子互动综合实践DIY 制作	语文劳动美术音乐	2
2	五月五忆屈原	了解端午节与屈原的故事,并知道屈原是我国古代的爱国诗人,查找端午节的诗、屈原的诗,为后续诗词大赛做好准备。	亲子互动考察探究	语文信息技术综合实践	1
3	五月五赛诗会	诗词是中华文明智慧的积淀,端午时节一起品味端午诗句,读诗—品诗—吟诗—赛诗,感受"端午"的文化气息。	亲子互动查找诗词诗词大会	语文信息技术阅读书法	2
4	五月五品粽味	粽子香,香厨房。艾叶香,香满堂。本周居家劳动,和家人一起体验包粽子、品粽味,分享你的劳动成果。	亲子互动劳动课堂综合实践	劳动信息技术综合实践	1

表 19-4　"我们的节日"四大传统文化系列课程之中秋节活动课程安排表

中秋月儿圆					
序号	活动主题	活动内容	活动形式	学科融合	课时
1	中秋月知习俗	了解中秋历史、风俗习惯、中秋神话、中秋诗词。	亲子互动考察探究	语文信息技术	1

序号	活动主题	活动内容	活动形式	学科融合	课时
2	中秋月 猜灯谜	亲子体验,制作灯笼、猜灯谜;制作花灯、赏花灯;亲手制作主题书签、亲手绘画《嫦娥奔月》等。	亲子互动 考察探究 DIY 小制作	综合实践	3
3	中秋月 赛诗会	诗词是中华文明智慧的积淀,中秋时节一起品味中秋诗句,读诗—品诗—吟诗—赛诗,感受"中秋"的文化气息。	亲子互动 查找诗词 诗词大会	语文 劳动 美术 音乐	2
4	中秋月 吃月饼	居家劳动,和家人一起亲子体验——制作冰皮月饼。	亲子互动 劳动课堂 综合实践	劳动 综合实践	1

三　典型案例

为进一步引导学生了解和感受中华传统节日文化,继承和发扬民族优秀传统文化,营造欢乐、喜庆、祥和的节日气氛,我校开展以"我们的节日·春节"为主题的中华传统文化系列课程,活动的设计以春节元素为基础,注重家庭亲子的参与性、体验性、实践性。如:春节的由来—传统的春节—家乡的春节三大板块。

（一）春节欢乐多

"我们的节日·春节"活动的设计以春节元素为基础,认识春节、感受春节、体验春节。学习成果呈现方式主要为亲子互动、网络查询、文字描述、绘画、图片、手工、思维导图、打卡、清单统计、成果分享故事会等,注重体验性、实践性、参与性。

1. "春节的由来"板块

通过考察探究的学习,进一步了解春节的时间和名称的变更、春节的起源。感受春节传统习俗,在平安祥和的春节里感受生活的美好,感悟祖国繁荣昌盛所带来的那一份安全感、幸福感。（见表 19 - 5）

表 19 - 5　综合实践探究任务卡（一）

任务		学习内容	学习成果呈现方式
1	春节的由来	了解春节时间和名称变更	亲子互动、网络查找 文字描述、制作宣传画
		了解春节的起源	
		学习春节安全知识	

2.“传统的春节”板块

注重亲子参与性、趣味性、体验式、项目式学习为特征的综合实践活动。如：扫尘、写春联、剪窗花、画年画、送“福”字、除夕守岁、拜年等活动，充分体现了考察探究、家庭服务、设计制作的理念；又如办年货、制作年夜饭菜谱、压岁钱理财等活动，充分体现了职业生涯教育，如：“小小理财家”“小小采购员”“争当小厨师”等。（见表 19 - 6）

表 19 - 6　综合实践探究任务卡（二）

任务		学习内容	学习成果呈现方式
2	传统的春节	了解扫尘的含义并体验	亲子互动、了解相关知识 实践体验、手工作品 绘画作品、书法作品 清单统计、制作贺卡
		了解春联的含义并体验	
		了解窗花的含义并体验	
		了解年画的含义并体验	
		了解福字的含义并体验	
		了解年货的含义并体验	
		了解年夜饭的含义并体验	
		了解守岁的含义并体验	
		了解拜年的含义并体验	
		了解压岁钱的含义并体验	

3.“家乡的春节”板块

在考察探究、家庭服务、设计制作、职业生涯体验的基础上，在第三个板块中再一次深入地感受浓浓的“家乡味”。利用“春节”这一传统节日，了解自己家乡特有的风俗；家乡特色美食；家乡春节的歌曲；（如地方特色、方言拜年等）；自主设计春节体验活动,以绘画或思维导图的形式来呈现。体验春节传统文化的魅力,传承中华优秀传统文化,培养学生创新精神与实践能力。(见表19-7)

表19-7　综合实践探究任务卡(三)

任务		学习内容	学习成果呈现方式
3	家乡的春节	了解自己家乡特有的风俗	亲子互动、了解相关知识 特色分享、思维导图 网络查询、视频分享
		了解家乡有哪些特色美食	
		了解家乡有关春节的歌曲	
		自主设计春节体验活动	

(二) 童心寄清明

　　清明节是中国最重要的传统节日之一。清明节,又称踏青节、行清节、三月节、祭祖节等,在每年公历4月5日前后。学校开展以"我们的节日·清明",活动的设计以清明元素为基础,注重家庭亲子的参与性、体验性、实践性。如:认识清明—感受清明—体验清明。

　　1. 四月天,知习俗。清明节到来之际,以我们的节日之"童心寄清明"为题,亲子互动,了解中华传统文化节日——清明。如:远足踏青、亲近自然、植树、放风筝、扫墓等。

　　2. 四月天,祭英烈。扫墓是清明节最早的一种习俗,为追寻英雄足迹,继承先烈遗志,弘扬民族精神,增强责任感和使命感,家庭组织前往坪山烈士陵园扫墓活动。

　　3. 四月天,赛诗会。清明时节雨纷纷,路上行人欲断魂。借问酒家何处有,牧童遥指杏花村。诗词是中华文明智慧的积淀,清明时节一起品味清明诗句,读诗—品诗—吟诗—赛诗,感受"清明"的文化气息。

　　4. 四月天,绘清明。童心绘清明。快快行动起来,用绘画、手抄报、思维导图的形式,描绘自己眼中的清明,进一步感受中华传统文化的节日气息。

　　5. 四月天,品青团。青团,是清明节最有特色的节令食品,最传统的做法是用艾草汁揉入糯米粉,包上豆沙馅儿做成碧绿团子。居家劳动,和家人一起亲子体验——包青团,和同学们分享你的劳动成果。

（三）浓浓端午情

夏历五月初五是中国的传统节日——端午节。为进一步引导学生了解和感受中华传统节日文化，继承和发扬民族优秀传统文化，营造欢乐、喜庆、祥和的节日气氛，我校开展以"我们的节日·端午"为主题的中华传统文化系列课程，活动的设计以端午元素为基础，注重家庭亲子的参与性、体验性、实践性。如：认识端午—感受端午—体验端午。

1. 五月五，话端午。端午节到来之际，以我们的节日之"浓浓端午情"为题，亲子互动，了解中华传统文化节日——端午。

2. 五月五，忆屈原。亲子互动，讲述端午节与屈原的故事，并知道屈原是我国古代的爱国诗人，查找端午节的诗、屈原的诗，为后续诗词大赛做好准备。

3. 五月五，知习俗。借节日契机，和家人一起居家体验，感受中华传统节日的文化气息，如：赛龙舟、戴香囊、穿汉服、编五彩绳等。

4. 五月五，赛诗会。《端午诗词大会》活动，赛一赛，端午节的诗、屈原的诗、中华传统文化的诗等。

5. 五月五，品粽味。粽子香，香厨房。艾叶香，香满堂。本周居家劳动，和家人一起体验包粽子、品粽味，分享你的劳动成果。

6. 五月五，绘端午。用绘画、黏土小制作、手抄报、思维导图等方式，画一画端午节，进一步感受中华传统文化的节日气息。

（四）中秋月儿圆

中秋是中国四大传统节日之一。为进一步引导学生了解和感受中华传统节日文化，继承和发扬民族优秀传统文化，营造欢乐、喜庆、祥和的节日气氛，学校开展以"我们的节日·中秋"为主题的中华传统文化系列课程，活动的设计以中秋元素为基础，注重家庭亲子的参与性、体验性、实践性。如：认识中秋—感受中秋—体验中秋。

1. 中秋月，知习俗。中秋是中国四大传统节日之一。为进一步引导学生了解和感受中华传统节日文化，继承和发扬民族优秀传统文化，营造欢乐、喜庆、祥和的节日气氛，开展以我们的节日之"中秋月儿圆"为题，亲子互动，了解中华传统文化节日——中秋。

2. 中秋月，赛诗会。诗词是中华文明智慧的积淀，亲子互动，参与读诗、吟诗、赛诗、品诗等活动,引领家庭更好传承着中国人生生不息的文化血脉。

3. 中秋月,欢乐多。中秋佳节,和家人一起亲子体验,感受中华传统节日的文化气息。(见表19-8)

表 19-8 各年级活动内容

各年级课程主题活动内容					
一年级	二年级	三年级	四年级	五年级	六年级
做灯笼猜灯谜	做花灯赏中秋	做书签品中秋	话传说绘中秋	思维导图识中秋	手抄报绘中秋

4. 中秋月,吃月饼。月饼象征着团圆。居家劳动体验,和家人一起赏月、制作月饼,品尝月饼,分享自己的劳动成果。

四 成效与反思

(一) 传统文化与家庭教育的融合

骨干团队设计以"我们的节日"传统文化系列亲子课程,聚焦"春节欢乐多""童心寄清明""浓浓端午情""中秋月儿圆"四大传统节日为契机,传统文化与家庭教育的融合,了解和感受中华传统节日文化,继承和发扬民族优秀传统文化,拉近亲子关系,促进家校共育。

(二) 以亲子参与性、体验式为特征

和家人一起居家体验,在动手实践与体验中,增强生活能力,培育创新精神,培养孝顺父母、热爱家庭、共建家园的美好品质。如:亲子诗词大会、亲子小制作、亲子美食秀等体验,让学生感受中华传统节日的文化气息,爱上并传承中国传统文化。

(三) 多元化的评价体系

激发了家庭探究学习的兴趣,以形成性、发展性评价为主,注重主体参与实践过程,以及在这一过程中所表现出来的积极性、合作性、操作能力和创新意识。利用"我们的节日"四大传统节日,感受家庭温馨、学习民族传统、增强文化自信、传递大爱精神、共建和谐社会。

成长圈大力弘扬中华优秀传统文化,设计系列文化课程在于坚持将课堂教育与实践教育相结合,在于坚持将学校教育、家庭教育、社会教育相结合;旨在将天下兴亡、匹夫有责的家国情怀厚植在家校共育中,将仁爱共济、立己达人的社会关爱厚植于家校共育中,将正心笃志、崇德弘毅的人格修养根植在学生的内心深处。

（撰稿人:深圳市坪山区坪山第二小学　　李国琳　　孙圆圆）

模式 20

琢玉联盟：基于全面发展理念的家校共育模式

琢玉联盟是以"少年养志，玉汝于成"为目标的家校共育实践探索，精准结合学生不同成长阶段的身心发展特点与重心，构建了"一主三辅"多样化课程，形成了以"理论学习与实践探索并举"的家校课程组织形态，高效汇聚了学校、家长、社会等多方教育力量，优化了家长的教育观念，提升了家长家庭教育技能与教育艺术，更好地履行了教育责任，为学生身心全面发展提供有力支持，推动并打造了我校德育工作高质量发展与德育特色品牌。

深圳市坪山区中山中学创办于 2015 年,是坪山区委区政府高标准建设、高起点定位的一所现代化公办初级中学。学校本着"立德树人,办人民满意中国教育;匠心独运,创深圳特色未来学校"的基本思路,以"匠心独运,返璞归真"为核心办学理念,以"玉德之学,未来之门"为办学定位,以"少年养志,玉汝于成"为培养目标,弘扬教师"玉匠精神"、学生"玉德精神",以生为玉,琢玉成器。学校自 2018 年 9 月起成立"琢玉联盟"——基于学生身心全面发展理念的家校共育模式,构建了"一主三辅"多样化课程,以"理论学习与实践探索并举"的家校课程组织形态,高效汇聚学校、家长、社会的教育力量,创建新时代校家联盟体。

一 "琢玉联盟"的理念与意义

家长学校的建设、发展基于协同教育理论。协同教育理论指的是学校、家庭、社会上的各种教育资源、教育力量之间通过积极主动的协调合作,形成合力,共同教育孩子。其核心观念是家庭、学校和社会之间互相交流,实现资源共享,给予学生全面关怀,从而促进学生和谐健康发展。家长学校在建设、实践立足于协同教育理念,结合新时代家庭教育法规条例,对于应对当下的家校合作、家庭教育、学生成长问题,摸索出了一条行之有效的途径与策略。

(一) 学生层面意义:促进身心全面健康发展

中学生正处于告别幼稚、走向成熟的过渡时期,面临着生理和心理上的"巨变":各项身体指标接近于成人,感知觉能力不断增强,能有意识地调节和控制自己的注意力,但情绪还不稳定、易冲动。这就非常需要家庭教育、学校教育在关键的时候给予恰当的引导。当学校与家庭进行合作时,充分的交流和沟通使老师和家长都能充分了解学生的性格、行为习惯和在校表现,为孩子制定最有效的教育方法,关注孩子的身心健康。良好的家校合作同样也能够提高中学生的身心健康水平和学习成绩,使中学生养成良好的社会道德品质,预防不良情绪和心理问题的发生,促进学生全面、健康成长。

(二) 家长层面意义:提高家庭教育水平

家长学校使家长有机会走进学校、走进孩子各类学习环境。通过参加学校举办的教育讲座,家长们可以学习科学、先进的教学理念和方法;也可以通过教育研讨沙龙,与其他家长交流经验、取长补短;还可以参加亲子实践课程,家长与孩子增进了解,孩子也感受到父母的关心,体谅到父母的不易,增强亲子关系与感情;另外,家长们参加课程学习,也是热爱学习、终身学习等学习态度的外显,这更会为孩子树立起一个无言的优秀榜样,激发孩子向上、向善的学习动力。和谐友爱的家庭氛围会让家长们获得教育成功的自豪感和孩子的正向反馈,家长的教育水平也会逐步提升。

(三) 学校层面意义:优化家校合作方式与关系

为保证让学生享受到更加充分的优质教育,学校不仅要致力于提升教育水平和质量,还要深入开展管理体制改革,协同多边力量。家长学校是在学校统一组织下的家校沟通形式,在此形式下,家长与学校进行有效的互动、沟通,并逐渐形成一致的教育目标,双方形成教育合力。这样不仅有效消除不和谐因素、避免了家校矛盾,也有利于开拓教师教育教学方式,营造良好和谐的家校合作氛围。

(四) 社会层面意义:促进学习型社会建设

家长学校贯彻落实《中华人民共和国家庭教育促进法》《中华人民共和国家庭教育法》《关于进一步加强家庭家教家风建设的实施意见》《家庭教育指导大纲(修订)》等法律法规、文件精神,在普及、宣传国家对于家庭教育、家校合作的重要指导精神上具有重大意义。家长学校课程丰富多样,涵盖心理学、教育学、教育法律法规等。在学习过程中,家长们可以养成终身学习的良好习惯,这不仅可以提升家长教育素质,还在一定程度上营造了全民学习的氛围、促进了学习型社会的建设。

总体而言,家长学校的基于学生身心全面发展理念的家校共育模式,源于中学生身心健康发展特点,开展系统、多样、全面的家长课程,以营造良好的家庭、家校关系为切入点,实现"学生全面健康成长"这一协同育人目标。

二　"琢玉联盟"实践探索

为充分发挥学校在家庭教育中的重要作用、满足家长终身学习的需求,我校创办中山中学家长学校,开设"一主三辅"家长课程(见图 20-1),向家长传递家庭教育理念、知识和技能,搭建家校互动平台、协调家校关系,整合社会、学校、家长三方资源,促使形成家校合育共同体,培养符合现代教育的家庭教育者。

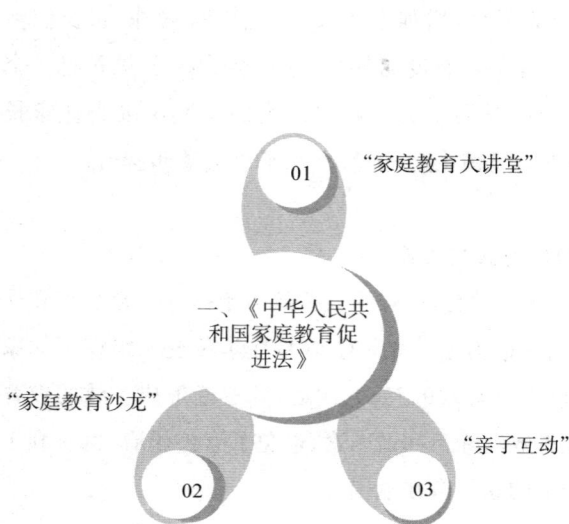

图 20-1　"一主三辅"家长课程体系图

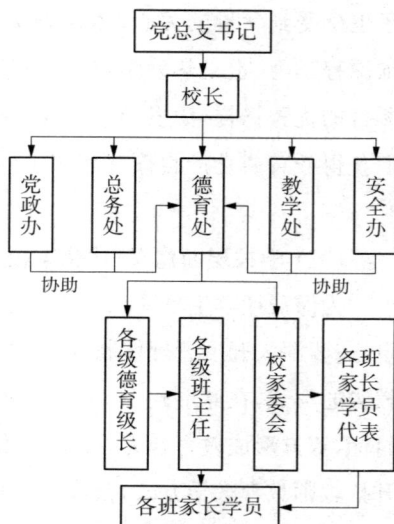

图 20-2　家长学校组织架构图

(一) 家长学校的组织架构及其职能分工

中山中学家长学校组织架构(见图 20-2):以中山中学党总支书记、校长为总指导,德育处为主管部门,教学处、安全办、总务处等为协助部门,各年级德育级长为主要负责人,各班班主任为管理者,各家长班级设置 2 名家长代表,从中挑选 6 名家长代表组成校家委会。各部门、成员职能分工如下。(见表 20-1)

表 20-1　各部门、成员分工表

各部门、成员	职　能
党总支书记、校长	① 家长学校工作总指导 ② 参与"一主三辅"课程设计与编写、授课
德育处	① 主导"一主三辅"课程设计与编写 ② 建立家长学员考核评价机制 ③ 负责授课与聘请专家授课 ④ 家庭教育中心理相关问题研究
教学处	① 提供深圳市中考相关报考政策、形势资料,学生在校成绩 ② 负责家长对学生的初升高指导工作
总务处、安全办	负责"一主三辅"课程展开所需的安全、设备、后勤保障
党政办	负责家长学校的宣传工作
德育级长	① 参与"一主三辅"课程设计与编写 ② 组织管理家长课堂秩序与考勤 ③ 汇总家长考勤数据、学习成果 ④ 负责家长考核评价
班主任	① 通知家长参与课程学习 ② 负责日常家长对家庭教育咨询与指导 ③ 提供对家长的主观评价考核分
校家委会、家长代表	① 收集与提出对家长学校的建议 ② 与学校紧密沟通,协调家校矛盾

(二)"一主三辅"家长课程简介及特点

"一主三辅"家长课程以学习《中华人民共和国家庭教育促进法》(后简称"家庭教育促进法")为主修课程,以"家庭教育大讲堂""家庭教育沙龙""亲子互动"为三个辅修课程(见表 20-2),在积极响应国家提倡的依法育人的大前提下,根据学生在初中三年身心、学业发展中的特点,按照初一衔接适应、初二关键期调整、初三生涯规划等主题,精准筹划活动主题、开展形式等,体现家长学校课程及活动的"阶段性"特点。

此外,家长学校还开设了涵盖理论、讨论、活动实践三种课型的家庭教育教学体现家长学校课程的"丰富性",让家长愿意、乐意参与家长学校的课程进行有效学习,使家庭教育指导工作由"学校自发"向"家长自觉"的转变,真正赋予家长学校重要使命。

表 20-2 "一主三辅"家长学校课程表

课程	主题	参与对象	开展时间
"家庭教育促进法"	1."学习家庭教育促进";2."了解家庭教育的重要性";3."如何规范家教行为"	初一家长	第一学期9月
"家庭教育大讲堂"	"第一讲—小升初学生的思维、行为应如何引导过渡"	初一家长	第一学期8月
	"第二讲—初中对学生的重要性及学生三年生涯发展方向指导"	初一家长	第一学期11月
	"第三讲—学生叛逆阶段易出现的行为及家庭如何预防、处理"	初二家长	第一学期10月
	"第四讲—如何调节家庭关系,营造和谐家庭氛围"	初二家长	第二学期3月
	"第五讲—了解深圳中考形势及初升高生涯指导"	初三家长	第一学期11月
	"第六讲—中考填报及考前家庭教育指导"	初三家长	第二学期5月
"家庭教育沙龙"	"双减政策下,我们应如何培养孩子"	全体家长	第一学期12月
	"如何看待学生心理问题愈发严重的现象"	全体家长	第二学期5月
"亲子互动"	"跳蚤市场—'旧物'获'新生',精彩淘不完"	全体家长、学生	第一学期12月
	"亲子篮球杯—迎'篮'而上,乐在'球'中"	全体家长、学生	第二学期4月

(三) 以奖促学,以评促教

学生评价是课堂教学形成闭环的重要环节,"一主三辅"课程的课堂教学同样需要评价,但家长学校的评价对象是家长,家长在社会中承担着多种社会角色,因此参加家长学校的学习具有不稳定性,学校充分考虑到这一点因素,是否参与家长学校的学习对于家长而言是非强制性的。中山中学家长学校结合家长参与课程的学习成果、课堂出勤率、班主任主观评价等多方面因素,对家长进行积分考核评价,每一学年在各年级评选优秀家长学员、对于完成三年学业的家长学员符合结业条件颁发结业证书、择优颁发优秀毕业家长学员,以奖促学,探索家长激励机制,在激发家长学习内驱力上做加法,从而获得大量的评价数据,根据评价中发现的问题对"一主三辅"课程进行修订完善,促进课程的不断优化,成就精品课程。

三 "一主三辅"课程的典型案例

我校于 2018 年 5 月筹办家长学校,进行"一主三辅"课程的设计与编写,于 2018 年 9 月初步展开了相关课程。

案例:家庭教育沙龙—"双减"政策下,我们应如何培养孩子

1. 课程目标

家长认识"双减"政策,了解"双减"教育的导向;通过家长互动,学习各家庭教育中行之有效的做法。

2. 课程内容

课程流程一:学校发出邀请,各班有参与意愿的家长以接龙方式报名,学校精心制作了问卷调查及反馈表,在阅览室里将沙发摆置成圈,准备了精致的茶歇,参加活动的家长们带着对孩子的成长关注、带着对学校各项工作的意见和建议,带着自己对教育的疑惑走进校园,很快投入到放松、平等的交流氛围中,与学校敞开心扉,进行面对面、心与心的交流。

课程流程二:活动伊始,负责活动的家委主任就抛出话题:你眼中的"双减"是什么? 有的家长说,"双减"是一个长期的政策。它其实是对家庭教育有了更高的要求,需要家长转变自己的教育观念,从而更好地引导孩子的成长。有的家长则觉得,"双减"之后,孩子的时间更完整了,有更多的时间安排自己的事情。从学校层面而言,"双减"又意味着什么呢? 家委主任表示,学校非常关注和重视"双减"。在"双减"背景下,我们要真正了解孩子需要什么、我们可以为孩子做些什么。我们一定要改变育人的观念,要给孩子一个健康的童年,让他们完整成长。学校也从专业的心理角度,给大家提供了思考的方向。"双减"政策是给我们发出的一种信号,我们对孩子的评价和期待应该是多元的,这个过程可能会伴随着焦虑,但这是很正常的。随着延时服务的有序开展,绝大多数孩子都能在学校完成当天的学习任务,随之带来的便是自主时间的延长。自主时间里孩子们都在做些什么? 家长们充当的是怎样的角色? 家委主任调侃地说:陪运动、陪阅读、陪做家务,这是真正有意义的"三陪"育人理念,能把这三件事做好,有利于亲子关系更融洽,有利于家庭关系更和谐,有利于家长与孩子共同成长。

活动最后,家长们就今天的沙龙活动分享了自己的感受,纷纷表示受益匪浅。"双减"在减去了孩子过重学业负担的同时,其实也在增加,增加的是父母对孩子无条件的爱和真诚的陪伴,增加的是家长和孩子对家庭、对社会的责任心。

四 活动成效

家长学校的实施,为家长和教师的沟通交流提供了契机,也为彼此的成长提供了平台,家校关系变得更加融洽,家庭教育的成效也得到了大幅度增加。

(一)家长家庭教育理念得到优化,教育胜任力得到增强。

加深了对家庭教育的认识。亲子关系的核心是什么?怎么样才能真正地爱孩子?这些问题一直困扰着不少家长。通过参加家长学校,一些家长在分享学习心得时谈道:"亲子关系的核心是爱,是平等的沟通""真正的爱孩子,是尊重孩子的意愿,真正的沟通是用嘴、用耳朵、用心""教育是陪伴而非监督,是关心而非控制"。通过持续性学习不同阶段、不同主题的课程,家长们对家庭教育的认识都得到了明显优化。

1. 自我反思意识增强。家长学校课程丰富,讲座进行理论学习,研讨、沙龙型课程进行研讨、交流,家长在学习的基础上进行换位思考,反思交流。在参加"如何看待学生心理问题愈发严重的现象"研讨沙龙后,一位家长就提出,他一直以为孩子出现情绪问题,是因为青春叛逆期的来临。后来经过第三讲"学生叛逆阶段易出现的行为及家庭如何预防、处理"家庭教育大讲堂课程学习及"如何看待学生心理问题愈发严重的现象"家庭教育沙龙研讨课程后,才明白孩子的各种"反常"的情绪是心智成熟、人生成长的一种正常体现,孩子如果得不到恰当的关注和理解,才会出现所谓的"青春叛逆期",进而让他去反思,在孩子出现各种情绪问题的时候,当时自己是如何用错误方式解决导致错过了解决契机的,也学会了从更加温和的方面理解孩子的心理波动。

2. 家庭关系更加稳定和谐。通过参与系列课程的学习,很多家长逐渐意识到,和谐的家庭关系,尤其是夫妻关系,是家庭氛围和谐的最重要因素。例如有些同学性格内向胆小,到了初中后就反映出在人际交往上不自信、学习动力不足等特征,经过学习第四讲"如何调节家庭关系,营造和谐家庭氛围"后,家长意识到,夫妻之间因为家庭分工、教育理念导致夫妻关系紧张,也忽视了经营夫妻关系对孩子的影响。在课程学习后,不少家长表示,在专注于解决夫妻关系之间的问题后,亲子关系也自然而然地和谐了很多,孩子也变得情绪更加稳定、活泼开朗了,学习也更有动力了。

3. 家庭教育的水平提升。家长学校不仅可以帮助家长掌握家庭教育的理论知识，还可以让家长学到科学的教育方法，帮助家长在家庭教育过程中运用所学理论指导实践。在家长课程第三讲"学生叛逆阶段易出现的行为及家庭如何预防处理"中就会给家长们一些教育"工具"，例如表扬—批评—期待的"三明治原则"、三句话公式、10/10/10决策工具等。通过理念的优化、方法的改善，提高了家长们在家庭教育上的主动性，增强了家长的胜任力，从而增强了家长在家庭教育的信心和幸福感。

(二) 学生心理健康、精神面貌明显改善

1. 家长的积极改变，为孩子的成长构建了更加安全、和谐的环境。家长们通过学习，会更加注重教育理念、教育行为，他们开始注重孩子真正的内在需求，用适宜的方式引导孩子成长进步，家庭的精神场域更加安全、和谐。不少家长也反映，夫妻双方都意识到家庭和谐氛围的重要性后，孩子在家庭中明显自在了很多，与父母的谈心多了不少，性格也开朗了。

2. 家长的学习行为，促进了孩子学习行为的改善。所谓"身教重于言传"，家长在三年中参与持续性、多样化的家长学习的这一行为，为孩子树立了一个学习态度、学习行为的榜样，从而激发、促进学生关注自身学习情况。

3. 不少班主任、科任老师还观察到，学生在作文、周记里的表述也能看出来家长课程的成效。以往学生经常提到父母对自己的不理解、误会，充斥着不少委屈、无奈甚至是愤怒的情绪，而在家长参加家长课程并进行调整后，孩子反映"父母竟然没有批评我，反而在问我的感受，我太惊讶了""我爸爸好像变得有耐心了，态度也温和了不少"。

(三) 家长学校系列课程产生品牌效应

1. 德育实效性增强。以家长学校课程建设为载体，学校各部门、各年级收集、梳理出家庭教育和学校教育的常见问题、解决策略建议，初步形成了德育系列性成果，家校合作新模式初步形成，也增强了德育工作的实效性。

2. 学校家校合作指导水平得到提升。在筹备、实施家长学校的过程中，学校通过多渠道汇聚了校内外的家庭教育专家力量，根据家庭教育的热点、难点，进行专题课程设计，促进家校合作教育的发展。

3. 学校教育质量不断提高。家长课程是学校素质教育建设的拓展延伸，是优化未成年人成长环境的有益尝试，是新时期未成年人思想道德建设的创新实践。家长课程的丰富化、常态化,是提升了广大家长的教育素养、优化学生成长环境的重要途径。

在 2018 年 9 月的全国教育大会上,习近平总书记作出指示:"办好教育事业,家庭、学校、政府、社会都有责任。"近几年来,国家陆续颁布了不少与"家庭教育"相关的法律法规和文件,可以看出,新时代的"家校合作"已经上升到了国家战略层面。构建良好的家校合作模式,形成良好的家校社合作关系,既是国家层面的要求,更是社会发展、文明进步的关键体现之一。中山中学家长学校在新时代教育理念下产生,正在逐步摸索出一条更加具有区域特色、校本特色的高效家校合作之路。未来,中山中学家长学校将继续为学生身心全方面发展赋能,不忘初心,助力学生成长。

（撰稿人:深圳市坪山区中山中学　罗晓华　缪晶）

后　记

　　在《家校共育的 20 个实践模式》这部作品的编纂过程中,我们深感家校共育的重要性和复杂性。通过深入研究国家、广东省、深圳市关于家庭教育指导的方针政策文件,并结合坪山区家校共育"燃"课程建设的实践经验,我们试图探索并总结出一套行之有效的家校共育模式,以期为广大家长和教育工作者提供有益的参考。

　　在本书的撰写过程中,首先要感谢深圳市坪山区教育科学研究院科研部王琦部长,王部长不仅为我们提供了丰富的资源,还在关键时刻给予我们指导和鼓励。她多次组织成果提炼撰写指导会,为我们解决了许多研究中的难题,使本书的内容更加深入和全面。王部长的支持和帮助,是我们完成这部作品的重要动力之一。其次,感谢上海市教育科学研究院杨四耕教授。杨教授作为教育领域的资深专家,不仅为我们提供了宝贵的理论支持,更在实践中给予了我们悉心的指导。他的严谨治学态度、深厚的学术功底让我们受益匪浅。在他的指导下,我们得以更加深入地理解家校共育的内涵,更加准确地把握家校共育的实践方向。

　　回顾本书的写作过程,我们深感家庭教育指导政策的重要性。从国家层面来看,《关于加强家庭教育工作的指导意见》等文件为家庭教育提供了明确的指导方向,强调了家庭教育在孩子成长过程中的重要作用。广东省和深圳市也结合实际情况,制定了具体的实施方法和指导意见。这些政策文件,为我们探索家校共育模式提供了坚实的理论基础和实践依据。

　　在坪山区家校共育"燃"课程建设的实践中,我们深刻体会到了家校共育的魅力和挑战。坪山区"品质课程系列"努力构建促进学生全面发展和个性化发展的、具有坪山特色和示范效应的课程体系,有效激发了学生的学习兴趣和创造力,提高了学生的综合素质。这些实践经验为我们提供了宝贵的启示和借鉴,使我们更加坚信家校共育的重要性和必要性。

　　在总结家校共育的 20 个实践模式的过程中,我们深刻认识到家校共育的复杂性和多样性。不同的家庭、学校、社区和地区都面临着不同的挑战和问题,因此需要采取不同的策略和方法。本书所总结的 20 个实践模式,正是针对不同情况下的家校共育实践而提炼出来的经验和策略。这些模式涵盖了从家庭、学校到社区的各个方面,既有传统的家校沟通方式,也有创新的家庭教育方法,旨在帮助广大家长和教育工作者更好地理解和实践家校共育。

当然,本书所总结的 20 个实践模式并非尽善尽美,也需要在实践中不断完善和发展。我们希望通过本书的出版,能够引起更多人对家校共育的关注和研究,共同推动家校共育事业的发展。